改めて知る
制定秘話と比較憲法から学ぶ

日本国憲法

小川 光夫 編著

清水書院

「第4編」で引用した世界各国の憲法一覧………………50音順，数字は掲載ページ

「アイルランド憲法」165, 169 /「アフガニスタン憲法」134 /「アメリカ合衆国憲法」111, 168, 180, 181, 186, 191 /「イギリス国会法」178 /「イタリア共和国憲法」148, 154, 187, 204 /「イラン・イスラーム共和国憲法」117 /「インド憲法」131 /「インドネシア共和国憲法」173, 188 /「オーストラリア連邦憲法」168, 191, 204 /「オーストリア共和国連邦憲法」167 /「オランダ憲法」116, 119, 121, 174, 179, 195 /「カナダ1867年［1982年］憲法法」115, 132, 210 /「カンボジア憲法」154 /「ギリシャ憲法」143, 158, 160, 175, 185, 188, 205 /「コスタリカ共和国憲法」125 /「サモア独立国憲法」193 /「スイス連邦憲法」162, 171, 173, 198, 199, 206 /「スペイン憲法」129 /「スリランカ民主社会主義共和国憲法」202 /「タイ王国憲法」115, 118 /「大韓民国憲法」129, 141, 170, 189 /「中華人民共和国憲法」148, 158, 200 /「朝鮮民主主義人民共和国憲法」111 /「デンマーク王国憲法」176 /「ドイツ連邦共和国基本法」125, 143, 145, 146, 162, 184, 186, 191 /「トルコ共和国憲法」112, 142, 191 /「ネパール王国憲法」137, 184 /「パキスタン・イスラーム共和国憲法」202 /「バチカン憲法」166 /「パラオ共和国憲法」125 /「フィリピン共和国憲法」125 /「フィンランド憲法」152 /「ブータン王国憲法」120 /「ブラジル連邦憲法」139 /「フランス第四［第五］共和国憲法」111, 125, 171, 183 /「ベトナム社会主義共和国憲法」164 /「ベルギー王国憲法」140 /「ポーランド共和国憲法」134, 143 /「ポルトガル憲法」112, 113, 149 /「マレーシア連邦憲法」138 /「ミクロネシア連邦憲法」209 /「南アフリカ共和国憲法」138 /「ミャンマー連邦共和国憲法」166 /「メキシコ憲法」150 /「モナコ公国憲法」112 /「モロッコ憲法」209 /「モンゴル国憲法」209 /「ロシア連邦憲法」165, 206

凡例………

1．「日本国憲法」「大日本帝国憲法」およびその他の法律の条文は，原文のまま引用したが，漢字については常用漢字，漢数字については算用数字に改めた。
2．「日本国憲法」などの草案文として引用した当時の資料については，原則として，旧漢字は常用漢字，漢数字は算用数字に改め，歴史的仮名づかいや片仮名は現代仮名づかいやひら仮名に変更した。
3．人名については，旧漢字は常用漢字・人名漢字体に改め，敬称は省略した。
4．諸外国の憲法は，『世界憲法集2版』（高橋和之編，岩波書店，2012年）や『各国憲法集』（国立国会図書館調査及び立法考査局，2011年），外務省のウェブサイトなどを中心に，2014年現在，公布施行されている条文を原則として引用した。その他，著者の翻訳になるものもある。

※本書の資料作成，校正などで，以下の方々のご協力をいただきました。厚く御礼申し上げます。

早稲田大学大学院公共経営研究科博士課程　　上野　優子
神奈川県大磯町立小学校教諭　　　　　　　　小川　慶光

はじめに

「日本国憲法」は前文と103条からなっています。他国の憲法と比較すると「日本国憲法」の条文は大変少なく，コンパクトにまとめられています。したがって，たとえば，訴訟事件については，下位の「民法」「民事訴訟法」「商法」「刑法」「刑事訴訟法」などの法律によって機動性をもたせ，時代の変化に対応してきました。

世界では，ミャンマー連邦共和国の憲法は前文と457条からなっています。また，エクアドル共和国の憲法も444もの条文をもっています。さらに，「インド憲法」のように前文と第22編395条からなるもの，「ポルトガル憲法」のように前文と296条からなるもの，「ポーランド共和国憲法」のように前文および243条からなるものもあります。しかもそれらの国の憲法は条文が多いだけでなく微細な範囲まで立ち入っていて，「ポーランド共和国憲法」では人権の章だけでも「日本国憲法」の条文の3倍以上にもなっています。また「アメリカ合衆国憲法」の条文は先進国の中で一番少ないのですが，時代に対応できなくなった場合には，必要に応じて条項の本文に修正・追加を加えています。なお第二次世界大戦の敗戦国であるドイツの基本法（「ドイツ連邦共和国基本法」）は146条で，「日本国憲法」に比べて40条ほど多いだけですが，民間防衛団や防衛事態などのように詳細な条項を掲げています。

最近，日本では第9条を中心に憲法解釈論議が進んでいます。憲法学者の多くは，「憲法でどのように微細に定義しても全ての人間の複雑な行為，事象を覆い尽くすことは不可能である。合憲，違憲であるかの判断は最終的には判例から導き出された憲法裁判所の結論を待つべきである」としています。これに対して，「現憲法の解釈では時代に対応しきれなく，矛盾も露呈することが多くなった。『日本国憲法』は改正すべきである。法律は憲法にもとづいて成り立っているので，その憲法に幾通りの解釈があってはならない」とする政治家や評論家たちがいます。こうしたことから衆議院憲法審査会（2007年〔平成19年〕8月設置）は，2011年（平成23年）にはじめて会議をもち，「日本国憲法」について検討しましたが，最終的には国民的議論の盛りあがりが必要だ，という結論に達しました。しかし肝心の国民の方は憲法についてあまり関心がないようです。何故，日本国民は自国の憲法に無関心なのでしょうか。大学の法学部の学生であっても「日本国憲法」の条文の内容をおぼろげながらにでも説明できる者は数多くありません。ましてや一般の成人においては，すでに中学校の社会科「公民的分野」や高等学校の公民科「現代社会」「政治・経済」の科目で「日本国憲法」を学んできたとはいえ，覚えている人は少ないのです。本書は，「日本国憲法」をより詳しく知り，理解することだけではなく，「さまざまな国民的な課題にとり組む際の一助となれば」と考え，執筆しました。

ところで，皆さんは「日本国憲法」というと，最初に何を思い浮かべるでしょうか。中学生，高校生や大学生に尋ねますと，誰もが答えるのが「日本国憲法」の三大原理（国

民主権，基本的人権の尊重，平和主義）についてです。とくに「日本国憲法」が，「世界でも類をみない平和憲法である」と答える人が多いのですが，現在では世界の85％以上の国々が憲法に平和条項を掲げており，「日本国憲法」が特別な平和憲法というわけではなくなっています。しかも「コスタリカ共和国憲法」や「フィリピン共和国憲法」は，「他国の軍隊を駐屯させない」，「核の持ち込みを禁止する」など，「日本国憲法」よりも明確な言葉で平和条項を掲げています。それに対して「日本国憲法」はどうでしょうか。前文で「平和主義」や第9条で「戦争放棄」を掲げていることは誰でも知っていますが，しかし第9条については，「侵略戦争だけでなく自衛のための戦争をも放棄する」と解釈する人や「専守防衛は認められる」と解釈する人もいて，その解釈は曖昧になっています。とくに日本に自衛隊が存在していることだけではなく，日米安全保障条約に基づいて，沖縄をはじめ日本の各地に米軍基地があることが第9条の解釈を複雑にしています。さらに日本は，1968年（昭和43年）に佐藤内閣が「非核三原則」を掲げましたが，実際には日本政府の承認のもとにアメリカの核兵器が岩国基地の沿岸で保管されていたことや核兵器を積んだ軍艦が横須賀港に寄港した事実があったことが判明しております。これらの事実は，「日本国憲法」が「世界でも類をみない平和憲法」となりえない理由となっています。

　また，第二次世界大戦後，連合国軍最高司令官総司令部（GHQ）で作成された憲法改正草案が「ポツダム宣言」にもとづいてできているとはいえ，最高司令官マッカーサー元帥の絶大な権限のもとで作成されたこと，そして極東委員会の介入があったことなどを考えると，戦時国際法の原典といわれる「ハーグ陸戦条約」第43条「占領者は，絶対的支障がないかぎり，占領地の現行法規を尊重」に即していないことから問題があると指摘している学者などもいます。このような「日本国憲法」のもつ疑問や矛盾は前文・条文に内在している，と指摘する学者もいます。

　本書は，こうした解釈上の違いや矛盾を憲法制定過程と比較憲法の視点から考察し，「日本国憲法」について一定の判断力を育成することを主眼にして編集してあります。本書が既存の憲法書にとらわれない，歴史的事実にもとづいた書物であることは一読されれば明らかとなるでしょう。

　本書は第1編から第4編で成り立っています。従来型の解釈論も4編の中で展開していますが，第1編，第2編，第3編のほとんどが「憲法制定過程」から憲法を学ぶように考え，編成しています。そして第4編では，これまでのような憲法解釈論のみならず，それぞれの問題点を憲法制定過程や他国の憲法を比較しながら具体的に示しています。

　安倍政権下で，憲法改正論議が盛んに行われていますが，是非，「日本国憲法」をその制定過程から学び，そして世界の憲法と比較・検討することを通して，自分たちの憲法についての理解を一層深めていただきたいと思います。

駒澤大学講師
小川　光夫

目　次

はじめに ……………………………………………………… 3

第1編　「日本国憲法」と「ポツダム宣言」，マッカーサーの三原則

Ⅰ　「ポツダム宣言」の受諾　　10
1. 「ポツダム宣言」とグルー …………………………… 10
   - **コラム**　「ポツダム宣言」／10
2. 駐日大使時代のグルーと日本の友人たち ………… 11
3. アメリカ政府内でのグルー …………………………… 14
4. 「ポツダム宣言」黙殺宣言と原爆投下 ……………… 16
   - **コラム**　ソ連の侵攻と南樺太／17

Ⅱ　連合国軍の占領と憲法改正の開始　　19
1. マッカーサー元帥の登場 ……………………………… 19
2. 日本民主化指令と吉田茂 ……………………………… 21
3. マッカーサーの占領政策 ……………………………… 22
   - **コラム**　マッカーサーの愛機バターン2号／23
4. 幣原喜重郎内閣の成立 ………………………………… 24
5. 近衛文麿と松本委員会 ………………………………… 25
   - **コラム**　連合国軍総司令部の移転／27
6. 憲法問題調査委員会の成立 …………………………… 28
7. 極東諮問委員会と憲法改正 …………………………… 30
8. 毎日新聞のスクープと内閣書記官長楢橋渡の対応 ……… 31

第2編　民政局による帝国憲法改正草案作成

Ⅰ　連合国軍総司令部（GHQ）民政局による憲法改正原案づくり　　36
1. マッカーサーの三原則 ………………………………… 36
2. 憲法改正草案作成のための組織 ……………………… 37
3. 民政局による憲法改正草案の作成 …………………… 39
   - **コラム**　憲法改正作業の中心となる運営委員の4人／41
4. 民政局が作成した憲法改正草案 ……………………… 42
   - ❶憲法改正草案「前文」の作成／42
   - ❷戦争放棄条項／44
   - ❸2月6日の天皇その他条項に関する小委員会／46

❹ 2月7日の運営委員と各小委員会との会合／47
❺ 2月8日の行政権に関する小委員会／49
❻ 2月9日の人権小委員会の平等条項／50
　コラム　ベアテ＝シロタと「日本国憲法」51

Ⅱ　民政局と日本政府による憲法改正草案づくり　54
1．外務省官邸での会談と徹夜の折衝　……………………………………　54
❶外務省官邸での会談／54
❷白洲次郎のジープ・ウェイ・レター／55
　コラム　白洲次郎と吉田茂／56
❸GHQ案に基づく憲法草案の着手／57
❹滄浪閣での楢橋渡とケーディス大佐との懇談／59
　コラム　楢橋渡，そして鳥尾鶴代とケーディス大佐／60
❺松本烝治・佐藤達夫による憲法草案づくり／61
❻ケーディス大佐と松本烝治国務大臣との折衝／62
❼民政局と佐藤達夫との徹夜の折衝／63
2．内外の「憲法改正草案要綱」に対する評価　………………………　66
3．口語体・平仮名になった「日本国憲法」　……………………………　68
4．佐藤達夫による参議院の緊急集会条項　………………………………　69

第3編　日本議会などでのGHQ草案審議

Ⅰ　枢密院での憲法改正の審議　72
1．枢密院での審議と吉田茂　………………………………………………　72
2．吉田茂内閣の成立と枢密院での憲法改正草案の一時撤回　………　73
　コラム　「Diet」と「国会」／74

Ⅱ　衆議院本会議での憲法改正審議　76
1．北昤吉議員の質疑　………………………………………………………　76
❶その1－総論／76
❷その2－国会について／77
❸その3－参議院について／79
2．衆議院本会議，2日目以降の質疑　……………………………………　80

Ⅲ　芦田小委員会と憲法改正審議　82
1．帝国憲法改正案特別委員会と芦田均　…………………………………　82
2．芦田小委員会の設置　……………………………………………………　83

- ❶その１－将来の国民の運命のために／83
- ❷その２－「主権在民」か「国民主権」か／84
- ❸その３－芦田修正と戦争放棄／85
- 3．青年に託した「憲法」第26条「教育を受ける権利・義務」 ……… 86
- 4．国際法規遵守が国内法よりも優位にある憲法 ……………… 87
- 5．「日本国憲法」第98条の修正 ……………………………… 88
- 6．衆議院特別委員会小委員会の終了 ………………………… 89

Ⅳ 極東委員会と貴族院本会議および特別小委員会審議　91

- 1．「日本国憲法」第41条と極東委員会（FFC）ソ連案 ……… 91
- 2．極東委員会の「シビリアン」要求 ………………………… 92
- 3．ソ連提案による「日本国憲法」第66条第2項 ……………… 93
- 4．織田信恒子爵の八百長質疑 ………………………………… 94
- 5．9月28日の貴族院帝国憲法改正案特別委員会小委員会の審議 … 95

Ⅴ 参謀第二部（G2）と民政局（GS）の抗争と日本政府　97

- 1．「日本国憲法」の公布とケーディス大佐 ……………………… 97
- 2．2・1ゼネストの禁止指令と第1回参議院議員選挙 ………… 98
- 3．戦後はじめての参議院議員選挙と戦後2度目の衆議院議員選挙 … 99
- 4．片山哲政権と炭鉱国管法案 ………………………………… 101
- 5．短命の社会党政権と民政局 ………………………………… 102
- 6．ケーディス大佐と芦田政権 ………………………………… 103
- 7．第2次吉田内閣と民政局の対応 …………………………… 104

第4編　「日本国憲法」の解説と世界各国の憲法

「日本国憲法」前文　108
- 【前文の解説】 …………………………………………………… 108
  - コラム　日本の国家主権と憲法／113

「日本国憲法」第1章　天　皇　114
- 【第1条〜第8条までの解説】 …………………………………… 114
  - コラム　「the people」を「国民」と翻訳した政府／121
  - 判例1　プラカード事件／122

「日本国憲法」第2章　戦争放棄　123
- 【第9条の解説】 ………………………………………………… 123

| コラム | 大磯の吉田茂像と講和条約／126 |
| 判例2 | 砂川事件／127 |

「日本国憲法」第3章 国民の権利および義務　128
【第10条〜第40条までの解説】……………………………………… 128

コラム	「日本国憲法」第10条と沢田美喜／129
判例3	「宴のあと」事件（プライバシーの権利）／134
判例4	大阪空港公害訴訟事件（環境権と人格権）／135
コラム	「教育基本法」の改正と「日本国憲法」第13条／136
判例5	「チャタレー夫人の恋人」事件／144
判例6	家永教科書検定訴訟事件／146
コラム	憲法研究会／150
判例7	朝日訴訟／150
コラム	現在の学校教育／153
コラム	最初の非武装憲法の国／156

「日本国憲法」第4章 国　会　164
【第41条〜第64条までの解説】……………………………………… 164

「日本国憲法」第5章 内　閣　181
【第65条〜75条までの解説】……………………………………… 181

「日本国憲法」第6章 司　法　190
【第76条から第82条までの解説】………………………………… 190

「日本国憲法」第7章 財　政　197
【第83条から第91条までの解説】………………………………… 197

「日本国憲法」第8章 地方自治　203
【第92条から第95条までの解説】………………………………… 203

「日本国憲法」第9章 改　正　208
【第96条の解説】…………………………………………………… 208

| コラム | カナダのケベック州／210 |

「日本国憲法」第10章 最高法規　211
【第97条〜第99条までの解説】…………………………………… 211

「日本国憲法」第11章 補　則　213

参考文献 …………………………………………………………………… 214
「日本国憲法」 ……………………………………………………………… 216
「大日本帝国憲法」 ………………………………………………………… 234

第1編

「日本国憲法」と「ポツダム宣言」、マッカーサーの三原則

I 「ポツダム宣言」の受諾

1.「ポツダム宣言」とグルー

1945年（昭和20年）8月14日，日本政府は「ポツダム宣言」を受諾し，ここに第二次世界大戦は枢軸国の敗北をもって終結しました。日本は，連合国軍に占領され，東京におかれた連合国軍最高司令官総司令部（GHQ）の指令・勧告にもとづいた間接統治下で諸占領政策が実行されることとなりました。

「日本国憲法」は，GHQの最高司令官ダグラス＝マッカーサー元帥（1880～1964）が，憲法草案作成にあたって，民政局のコートニー＝ホイットニー将軍やチャールズ＝L＝ケーディス陸軍大佐に示した黄色い紙のメモ，いわゆる「マッカーサーの三原則」（マッカーサー・メモ）にもとづいて作成されました。その基本方針は，「ポツダム宣言」を忠実に反映したことから，「ポツダム宣言」を起草した人物との関わりが「日本国憲法」を考察するうえで重要なカギとなります。その憲法草案の基になった「ポツダム宣言」は，アメリカの国務次官ジョセフ＝クラーク＝グルー[1]が部下のドゥーマンやバランタインに作成させたものであり，グルーの意向に沿ったものでした。

コラム 「ポツダム宣言」

ポツダム会談（左からチャーチル，トルーマン，スターリン）

「ポツダム宣言」は，第二次世界大戦中の1945年7月26日，ドイツ東部のポツダムで米・中・英・ソ4か国（当初は米・英・中）によって発せられた対日共同宣言です。

日本の降伏条件や戦後の対日処理方針などについて定められています。全13項目で，日本の軍国主義の除去，連合国軍による日本の占領，日本領土の限定，言論などの自由や基本的人権の尊重，無条件降伏などの内容からなっています。日本は最初は国体護持を理由に黙殺しましたが，8月14日にこれを受け入れ，翌15日にこれを国民に発表しました。

---

1 ジョセフ＝クラーク＝グルー（1880～1965） アメリカの外交官。デンマーク，スイス，トルコの公使・大使を歴任し，1932年に駐日大使として赴任，太平洋戦争開戦時にも駐日大使であった。親日派として知られる。

「12 前記諸目的カ達成セラレ且日本国国民ノ自由ニ表明セル意思ニ従ヒ平和的傾向ヲ有シ且責任アル政府ガ樹立セラルルニ於テハ、連合国ノ占領軍ハ、直ニ日本国ヨリ撤収セラルヘシ。コノヨウナ政府ハ、再ビ侵略ヲ意図セザルコトヲ世界ガ完全ニ納得スルニ至ッタ場合ニハ現皇室ノ下ニオケル立憲君主制ヲ含ミウルモノトスル（This may include a constitutional monarchy under the present dynasty.）」

2. 駐日大使時代のグルーと日本の友人たち

グルーは、1932年（昭和7年）から1942年（昭和17年）までの約10年間、駐日大使として赴任し、1943年（昭和18年）にアメリカに帰国しています。グルーは、日本駐在時代に、皇室をはじめ多くの閣僚と交流しましたが、帰国後も日本の皇族や友人たちを護ろうと孤軍奮闘しています。

「ポツダム宣言」の作成にあたって、彼が日本で親交を深めた皇室の人たちや樺山愛輔2、松平恒雄3、牧野伸顕4、鈴木貫太郎、岡田啓介5、斎藤実6、吉田茂などの英米協調路線を主張する人々の影響をかなり受けていると思われます。

グルー

では、グルーはこうした日本の人々とどのように関わり接していたのでしょうか。

---

2 樺山愛輔（1865〜1953）　実業家、貴族院議員。東京の永田町に住んでいたが、晩年は神奈川県大磯町に住む。駐日大使グルーと親しく、松平恒雄とともに皇室や政治家、財閥などとの交流を深める中心的な役割を果たした。牧野伸顕、吉田茂・原田熊雄らとともに終戦工作を行ったことでも知られる。父は日清戦争時代の海軍軍令部長であった樺山資紀、娘は白洲正子。

3 松平恒雄（1877〜1949）　東京帝国大学卒業後、外交官として外務事務次官・駐英大使・宮内大臣・イギリス、アメリカ駐在大使などを歴任し、初代参議院議長にもなった。親英米派で外務大臣就任の話もあったが、長女が秩父宮親王妃となったことから、「皇室の外戚は国政上の要職につかない」として、反対があって実現しなかった。

4 牧野伸顕（1861〜1949）　明治の元勲大久保利通の次男で、牧野家に養子となる。アメリカに留学した後、東京帝国大学に入学したが、中退して外務省に入り、大使館員としてロンドンに赴任した。その後は枢密院顧問、外務大臣、宮内大臣など国会意思決定機関の中枢で活躍した。

5 岡田啓介（1868〜1952）　福井藩士の家に生まれる。1885年（明治18年）に海軍兵学校に入学、後には海軍大学水雷科を卒業した。日清戦争・日露戦争などに従事し、水雷艇司令官となった。田中義一内閣のときに海軍大臣となり、陸軍の満州収奪を見抜き、猛反発をした。海軍の条約派で軍縮会議でも欧米協調路線を主張した。

6 斎藤実（1858〜1936）　1858年（安政5年）、陸奥国水沢（現、岩手県奥州市）に水沢藩士の子として生まれる。海軍兵学校を卒業し、海軍少尉となる。以後、海軍大臣、海軍大将、朝鮮総督などを歴任し、1932年（昭和27年）には内閣総理大臣に就任した。退任後は内大臣となったが、二・二六事件で暗殺された。駐米公使館付武官としてグルーと親交があり、軍部にも反対できる常識派といわれた。

彼は由緒ある家庭で育ち，日本の皇室に幼い頃から親近感をもっていました。そうしたことがグルーの日本贔屓の理由であったとされています。また耳に障害があって，日本語を聞き取り，話すことができなかったことから英語を話すことのできる閣僚などを頼りにしていました。

しかし，1941 年（昭和 16 年）12 月，日本軍がアメリカのハワイ・真珠湾を攻撃したことから[1]，グルーは翌 42 年 8 月 25 日からアメリカ大使館内に幽閉され，約 6 か月の後，日米交換船グリップスホルム号でアメリカへ強制的に帰国させられました。その帰国の際に，当時宮内大臣であった松平恒雄の娘・節子から，長い交友関係の記念としてメッセージと宝石箱が贈られたことに，グルーはいたく感動し涙を流すほど喜んだといわれています。その松平恒雄は，神奈川県大磯町に住んでいた鍋島直大の四女信子を嫁に迎えていて[2]，同じ大磯町の樺山愛輔とも大の親友でした。また節子も樺山愛輔の娘・正子と女子学習院時代からの親友でした。グルーが「日本で一番信頼できるのは樺山愛輔氏です」といっていたことから推測しますと，グルーと松平家，樺山家，皇室とのつながりは相当なものであったと考えられます。グルーの娘エルシーは，結婚式に樺山愛輔のみならず正子も招待しています。

樺山家は東京の永田町にあった豪邸を売却し，神奈川県大磯町の別荘（鴫立庵の隣，現，ライオンズマンション大磯）に住むことになります。別荘は大磯だけでなく御殿場にもあり，夏休みにもなると，正子と節子は時々その別荘（現在は御殿場町立西中学校）を訪れ，一緒に過ごしています。『銀のボンボニエール』という著書には，2 人でポニーに乗って富士山の裾野まで遊びに行ったこともある，と書かれていますが，その著者・秩父宮勢津子は，松平節子のことで，昭和天皇の次男・秩父宮雍仁親王のお妃でもあります[3]。また雍仁親王の別荘も御殿場にあり，勢津子は樺山愛輔の別荘や雍仁親王の別荘（現在は秩父宮記念公園の中）に招かれたりして，親交を深めたに違いありません。

---

[1] 真珠湾攻撃　真珠湾（パールハーバー）は，ハワイ・オアフ島南岸のアメリカ海軍根拠地であった。1941 年（昭和 16 年）12 月 7 日，日本海軍が真珠湾を奇襲攻撃して，太平洋戦争が開始された。

[2] 鍋島直大（1846～1921）　佐賀藩主であった鍋島直正の次男で自らも第 11 代藩主となった。戊辰戦争では藩兵を率いて指揮をとった。アメリカ，イギリスに滞在の経験をもち，1952 年（昭和 57 年）には，駐イタリア全権公使として就任し，その後は貴族院議員，宮中顧問官にも任じられた。

[3] 秩父宮雍仁（1902～53）　大正天皇と貞明皇后の第二皇子で青山御所で生まれた。陸軍将校として活動するが，1940 年（昭和 15 年）肺結核と診断され，以後を御殿場の別荘で過ごした。妻は外交官松平恒雄の長女節子（雍仁親王妃勢津子）。

また樺山愛輔は、吉田茂の義父である牧野伸顕や貿易商で巨大な財を築いた白洲文平とも親しくしていました。愛輔と文平とはドイツのボンに留学して以来の親友で、愛輔の娘・正子は兄丑二の親友であった白洲次郎（1902〜85）と結婚しています。昭和天皇は牧野伸顕をとくに信

グルー（前列左から3人目）と樺山愛輔（後列左端）
（『白洲正子自伝』新潮社刊より）

頼していたことからグルーとの交流も多々あったはずです。なお吉田茂は養父である吉田健三と実業家仲間であった牧野の娘・雪子と結婚しています。

　グルーが来日したときには、日本は軍部の台頭もあって不穏な状況下にありました。やがてグルーと親交の深かった政治家たちが次々に軍の青年将校に襲われることになります。斎藤実（元首相）と鈴木貫太郎侍従長（1868〜1948）もそれらの一人で、2人とも1936年（昭和11年）の2・26事件の前日にグルーの夕食会に招かれ、帰宅した翌日の朝早くに襲われました。斎藤実は射殺され、鈴木貫太郎は奇跡的に助かりましたが、左脇付根、左胸、左頭部に銃弾を受け重傷を負いました。また英米協調路線の中心人物であるといわれていた牧野伸顕も湯河原の旅館で襲われました。ある言い伝えで

2・26事件（反乱軍の兵士）

4　白洲文平（1869〜1935）　兵庫県生まれ。築地大学校（現、明治学院）卒業後、ハーバード大学、ボン大学に留学した。卒業後は三井銀行、鐘紡に勤めたが退社、神戸市に白洲商店という貿易会社を営み、大富豪となった。邸宅を次から次へと建て替え、「白洲将軍」ともよばれた。1928年（昭和3年）の金融恐慌で倒産、以後は大分県の荻町（現、竹田市）に移り住み、農業を営むが、上着はモーニング、下着はもんぺ姿で街を歩くなど、傍若無人の生活は変わらなかった。白洲次郎は文平の子である。

5　吉田健三（1849〜1889）　越前福井藩士渡辺謙七の長男として生まれる。長崎で英学を学び、1866年（慶応2年）、イギリスに密航し、帰国後は英国商社の支店長に就任。退社後はさまざまな事業を手がけて成功し、板垣退助や後藤象二郎、竹内綱など自由党の経済的支援を行った。子どもに恵まれなかったことから、竹内綱の子・茂を養子に迎えた。

6　2・26事件　1936年（昭和11年）2月26日、皇道派の陸軍将校が歩兵第1・第3連隊、近衛歩兵第3連隊など1400余名の兵士を率いて、首相官邸などを襲撃し、斎藤実内大臣・高橋是清大蔵大臣などを殺害したクーデター。軍部が政治に介入する契機となった。

は「牧野が兵士に襲われたとき，牧野の護衛が逆に兵士を撃ち殺したため，兵士らは旅館に火を付けた。牧野は身を守るために旅館の裏側の崖を家族や看護婦と一緒に登って行くが，火事により全身が照らし出されてしまった。その時孫娘(元総理大臣麻生太郎の母である麻生和子)が，祖父母を護るために着物を広げて助けようとした」とされていますが，このことについては，「家族の機転で牧野自身が女性用の着物を被って逃げのびた」という説の方が有力に思われます。

3. アメリカ政府内でのグルー

グルーが帰国すると，アメリカ国民から「真珠湾攻撃をするような日本とはどういう国なのか，日本をやっつけるにはどうしたらよいか」などと，矢継ぎ早に質問がなされました。彼は，帰国して1年たらずで250回もの演説を行った，といいますから，アメリカ国民の日本への関心がとても高かったことがわかります。

当初，グルーの演説はエルマー＝ディビス戦時情報局との相談のうえに行っていたことから，その内容も日本の軍部の残虐性や凶暴性を糾弾するものでありました。しかし，1943年(昭和18年)頃から日本の戦局が不利になってくると，グルーの話は一転して「日本の神道1は，軍部に利用されただけである。日本には穏健派といわれるアメリカ派の人たちもたくさんいる」，「神道は軍国主義が滅びれば国民の負債であるどころか資産となりうる」という演説に

真珠湾攻撃 (1941年12月8日)

変化していきました。そのはじまりがシカゴでの演説でした。これに対して，米国のマスコミや世論は「世界を天皇の支配下におこうとする八紘一宇2の原理となっている神道を認めることは，日本人に聖戦を行っているのだと信じ込ませるようなものである」，「アメリカ人が天皇や神道と戦っているときに，それを擁護する主張は場違いである」など，とグルーに対して痛烈な批判を浴びせかけました。

---

1 **神道** 祖先神や自然神などを祀る日本古来の信仰であったが，外来の仏教・儒教などと融合した。明治時代には神社神道と教派神道とに分かれたが，神社神道は政府の保護を受けた。
2 **八紘一宇** 『日本書紀』にある文言からつくられた言葉。内閣・文部省などが1937年(昭和12年)に発行した「国民精神総動員資料」ではじめて使用されたといわれ，1940年(昭和15年)に第2次近衛文麿内閣が大東亜新秩序を建設する際にも「世界を一つの家とする」という意味で使用した標語。

こうして国務長官もグルーの演説禁止を命じざるをえない状況となりました。

1944年（昭和19年），7月にサイパン島が陥落し，東条英機内閣が総辞職するなど日米の戦局は大きな転機を迎えました。アメリカではすでに終戦後の対日政策を検討する極東局という機関が創設されていて，国務省内では，日本を知り尽くしているという理由から，5月の人事異動でグルーが極東局長に就任していました。さらにその年の12月，国務長官が交代してステティニアスになると，グルーは国務次官に抜擢されます。その当時，国務長官ステティニアスはヤルタ会談や国際連合の創設のための会議に奔走し，国務省の仕事はグルーに任せきりでした。そのうえ反日派のフランクリン＝ローズヴェルト大統領が死亡したことにより，アメリカ国務省内におけるグルーの権限は絶大なものでした。

一方，アメリカの陸軍省内では日本の本土攻撃における被害を少なくするために，マンハッタン計画という原爆開発が急がれていました。このマンハッタン計画が軌道に乗りはじめた頃から，対日政策の権限は国務省から陸軍省へと移っていきます。原爆投下を恐れたグルーは，天皇制維持を条件とした対日声明案をトルーマン大統領（1884～1972）に進言し，日本への原爆投下を回避しようとしました。しかし，1945年7月に国務長官が中国派のバーンズに代わったことにより，グルーのアメリカ政府内における影響力は低下し，トルーマン大統領から対日声明の承認を得ることができませんでした。

それでも「ポツダム宣言」の草案は，グルー派の起草によるものでした。しかし，陸軍省のスティムソン長官は，「この草案は，いずれ近く登場する原爆の影響を考慮に入れていない」とし，いくつかの項目を追加しました。ポツダム会談

---

3 **サイパン島の陥落**　太平洋戦争中の1944年（昭和19年）7月，アメリカ軍はマリアナ諸島サイパン島で日本軍を全滅させた。アメリカ軍は，この島を占領したことで爆撃機B-29による東京など日本本土への空襲が可能になった。
4 **東条英機**（1884～1948）　東京の千代田区麹町で生まれた。陸軍大学校卒業後，陸軍に入隊し，関東軍参謀長になった。太平洋戦争開始の際の内閣総理大臣で，陸軍大臣及び参謀総長を兼任した。終戦後は東京裁判でA級戦犯として起訴され，巣鴨の拘置所で処刑された。
5 **ヤルタ会談**　1945年2月，クリミア半島のヤルタで行われたアメリカ・イギリス・ソ連による会談。ドイツの戦後処理などを決めた。この会談の際，アメリカとソ連の間で秘密協定が結ばれ，ソ連は，千島列島および南樺太の領有を条件に，対日参戦を約束した。
6 **国際連合**　1945年10月，国際連合憲章に基づき，集団安全保障の考えに沿って成立した国際平和機構。51か国で発足したが，現在は192か国になった。安全保障理事会は，米・英・ソ・仏・中の5常任理事国と10非常任理事国からなる。
7 **マンハッタン計画**　第二次世界大戦中，アメリカで秘密裏に進められた原子爆弾製造計画。当時，アメリカ政府は日本での本土決戦を行えば100万人の米兵が死ぬのではないかと恐れていたことから，原爆実験の成功が急務とされていた。

の前日，原爆実験の成功を知らされたトルーマン大統領は，ソ連代表スターリンに対して強硬な姿勢をみせるとともに，「ポツダム宣言」の12項目の末尾にあった，対日戦争の終結条件である「世界が納得するに至った際には立憲君主制を認める」とする文言を削除して，この会談に提出しました。

4.「ポツダム宣言」黙殺宣言と原爆投下

鈴木貫太郎内閣の発足（最前列中央が鈴木）

鈴木貫太郎は，日米の国力の差は歴然としており，日本の敗戦は目に見えていると，悟っていました。そして，鈴木が考えていたように戦局が絶望的となった1945年（昭和20年）4月，小磯内閣が総辞職すると，代わって内閣総理大臣に鈴木が担ぎ出されることになりました。

彼は生粋の軍人であり，「軍人は政治に関わらない」という信念をもっており，当初は頑なに固辞していました。しかし天皇から「どうか曲げて承知してもらいたい」と懇願され，渋々内閣総理大臣を引き受けることになったのです。

同年7月26日，「ポツダム宣言」が日本政府に対して発せられました。しかし，当時，側近との相談のなかで軍部に恐れをなした鈴木首相が，「重大な価値あるものと認めず黙殺し，断固戦争遂行を邁進する」と言った，として新聞に報道されました。それを知ったアメリカは，日本が正式に「ポツダム宣言」を拒否したものとみなして，8月6日に広島，8月9日には長崎に原爆を投下しました。その結果，8月14日の御前会議で，日本政府は国体護持（天皇制の維持）を条件に「ポツダム宣言」の受諾を決定することになります。

鈴木首相の願うところは，戦争の早期終結でしたが，独走する陸軍は，原爆が投下された後でもポツダム宣言の無条件降伏を不服とし，本土決戦さえも辞さない勢いでした。そのため鈴木首相は御前会議で天皇の聖断を仰いで，ようやく戦争を終結させることができました。鈴木首相は1948年（昭和23年）4月に没し

---

1 **立憲君主制** 憲法の規定に従って行われる君主制で，原則として君主（国王）の権力は議会によって制限されるとする。しかし「大日本帝国憲法」下では，立法機関は天皇の協賛機関であった。

2 **御前会議** 「大日本帝国憲法」下，国家の緊急時に天皇出席のもと閣僚・参謀長・宮内大臣などによって宮中で行われた重要会議。憲法の規定にはない。

ていますが、その後、首相になった吉田茂(1878〜1967)が彼の功績を認め、鈴木貫太郎記念会を組織したことから、千葉県野田市関宿町に鈴木貫太郎記念館が設立されました。

鈴木貫太郎は、前述のように2・26事件前夜、斎藤実首相と一緒にグルー宅の夕食に招かれ、アメリカ映画「浮かれ花嫁」を夜中まで観て帰るほどグルーとの親交が厚かったようです。

広島への原爆投下直後のようす（松重美人氏撮影）

もともと鈴木は、外国に憧れ世界を見て回るために海軍に入ったほどの国際派でした。「太平洋を戦争の海としてはならない」というのが彼の一貫した姿勢で、戦争終結の願いを込めて首相になりましたが、彼の黙殺声明もあって、その願いも虚しく原爆投下という形で太平洋戦争の決着がつきました。そのことは、終戦の使命を託された鈴木首相だけでなく、日本の穏健派のために「ポツダム宣言」を起草したグルーにも、はかり知れない絶望感を与えたに違いありません。

ところで、吉田茂の学習院時代の恩師である鈴木貫太郎や牧野伸顕をはじめ樺山愛輔・岡田啓介などの穏健派はヨハンセン・グループ（吉田反戦が元のことば）といわれていましたが、「グルーは事前に彼らに原爆投下の情報を伝えていたのではないか」と指摘する人もいます。原爆投下が事前に知らされていたとは思えませんが、毎日新聞社から1948年（昭和23年）に出版されたグルーの著書『滞日十年』の原本の内容を検証しますと、名前は伏せてはいるものの真珠湾攻撃など日本の秘密情報をグルーに知らせていた大物の政治家がいたことは間違いないと思われます。

コラム　ソ連の侵攻と南樺太

北海道の最北端である稚内の宗谷岬からは、樺太（現、サハリン）が見えますが、かつては南樺太に約40万人もの日本人が住んでいました。北海道で、観光バスに乗って留萌から稚内に旅行しますと、必ずガイドさんが口にするのが「留萌沖の悲劇」と稚内公園にあります「九人の乙女の碑」についてです。

アメリカは，「ポツダム宣言」を発する以前の7月10日から14日までに，「ファットマン」と同型の原爆実験用の「パンプキン」49個を日本各地に投下するなど原爆投下のための予行練習をしていました。そして8月6日に広島，8月9日に長崎に原爆を投下しました。その間の8月8日，ソ連もヤルタ秘密協定に基づいて南樺太への侵攻を開始しました。8月14日，日本が「ポツダム宣言」を受諾すると，輸送船は南樺太から脱出する避難民を乗せて北海道とのピストン輸送をはじめました。

8月21日，避難輸送にあたった小笠原丸は，南樺太の大泊港から約1,500名の引き揚げ者を乗せて小樽港へと向かいました。しかし小笠原丸は，小樽港にたどり着く前にソ連の潜水艦による魚雷攻撃を受けて沈没してしまいました。しかもソ連の潜水艦は浮かび上がって助けを求める婦人や子どもたちまでも機銃掃射によって虐殺しました。また，その日，22日には引き揚げ船の泰東丸と第二新興丸も同様にソ連

九人の乙女の碑

の潜水艦によって砲撃を受けました。泰東丸は沈没し，第二新興丸は大破したもののかろうじて留萌港にたどり着きました。このソ連の攻撃による引き揚げ船3隻の犠牲者は1,700名におよび，「留萌沖の悲劇」と言われています。

また「九人の乙女の碑」についても，次のような悲しい話があります。8月9日，南樺太の国境はソ連軍の激しい攻撃を受け，子ども・女性への暴行が行われ，樺太住民は避難を開始しました。しかし，南樺太の真岡郵便局は国防や緊急時の連絡など重要な使命を担っていたことから，全員が避難せずに留まることを決心しました。8月20日，ソ連軍の侵攻で真岡市街は戦火に包まれます。8月14日に「ポツダム宣言」を受諾していた日本軍人は武器を放棄していましたが，ソ連軍は容赦なく残虐行為を繰り返しました。電話交換業務を担当していた女性たちも，ソ連軍の恐怖に震えていましたが，危機が迫っても他局との電話連絡にあたっていました。「九人の乙女の碑」の「皆さん　これが最後です　さようなら　さようなら」は服毒死した彼女たちの最期の放送での言葉でした。ソ連軍の満州や南樺太などの侵攻による日本人の死者数は約30万と言われています。

Ⅱ 連合国軍の占領と憲法改正の開始

1. マッカーサー元帥の登場

　1945年（昭和20年）8月15日は，日本においては終戦を迎えた日で，鈴木貫太郎首相が天皇に閣僚全員の辞表を手渡した日であります。アメリカでは，グルーが国務次官の辞任を決意した日であり，またダグラス＝マッカーサー元帥が連合国軍総司令部最高司令官に任命された日でもありました。

「終戦の詔書」の放送を聞く（1945年8月15日正午）

その終戦の4日後の8月19日朝早くに，機体を真っ白く塗り，緑の十字標識を付けた日本の攻撃機2機が極秘のうちに千葉県木更津の海軍航空基地から飛び立ちました。攻撃機はフィリピンのマニラ市にいる最高司令官マッカーサー元帥のもとへ，降伏条件の遂行のために会いに行くことを目的としていました。機体をカモフラージュして，コースを秘匿したのは，神奈川県厚木飛行場の小園安名航空隊司令官が終戦を受け入れず，戦争継続に反対するいかなる上司の命令をも拒否することを告げていたことから，2機とも撃ち落とされる可能性があったからでした。小園率いる厚木の第三〇二航空隊は，陛下側近が陰謀を企てたとして，連日東京周辺の上空からガリ版刷りのビラを撒いて徹底抗戦を呼びかけていました。彼らは特攻隊となって国のために命を捧げる決心を固めていたこともあり，「ポツダム宣言」を受け入れることは屈辱的なことと考えていました。米内光政海軍大臣[1]は，小園航空隊司令官の説得に乗りだし，事態の収拾をはかろうとしましたが，小園司令官は頑なに拒否し続けました。小園率いる第三〇二航空隊は，零戦，雷電，月光，銀河，彗星などの戦闘機を保有する本土決戦のための迎撃戦闘機部隊でした。しかも厚木基地は，アメリカの偵察隊からも発見されず，戦闘機は決戦のために温存されていました。

　8月21日，艦隊命令によって，厚木飛行場にある戦闘機のプロペラ外しやガ

---

[1] 米内光政（1880～1948）　1880年（明治13年），盛岡藩士の次男として盛岡に生まれる。海軍兵学校を卒業後，日露戦争に従軍した。海軍大学校を卒業し，後にロシア・ポーランドの大使館付駐在武官となった。1930年（昭和5年）に朝鮮の鎮海要港部司令官に任じられた後，1932年（昭和7年）から連合艦隊司令官兼第一艦隊司令官を務めた。海軍次官山本五十六の推薦のもと，海軍大臣になり，1940年（昭和15年）には第37代内閣総理大臣に任命された。

ソリン抜きの作業が始まりました。これを見て憤慨した厚木航空隊員は，零戦，彗星など33機を厚木基地から陸軍の狭山・児玉飛行場へと向かって飛び立たせ，小園司令官も怒号しながら軍刀を抜いて暴れだしました。すでに，連合軍は，日本側に対して厚木飛行場を進駐の場所として指定しており，事態は緊急を要していました。海軍中央部は，高松宮による小園説得を図るとともに，新たに第七一航空隊司令官で直属の上官であった山本栄大佐（連合艦隊総司令官山本五十六[1]の弟）を厚木飛行場に向かわせました。しかし，不思議なことに，山本が説得にあたる前に，小園司令官は高熱を出して狂ったように叫び，病院に収容されていました。一説には，毒を盛られたといわれていますが，マラリアの再発という人もあり，その真実は明らかではありません。

厚木飛行場に到着したマッカーサー元帥

8月28日，進駐軍先遣隊が輸送機に乗って厚木飛行場に着陸しました。チアーレス＝テンチ大佐率いる兵隊が機関銃を抱えて今にも銃撃戦がはじまるような重々しい警戒態勢をとりました。テンチ大佐は緊張していたのか，参謀本部第二部長有末精三中将[2]からの挨拶もうわの空でした。

8月30日，第十空挺師団長スウィング少将の一行が到着して，総司令部本部となるクインの塔（横浜税関ビル）へ向かうための道筋，行軍序列等について確認をはじめました。その2時間後にはアイケルバーガー陸軍中将が着陸して，いよいよマッカーサー元帥の登場を待つだけとなりました。そして小園らが，最後の砦として守ってきた厚木飛行場に，マッカーサー元帥は連合国軍最高司令官としてバターン2号機で着陸しました。日本占領がはじまったのです。マッカー

---

1 山本五十六（1884～1943）　新潟県長岡本町（現，長岡市）に生まれる。海軍兵学校，海軍砲術学校，海軍水雷学校，海軍大学校を経て，1911年（明治44年）には海軍砲術学校教官兼分隊長，海軍経理学校教官となる。その後，ハーバード大学に留学し，帰国後は軍艦「北上」副長，海軍大学校教官となり，1934年（昭和7年）にはロンドン海軍軍縮会議予備交渉の海軍側首席代表に任じられた。1936年（昭和11年）には海軍次官，1939年（昭和14年）には連合艦隊司令官に抜擢され，真珠湾攻撃とミッドウェー海戦では総司令官を務めた。
2 有末精三（1895～1992）　陸軍士官学校卒業後，参謀本部付として勤務し，歩兵大尉，歩兵第五連隊隊長，参謀本部第二部長を歴任。ウィロビー陸軍少将に諜報関係資料を手渡し，戦犯指名を免れた，といわれている。

サー元帥は厚木の飛行場に着いたとき，軍服なしのシャツ姿でパイプをくわえてタラップを降りてきましたが，これには世界中の人々が驚きの声を発しました。降伏したといえども日本には数百万という軍人がいたからです。元帥は内外の記者団の取材を受けた後に，日本側が予め用意していたベンツに乗り込んで，約3,000名の空挺隊員を引き連れて横浜へと向かいました。横浜の関内に着くと元帥は，連合国軍総司令部となる横浜税関ビルに立ち寄り，挨拶を終えるとすぐに宿泊先であるホテル・ニューグランドへと向かいました。

2. 日本民主化指令と吉田茂

占領軍は日本進駐後まもなく，「ポツダム宣言」の「民主的傾向の復活・強化」条項の具体化として，1945年（昭和20年）10月4日に「治安維持法」などの弾圧立法の廃止，政治犯の釈放，特高警察職員・内務大臣・警察部長などの罷免，天皇制批判の自由などを掲げた「人権指令」を発しました。さらに，同月11日には，婦人解放，労働組合の育成，教育の自由化・民主化，圧制的諸制度の廃止，経済の民主化の五大改革指令を矢継ぎ早に指示しました。指令は通常，終戦連絡中央事務局（CLO）を通じて日本政府に伝えられましたが，マッカーサー元帥を

降伏文書に署名する重光葵（1945年9月2日，米戦艦ミズリー号上にて。左向きの後姿の人がマッカーサー）

中心とするGHQは，日本の軍事ファシズムを根こそぎ取り除いて，ローズヴェルト流儀のニューディール政策を施そうとしていました。

終戦後まもなくして鈴木貫太郎内閣が総辞職し，8月17日，東久邇宮稔彦内

---

3 「治安維持法」 1925年（大正14年）に，天皇制の廃止を主張したり私有財産制度を否定したりする結社活動などに対する罰則を定めた法律で，共産主義者，後には自由主義者の弾圧にも利用され，言論・思想の自由を蹂躙した。
4 終戦連絡中央事務局（CLO） 戦後の日本政府と連合軍との連絡機関で1948年（昭和23年）に廃止された。
5 ニューディール政策 1929年からの世界恐慌に対して，アメリカのローズヴェルト大統領が採用した経済政策。これまでの資本主義の政策を修正し社会主義国家のように国家が経済に介入することによって，資本主義経済に内在する矛盾を解決しようとした。全国産業復興法の制定，TVAダムなどの公共投資事業が行われた。
6 東久邇宮稔彦（1887～1990） 旧皇族，軍人。太平洋戦争末期の1945年（昭和20年）8月に成立した戦時中最後の，そして敗戦処理内閣でもある首相を務めた。1947年（昭和22年）10月に皇籍を離脱し，東久邇稔彦となった。

閣が成立しましたが，マッカーサー元帥は，民主化にあまり乗り気でなかった東久邇宮内閣に対して不満でした。しかも，日本政府からの要望で，軍政をしかないと約束していた極秘情報を，交渉にあたった重光葵外相がマスコミに漏らしたことから，マッカーサーは重光外相を更迭してしまいました。

その恩恵にあずかったのが吉田茂でしたが，その吉田を推薦したのが白洲次郎や評論家で貴族院議員の岩淵辰雄でした。白洲は，当時国務相であった近衛文麿が吉田茂を外相にすることを渋っていたことを知ると，友人の牛場友彦から近衛を紹介してもらい吉田を外相にと頼み込みました。また吉田と一緒に終戦工作をして投獄された岩淵辰雄は，小畑敏四郎国務相と近衛国務相，そして吉田との四者会談を計画して，重光葵外相の代わりに吉田をたてようと企てました。機嫌を良くした吉田茂は，近衛の荻外荘で大酒を飲んで帰りの列車で寝込んで東海道線大磯駅を乗り越してしまい，熱海駅で気がついたものの帰りの終電に間に合わず，知人宅に泊まることになってしまった，という逸話を残しています。

当初，吉田茂は政界に入るなどとは夢にも思っていなかったと言っています。その理由としては，岳父でもある牧野伸顕や大磯町に住む友人の原田熊雄から「君は政治家向きではない」と度々いわれていたからです。しかし，政治犯として捕らえられ，ようやく留置所から出獄したものの冷や飯食いの生活をしていた吉田茂にとっては，外相という肩書きはこのうえない喜びであったに違いありません。

3. マッカーサーの占領政策

1945年10月，日本に対する政策機関として極東諮問委員会が設置されましたが，この機関は形式的政策機関で，実質的な政策機関は太平洋戦争の勝利国アメ

---

1 重光葵（1887～1957）　大分県生まれ。東京帝国大学卒業後，各国の日本国大使として勤務。東条内閣・小磯内閣のときに外務大臣を務めた。戦後は東久邇宮内閣で外務大臣に再任され，戦艦ミズリー甲板上の降伏文書調印式で日本政府全権として降伏文書に署名した。東京裁判では有罪判決を受けたが，釈放され，再び鳩山一郎内閣の下で外務大臣となって国際連合加盟に尽力した。
2 岩淵辰雄（1892～1975）　東京商科大学（現，一橋大学）卒業後，外務省に入る。アジア局長などを歴任し，1936年（昭和11年）に貴族院議員となる。戦後は岩手県から無所属で参議院議員に立候補し当選した。1945年（昭和20年）9月，東久邇宮内閣の重光葵外務大臣が更迭された際，吉田茂を外務大臣に推薦し，憲法改正を一緒にやろうとしたが，吉田に拒絶された。
3 近衛文麿（1891～1945）　旧華族。京都帝国大学卒。貴族院議員，貴族院議長などを歴任。1937年（昭和12年）から41年（昭和16年）の間に3次にわたって内閣総理大臣を務め，陸軍と結び付いて日独伊三国同盟を結んだり，大政翼賛会を発足させたりした。
4 原田熊雄（1888～1946）　地質学者原田豊吉の長男。学習院高等科卒業後，京都帝国大学に入学し，木戸幸一・近衛文麿とともに京大トリオといわれた。卒業後，1926年（大正15年）に西園寺公望の私設秘書となった。軍部の暴力的ファシズムに対抗して，吉田茂らとともに外交官出身の広田弘毅を後継首班に担ぎ出したこともある。また東条英機の倒閣工作を計画して，軍部や右翼に命を狙われた。

コラム　マッカーサーの愛機バターン2号

マッカーサー元帥がフィリピンから神奈川県の厚木飛行場まで乗ってきたバターン2号機（陸軍輸送機のダグラスC54B型）は解体されず今も残っています。アメリカのカリフォルニア州グランドキャニオン近くのValle Airportという民間の飛行場に展示されています。普通カリフォニルアへの旅行では，多くの人はラスベガスやグラ

マッカーサーの愛機バターン2号

ンドキャニオンへ行きますが，日本の旅行者でGrand Canyon Valle Airportへ行く人は少ないようです。またその飛行場の並びにPLANES OF FAMEという航空機博物館がありますが，そこには太平洋戦争時代に日本の三菱会社が製造した局地戦闘機の雷電（J2M3RAIDEN）も展示されています。その雷電は21型T81-124号機で製造番号が3008号，連合軍コードネイムは「JACK」です。胴太の雷電はアメリカ陸軍航空軍のB-29爆撃機に対抗するために作られたものです。「ポツダム宣言」受諾後も厚木飛行場にありましたが，アメリカ軍の進駐の場所として指定されたことから解体されました。現在，残っている雷電は，このアメリカの航空機博物館の1機だけです。

リカの大統領統合参謀本部（JCS）[5]にありました。JCSから任命されたマッカーサー元帥は，絶対的な地位にありました。アメリカでは司令官に絶大な権限を委譲する伝統があり，司令官に任命されれば大統領さえも迂闊に口を出すことができなかったようです。しかし，イギリス・ソ連などはアメリカ中心の占領政策に不満をもっていました。極東諮問委員会はこうした国々の不満の捌け口として利用されました。

マッカーサーの対日政策については，1945年8月29日にマッカーサー宛てに通達された「降伏後における米国の初期の対日政策」[6]に述べられています。その通達の「究極の目的」が「日本国が再び米国や世界の脅威にならないことを確実

---

[5] **アメリカ統合参謀本部（JCS）**　アメリカの陸・海・空軍および海兵隊の長によって構成されるアメリカ軍の最高機関。国防総省と国防長官の下にあって，大統領および国家安全保障会議への助言などを行う諮問機関。

[6] **降伏後における米国の初期の対日政策**　統合参謀本部が承認した日本占領に関するマッカーサーへの正式指令のこと。

にする」となっていたことから，マッカーサーは徹底的に日本の軍事力を取りあげ，戦争に係わった軍人や政治家を公職追放しました。したがって民政局の憲法改正草案におけるマッカーサーの三原則には日本が国際社会に向かって戦力不保持であることが高々と掲げられています。（→p.37）また，それは日本が国際社会に復帰するための前提条件にもなっており，そのことは「日本国憲法」が憲法というよりは，むしろ条約のような印象を与えている，という意見につながっています。

　マッカーサーの権限については，①日本の無条件降伏を基礎とし，貴官の権限は最高であり，日本側からのいかなる異論も受け付けない。②日本国の管理は，日本国政府を通じて行われるが，貴官の権利を妨げるものではない。貴官は実力行使を含む措置をとることによって，貴官の命令を強制することができる，となっていました。ところが脇役であった極東諮問委員会がマッカーサーの監視役として登場し，日本の統治において絶対的な権限を握っていたマッカーサーを苛立たせました。そこでマッカーサーは「ポツダム宣言」にある「日本国民の自由に表明した意思」であることを演出しながら，極東諮問委員会の各国が極東委員会を設立して憲法改正草案について日本側に指導を行う前に，自ら憲法改正草案を作成し，極東諮問委員会からの圧力を封じ込めようとしました。

4. 幣原喜重郎内閣の成立

昭和天皇とマッカーサー元帥

　1945年（昭和20年）10月5日，東久邇宮内閣は「一億総懺悔」と称して，戦争の責任を国民に押しつけたとして総辞職を余儀なくされました。それは9月27日に昭和天皇（1901～89）がマッカーサー元帥とはじめて会ったときの記念写真から端を発しました。GHQ（連合国軍最高司令官総司令部）のジターノ＝フェイレィスの撮った1枚が朝日・毎日・読売各新聞に掲載され，その写真が，天皇がモーニング姿で直立不動であるのに対して，マッカーサー元帥がシャツ姿で第一ボタンをはずし，手を腰にあてて立っていたことから，日本政府は「屈辱的な写真である」として掲載禁止にしました。これに対してGHQは，「新聞・通信の自由に対する一切の制限の撤廃」を日本政府に命令してきました。そこでやむなく政府は従わざるをえなかったのですが，「治安維持法の精神は生かしていく。国体を破壊するような言動は許さ

れない。また政治犯の釈放は考えていない」と，担当内相である山崎巌が記者団に言い放ちました。これに対し，GHQ が，山崎内相の発言は占領政策批判であるとして激怒し，内相の罷免，政治犯の釈放などを政府に要求してきたことから，東久邇宮内閣の責任問題に発展しました。代わって政権を担当したのが高齢の幣原喜重郎（1872～1951）でした。幣原は，戦争で千駄ヶ谷の実家が焼けて世田谷に住まいを移しましたが，余生は鎌倉の別荘で過ごすつもりで準備していました。その引っ越しの最中に吉田茂から後継首相就任の話を受けました。

　幣原喜重郎の組閣は，財閥を形成する人々にとっては大変喜ばしいことでした。幣原の義理の父は三菱の創始者岩崎弥太郎男爵，大蔵大臣の渋沢敬三は渋沢栄一の孫で帝国銀行や財閥系企業の大株主，厚生大臣の芦田均は三井の鐘紡を牛耳っていた武藤家の親戚，司法大臣の岩田宙造は住友銀行・三菱銀行の監査役であり，組閣の構成員は日本の経済界を代表する人々ばかりでした。外務大臣に就任した吉田茂も，旧財閥の強烈な擁護者でした。吉田茂の岳父が，牧野伸顕ということだけではなく，吉田茂の娘は石炭鉱山主の麻生家に嫁いでいました。また麻生家の財源は吉田茂の政治的資金源にもなっていました。さらに吉田茂は，駐英大使として活躍していた時代に日本人名士からの知遇も得ていただけでなく，三井の大番頭であった大磯の池田成彬，日本製鋼所・十五銀行の役員であった樺山愛輔などとの交流も深く，彼等を通して地位を築いていきました。

5．近衛文麿と松本委員会

　太平洋戦争によって，日本の国土は空襲で焦土と化し，戦後も国民は飢えと苦しみの生活を余儀なくされましたが，最初に帝国憲法改正について言い出したのは近衛文麿でした。

　当時，東久邇宮稔彦親王が内閣総理大臣となっていましたが，実質的に実権を

1　山崎巌（1894～1968）福岡県生まれ。東京帝国大学卒業後，内務省，厚生省に勤務。社会局長，静岡県知事，警保局長などを歴任し，1940 年（昭和 15 年）に警視総監に就任する。戦後，東久邇宮内閣で内務大臣に就任するが，後に公職追放された。1952 年（昭和 27 年）に追放解除となり，第 1 次池田勇人内閣の時に自治大臣になるが，1960 年（昭和 35 年）10 月の浅沼稲次郎暗殺事件の責任をとって辞任した。
2　岩田宙造（1875～1966）山口県生まれ。東京帝国大学英法科卒業後，一旦は東京日々新聞社に勤めるが，1 年で退社，弁護士事務所を開業する。後に宮内省，日銀，三菱銀行などの顧問にもなる。貴族院議員で東久邇宮内閣のときには司法大臣にもなった。
3　池田成彬（1867～1950）米沢藩（山形県）藩士池田成章の長男。慶応義塾大学，ハーバード大学卒業後，福沢諭吉の主宰する時事新報社に入社したが，慶応義塾長小幡篤次郎の紹介で三井銀行に入社し，三井合名会社理事，同筆頭常務理事を歴任する。1937 年（昭和 12 年）に日本銀行総裁に就任し，第 1 次近衛文麿内閣では大蔵大臣兼商工大臣，枢密顧問官を務めた。東条英機内閣成立後は親英米派として憲兵に睨まれた。

横浜税関ビル（クイーンの塔）

握っていたのは国務大臣の近衛文麿でした。近衛は，降伏文書の調印や軍の解体などの敗戦処理を行っていましたが，小畑敏四郎国務相，緒方竹虎書記官長[1]，評論家で貴族院議員の岩淵辰雄を交えて憲法改正について話し合いました。しかし「今は憲法改正よりもその前に連合国軍最高司令官総司令部（GHQ）の占領政策の基本的な方針を知ることの方が重要である」との結論に達し，近衛がマッカーサー元帥のところへ行くことになりました。

1945年（昭和20年）9月13日，近衛文麿は横浜税関ビルにいるマッカーサー元帥とはじめて会談しましたが，その時の通訳が下手で元帥の意思を十分に確かめることができませんでした。そのため近衛は10月4日に再び通訳の奥村勝蔵を連れて，横浜税関ビルから東京の第一生命ビルに移った連合国軍総司令部を訪問しました。2度目の会談では，マッカーサー元帥の他にディック＝サザランド参謀長，ジョージ＝アチソン政治顧問が

近衛文麿

同席していました。近衛は，彼等に国内情勢を示して理解を求め，話の最後に「政治組織や議会の構成についてご意見なりご指示があれば承りたい」と申し出ました。マッカーサー元帥は，「憲法を改正し，自由主義的要素を取り入れること，婦人参政権や労働者の権利を認めること」などについて述べましたが，近衛に対しては憲法改正の指導の陣頭になれ，と激励しました。その4日後，近衛は，東京帝国大学教授の高木八尺[2]，白洲次郎の神戸時代の幼友達で高木の助手であっ

---

1 緒方竹虎（1888～1956）　山形県生まれ。4歳のときに父の都合で福岡県に移り住んだ。東京商科大学（現，一橋大学）卒業後はジャーナリストとなり，その後政治家に転身した。小磯内閣・東久邇宮内閣で閣僚を務め，戦後，公職追放となった。追放解除後，自由党総裁，自由民主党総裁代行委員，副総理，国務大臣，内閣官房長官などを歴任した。
2 高木八尺（1889～1984）　東京で生まれ，一高を卒業して東京帝国大学に入り，内村鑑三などの影響を受ける。卒業後はそのまま東京帝国大学で米国政治史などを教え，太平洋戦争前は，日米開戦を回避するために近衛文麿とローズヴェルトとの会談の実現に努めた。戦後は，参議院議員となり，駐日米大使ライシャワーとの交流を深めた。

た松本重治、同じく白洲の友人で近衛の私設秘書官であった牛場友彦と連れだってマッカーサー元帥の政治顧問ジョージ＝アチソンを訪ね、憲法改正に関する助言を受けています。

　同年10月5日、東久邇宮内閣が総辞職し、9日に幣原喜重郎内閣が成立しましたが、その10日、憲法改正問題が閣議において議題の場にあがりました。松本烝治国務大臣（1877〜1954）の憲法改正に関する発言に対して、幣原首相は「憲法は改正しなくても解釈によって如何様にも運用できる」と答弁しています。

　10月11日、近衛は自らが天皇の顧問である内大臣府御用係となって憲法改正を担うことを考え、木戸幸一内大臣と協議のうえ、京都帝国大学の恩師である佐々木惣一を勅令によって内大臣府御用係として招き、一緒に憲法改正の起草にあたることにしました。それが新聞に書き立てられたことから、松本国務大臣や東大教授宮沢俊義らは、憲法の発議は勅令によるものであるが、重要な国務については内閣の輔弼（天皇が政治を行うことを助けること）においてなされるべきであり、内大臣府で憲法改正にあたるべきではない、と批判しました。結局、内閣においても、松本を委員長とする憲法問題調査委員会が発足することになります。

コラム　連合国軍総司令部の移転

　連合国軍総司令部は、横浜税関ビルから東京丸の内の第一生命ビルに移されましたが、このビルは、マッカーサー元帥が自ら都内をジープで駆け巡り、決定したものです。横浜税関ビルはイスラーム寺院を思わせるような緑青色のドームで、玄関がロマネスク様式のアーチ状の美しい建物ですが、第一生命ビルも比較的爆弾の被害が少なく、玄関が花崗岩の柱とギリシア風の大理石からできている美しい建物です。マッカーサー元帥は、第一生命ビルの建物が皇居前にあり、しかもその屋上から皇居と国会議事堂を見下ろすことができたことから元帥の権威を示すのにふさわしい場所、として総司令部に選びました。総司

3　松本重治（1899〜1989）　1899年（明治32年）大阪で生まれたが、小学校のとき神戸に移った。白洲次郎とは神戸中学時代の同級生。一高、東京帝国大学卒業後、イェール大学、ウイスコンシン大学、ジュネーブ大学にも留学した。帰国後は、同盟通信社編集局長、常務理事を歴任した。母方の祖父が松本正義である。
4　内大臣府御用係　太平洋戦争敗戦前まで宮中に設けられた政府の重職。皇室・国家の事務について天皇の輔弼の任に当たった。
5　佐々木惣一（1878〜1965）　鳥取市の生まれ。四高から京都帝国大学に進み、卒業後は京都帝国大学で教鞭をとり、教授となる。大正デモクラシーの理論的指導者の一人。神奈川県箱根町の奈良屋旅館で10年もの長きにわたり「憲法」の研究をしていた。
6　宮沢俊義（1899〜1976）　長野市生まれ。東京帝国大学教授で憲法学者、美濃部達吉の弟子。1946年（昭和21年）2月1日に毎日新聞によってスクープされた憲法改正草案の執筆者といわれる。このスクープが、マッカーサー元帥が「日本国憲法」の草案づくりを民政局に指示するきっかけとなった。

28　第1編　「日本国憲法」と「ポツダム宣言」、マッカーサーの三原則

第一生命ビル

令部は1952年（昭和27年）7月に市ケ谷へ移転するまでこの第一生命ビル内に置かれていました。写真は現在のものですが，かつては後方に見える高いビルはありませんでした。マッカーサー元帥は6階の皇居側から向かって右側奥の52平方メートルほどの部屋を執務室としましたが，机・椅子は第一生命保険会社3代目社長の石坂泰三が使用していたものをそのまま愛用していました。憲法草案を作成していた民政局の小会議室は，マッカーサー元帥の執務室の反対側にあり，民政局長コートニー゠ホイットニー将軍の個室も会議室の隣に位置していました。なお食堂は最上階の7階にありました。

　ところで，第一生命ビルに総司令部が移転してくる前に，先乗り米兵下士官が総司令部本部となる第一生命ビルの再建修理にあたっていました。その米兵下士官たちと現場監督との間で通訳を担当していたのが，あのベストセラー本『大霊界－死んだらどうなる－』やテレビドラマ「Gメン」で有名だった俳優の丹波哲郎でした。丹波は立川の航空隊から中央大学3年に復学しましたが，大学の英語会話会の議長であったことから，終戦連絡中央事務局によって外務省の臨時嘱託第1号の通訳として選ばれました。しかし，実際は，英会話はあまり得意ではなかったようです。

佐々木惣一が住んでいた奈良屋旅館別館

6. 憲法問題調査委員会の成立

　憲法改正を巡っては，近衛文麿と松本烝治国務大臣との確執がありましたが，近衛は，奈良屋旅館にいる佐々木惣一と相談しながら松本国務大臣らの反対をよそに憲法草案の作成を急ぎました。佐々木は京都大学の憲法学者ですが，奈良屋旅館を気に入っていたのか，ここで憲法の研究をしています。

奈良屋というのは，箱根の宮ノ下温泉に位置する旧本陣の老舗旅館でした。2001年（平成13年）に300年の歴史を閉じましたが，本館と15,000坪の庭園，そし

Ⅱ 連合国軍の占領と憲法改正の開始　29

て点在する11の別館は、つくり・雰囲気ともに純日本風の良さを備えていました。
一方、幣原内閣は、近衛に対抗して松本国務大臣を委員長、美濃部達吉東大名誉教授[1]、宮沢俊義東大教授、内閣書記官長の楢橋渡（1902〜73）を顧問に、法制局の入江俊郎や佐藤達夫などを委員とする憲法問題調査委員会（松本委員会）を10月13日に発足させました。この松本委員会は、近衛に対抗して設置されたものですが、その目的は、憲法改正ではなく憲法全般について調査し、研究することでした。委員会の顧問で、天皇機関説事件[2]の当事者であった美濃部達吉でさえも「民主主義は形式的な憲法の改正によるものでなくても法令の改正及び運用により実現できる。明治憲法（「大日本帝国憲法」）そのものは悪くない。解釈・運用を誤っただけである」と主張していました。また、松本委員会においても、「ポツダム宣言」の12項目にある「政府の樹立」についての理解が不十分でした。そのためマッカーサーの五大改革の要求を実現しさえすれば、日本国政府の形態などは日本側の自由に任されているので、憲法の改正はしなくてもよいと誤解していました。このことが民政局による憲法改正の引き金になるとは松本は夢にも思いませんでした。しかしマスコミは圧倒的に政府一本化を支持し、松本委員会に好意的でした。しかも、この頃には、近衛の戦犯容疑もとりざたされていました。

1945年（昭和20年）11月1日、総司令部は、近衛を日中戦争の戦争責任者とみなし、「近衛公が憲法改正に演じている役割に対し、重大な誤解が生じている。近衛公は連合軍当局によって、選任されたのではない」という声明を発表しました。それを聞いて失望した近衛は、A級戦犯[3]の逮捕命令を受け取った12月6日に服毒自殺を遂げました。

美濃部達吉

1 **美濃部達吉**（1873〜1948）　兵庫県高砂町（現、高砂市）の漢方医の家に生まれた。東京帝国大学を卒業後、内務省に勤務ののち、ドイツ・フランス・イギリスに留学。帰国後、東大教授や貴族院議員を歴任した憲法学者。1935年（昭和10年）に天皇機関説事件で貴族院議員を辞した。
2 **天皇機関説事件**　美濃部達吉は、国家は統治権をもつ団体（法人）で、天皇はその統治権を行使する最高機関とする天皇機関説を唱え、天皇主権説を唱える上杉慎吉と論争した。のちにこの憲法学説は、国体に反するとして貴族院などで攻撃され、美濃部が貴族院議員を辞任した事件。
3 **A級戦犯**　太平洋戦争における「平和に対する罪」に問われた人々をA級戦犯、戦争の指揮・監督にあたった将校・部隊長をB級戦犯、捕虜の取り扱いにあたった者をC級戦犯という。極東国際軍事裁判（東京裁判）では東条など28名がA級戦犯として起訴された。

7. 極東諮問委員会と憲法改正

戦後，アメリカは，ソ連が主張するアメリカ・ソ連・イギリス・中国の4か国による日本の分割統治については反対していました（ソ連は北海道および東北地方の統治を要求していたが，アメリカは東西ドイツなどの分割統治を後悔していた）。

対日理事会本部（明治生命館，明治安田生命提供）

しかしアメリカを中心とした占領管理方式とするならば，連合軍の代表者からなる極東諮問委員会の設立には賛成でした。しかし連合国軍の中には日本におけるアメリカの単独占領に対して，不満をもっている国がありました。とくにイギリスは極東諮問委員会を発展させて極東委員会にしようとしただけでなく，最高司令官の監視的な役割としての対日理事会の併設をも要求しました。なお当初，ソ連は，イギリスの多国間における対日理事会の設置について反対し，極東諮問委員会にも加わりませんでした。

1945年（昭和20年）12月26日，モスクワ会議（米・英・ソ3国外相会議）で，極東委員会（ワシントンに設置）を翌年の2月26日に，対日理事会（東京の明治ビル内に設置）を同4月5日に発足させることを決定しました。極東委員会は米・英・ソ・中・仏・蘭・加・豪・ニュージーランド・印・比の11か国で構成され，マッカーサー元帥の指令や，政策などについて事前審査する権限があるものと認識されていました。また憲法改正においても極東委員会との意見の一致が必要であるとされていました。このことは連合国軍最高司令官であるマッカーサー元帥を苛立たせ，動揺を与えました。

1946年（昭和21年）1月9日，フランク＝R＝マッコイ米軍少将を団長とする極東諮問委員会の人々が来日し，マッカーサー元帥，GHQ職員，日本の実業界の名士などと会談しました。「日本国憲法」の改正に関していうならば，1月17日の民政局との会談はその後の流れに大きな影響をおよぼすことになりました。その会談でフィリピン代表トマス＝コンフェソール上院議員は，当時公共行政部部長であったチャールズ＝L＝ケーディス大佐に対して「民政局が憲法改正について検討しているのではないか」という質問を執拗に浴びせかけました。そ

の質問に対してケーディス大佐は、自由の指令や公職追放、選挙法の改正など、総司令部がこれまで行ってきた制度改革について述べたものの、憲法改正は仕事の一部とは考えていないことを告げていました。

しかし、この極東諮問委員会との会談以後、マッカーサー元帥は、自分に憲法改正草案をつくる権限があるのかどうか、ホイットニー将軍に研究させることにしました。そして、「元帥による憲法改正の権限は、極東委員会による政策決定がなされる前ならば与えられている」というホイットニー将軍からの報告を受けた2月1日に、偶然にも毎日新聞のスクープがありました。

8. 毎日新聞のスクープと内閣書記官長楢橋渡の対応

当初、マッカーサー元帥は、「ポツダム宣言」に基づいて「日本国憲法」を日本政府が自らの手で作成することを期待していました。しかし、1946年（昭和21年）2月1日の毎日新聞のスクープは、総司令部の日本側に対する態度を一変させることになります。毎日新聞で報道された憲法試案の見出しには、「憲法改正調査会の試案—立憲君主主義を確立、国民に勤労の権利義務—」となっていて、本文では「松本国務相を委員長とする憲法問題調査員会は昨年十一月第一回会合を行ってから小委員会、委員会、総会を開くこと廿余回、各委員から甲案、乙案の憲法改正案を提出……次の一試案は、調査委員会の

毎日新聞のスクープ

主流をなすもので、試案から政府案の全貌がうかがわれ、特に重大なる意義があ

---

1 **甲案、乙案の憲法改正案** 甲案は松本国務大臣が提案した要綱、乙案は宮沢俊義・佐藤達夫などの憲法問題調査委員会が作成した憲法改正案。1946年（昭和21年）1月29日から2月4日まで5回開かれた閣議で、松本が主張したのが甲案で、「独立国が軍を持つことは当然である。後に国防軍などのようなものができてから、憲法改正をすることでは望ましくない。また将来は、軍の行動も法律により制限を受ける必要がある」としていた。甲案も乙案も、基本的な性格は、「天皇は統治権を総攬する」「天皇大権事項についてはある程度制限する」など、松本4原則を踏襲していた。その閣議の最中に、GHQが「日本国憲法改正草案」を作成しようとは、松本をはじめ政府の誰もが考えていなかった。

る」と記されていました。しかし，スクープされた案は，法制局第一部長佐藤達夫などが中心となって作成した憲法問題調査委員会（松本委員会）の乙案に近いものでありましたが，憲法問題調査委員会の委員でもある若手のホープ東大教授宮沢俊義が作成し，参考として委員に配布したものでした。慌(あわ)てた松本国務相は，「その案は，憲法問題調査委員会の甲案でも乙案でもない」と閣議で説明しました。さらに政府は，その日のうちに楢橋渡内閣書記官長を通して「本日一部の新聞紙上に憲法問題調査委員会試案なりとして掲載せられた憲法改正案は，同調査委員会の案とは全く関係のないものである。しかし調査委員会としては，改正案の審議に際し，顧問，委員などの意見を参考にしていることから，偶然にもある程度一致しているところもあるかも知れない」という談話を公式に発表しました。

宮沢　俊義

　民政局長コートニー＝ホイットニー将軍は，この法案は内容的には「大日本帝国憲法」（「明治憲法」）と変わらず受け入れがたいものであり，しかもこの毎日新聞のスクープは吉田茂外相がわざと流したアドバルン（観測気球）であるのではないかと考えました。そこでホイットニー将軍は，さっそくマッカーサー元帥に，「この草案は同意できるものではなく，日本政府が正式に憲法草案を提出する前に彼等に指針を示したほうが，受け入れがたい案を彼等が決定してしまった後から強制するよりも，戦術として優れているのではないか」という上申書を提出しました。

　　Chapter Ⅰ　The Emperor
Article 1. <u>Japan is a monarchy</u>. "Absolute in light of remaining provisions."
Article 2. The Emperor is the monarch and exercises the rights of sovereignty according to provisions of present constitution.
Article 5. (Same as present constitution) <u>The Emperor exercises the legislative power with</u> the consent of the Imperial Diet.
　　Chapter Ⅱ　Rights and Duties of Subjects

Article 18. (Unchanged) <u>The conditions necessary for being a Japanese subject shall be determined by law.</u>
（英訳された毎日新聞に記載された宮沢試案といわれる案文の一部）

　上記英文は，毎日新聞がスクープした，英訳された試案の一部を抜粋したものです。おそらく，全文は民政局翻訳委員会のジョセフ＝ゴードン陸軍中尉とⅠ＝ハースコウィッツ陸軍中尉などが毎日新聞に掲載された憲法草案を英文に翻訳し，それをホイットニー将軍がマッカーサー元帥に手渡したものであろう，と推測します。昔の日本の学生が，英会話は不得意であったが，英語の長文解釈や文法は得意であったのと同じように，ジョセフ＝ゴードン陸軍中尉は，日本語で会話はできないものの読み書きは得意でした。彼は「大日本帝国憲法」をはじめ民政局が取得した全ての日本の憲法に関する翻訳をしていました。

　ところで毎日新聞に掲載された条文は第1章の天皇から第7章の補則までの第1条から第76条によって構成されていました。その翻訳されたGHQの条文には，アンダーラインや括弧があってコメントが付せられています。

ジョセフ＝ゴードン陸軍中尉

　例えば試案のArticle 1（第1条）の下線部「Japan is a monarchy＝日本国は君主国とする」に対しては，これは「"absolute in ……provisions"＝他の条文に照らしてみるに，絶対君主制である」とコメントされています。またArticle 5（第5条）では，(Same as present constitution)となっていますが，これは「大日本帝国憲法」第5条の「天皇ハ帝国議会ノ協賛ヲ以テ立法権ヲ行フ」と全く同じであるので注意が必要であるということを，マッカーサー元帥に示すためのものでした。また，第2章「臣民の権利義務」Article 18（第18条）の(Unchanged)は「現状のまま」という意味ですが，次の下線部には，「日本臣民タルノ要件ハ法律ノ定ムル所ニ依ル」という「大日本帝国憲法」の条文（第18条）を明示して，この条文がそれと同じ意味であることを指摘しています。このように試案の条文のほとんどが「大日本帝国憲法」とあまり変化はありませんでした。不思議なことに民政局による憲法草案づくりのきっかけをつくったいわれる宮沢俊義教授は，その後，護憲派の中心人物となります。

第2編

改めて知る
制定秘話と比較憲法から学ぶ
日本国憲法

民政局による
帝国憲法改正草案作成

I　連合国軍総司令部（GHQ）民政局による憲法改正原案づくり

1．マッカーサーの三原則

```
                                Copy of Pencilled Notes of C-in-C
COPY            SECRET          handed me on Sunday, 3 Feb. '46
                                to be basis of draft constitution.
                                                            CLK
                   I
Emperor is at the head of the state.

His succession is dynastic.

His duties and powers will be exercised in accordance with the Con-
stitution and responsibe to the basic will of the people as provided
therein.

                   II.
War as a sovereign right of the nation is abolished. Japan renounces
it as an instrumentality for settling its disputes and even for pre-
serving its own security. It relies upon the higher ideals which are
now stirring the world for its defense and its protection.

No Japanese Army, Navy or Air Force will ever be authorized and no
rights of belligerency will ever by conferred upon any Japanese force.

                   III.
The feudal system of Japan will cease.

No rights of peerage except those of the Imperial family will extend
beyond the lives of those now existent.

No patent of nobility will from this time forth embody within itself
any National or Civic power of government.


Pattern budget after British system.
```

民政局の委員に配られたマッカーサー・メモ（ケーディス大佐らのタイプしたもの）

1946年（昭和21年），当時，イギリスやソ連はアメリカのみの対日管理運営を修正しようとしており，オーストラリアなどは日本の天皇制の廃止を主張していました。こうした情勢下での毎日新聞のスクープはマッカーサー元帥を落胆させました。そこでマッカーサー元帥は急遽，極東委員会の発足前に自らの主導のもとで憲法改正を進めることにしました。

2月3日（日曜日），マッカーサー元帥は，民政局長コートニー＝ホイットニー将軍（1897～1969）に上記のような自らの基本方針を書いたマッカーサー・メモ（マッカーサーの三原則）を手渡し，憲法改正の草案づくりを命じました。ホイットニー将軍は，急いでチャールズ＝L＝ケーディス陸軍大佐（行政部長，1906～96），マイロ＝E＝ラウエル陸軍中佐（法規課長，1903～77），アルフレッド＝R＝ハッシー海軍中佐（統治課長）を呼び出して，マッカーサーの三原則の解説をするとともに，通常の仕事をストップして憲法改正草案の作成に着手す

ることを指示しました。会議終了後，ケーディス大佐らは宿泊先の新橋の第一ホテルに戻って，翌日からの組織図および担当割り当てなどについての打ち合わせを行いました。そのことは，他の将校たちに気づかれないように秘密裏に行われました。

マッカーサーの三原則の和訳は次の通りです。

(1) 天皇は，国の上位にあり，皇位は世襲される。しかし，天皇の職務および権能は，憲法に基づいて行使され，憲法の定めるところにより国民の基本的意思に応えるものとする。

(2) 国権の主権的権利としての戦争は，これを放棄する。日本は，紛争解決のための手段としての戦争，さらに自己の安全を保持するための手段としての戦争に訴えることも許されない。日本は，その防衛を，現在世界で広く行われている崇高な理想に委ねるべきである。軍隊は一切認められないし，交戦権が日本軍に与えられることもない。

(3) 日本の封建制度は，終わりを告げる。皇族を除いて華族の権利は，現在，生存する者一代を超えて及ばない。華族の地位は，今後いかなる国民的または市民的な政治権力も伴わない。

予算の形は，イギリスの制度にならうこと。

2. 憲法改正草案作成のための組織

「日本国憲法」の原案は，東京丸の内の第一生命ビルの6階で連合国軍最高司令官総司令部（GHQ）の民政局の人たちによってつくられました。

1946年（昭和21年）2月4日，早朝，ケーディス大佐など幹部はマッカーサーの三原則や担当組織図などをタイプするために慌ただしく活動していました。午前10時頃になって，朝鮮部を除いた行政部全員（25人）が小会議室に集められました。その後，小会議室に現われた民政局長コートニー＝ホイットニー将軍は，会場に集まった全員に対して憲法改正草案の作成に着手することを命じました。しかも，通常の仕事を一旦止めて，当日の2月4日を含めて9日間（各委員会は5日から11日まで，12日は最終まとめの日）で完成しなければならないことを命じたため，小会議室内は騒然となりました。その時にホイットニー将軍が

ホイットニー将軍

会合の冒頭に述べた要録は次の通りです。

General Whitney「opened the meeting with the statement that in the next week the Government Section will sit as a Constitutional Convention.　General MacArthur has……Three principles, outlined by General MacArthur [,] must be basic in the Government Section's draft.」

（ホイットニーは「来週までに作成すること，草案の基本はマッカーサーの三原則に従う」ことなどについて述べた。）

　ホイットニー将軍の退席後，ケーディス大佐が座長となり，グループ分けと今後の進め方について討議が行われました。全員が小委員会に分かれ，前文，天皇，戦争放棄，人権，国会，内閣，司法，財政などというように，それぞれが分担して草案作業を行い，草案ができあがるとケーディス大佐・ラウエル中佐・ハッシー中佐を中心とする運営委員会で検討し，その後はケーディス大佐からホイットニー将軍・マッカーサー元帥へと手渡されることになりました。各委員会ともすぐに準備に入りましたが，この作業の一切は秘密のもとにおかれ，GHQ内部にも知られないように暗号の名称が使われました。

　憲法草案の作成にあたって，ホイットニー将軍やケーディス大佐は，対立する参謀第二部（G2）の情報局長チャールズ＝A＝ウィロビー陸軍少将および次長のルーファス＝R＝S＝ブラットン陸軍大佐と親しい関係にあった吉田茂外務大臣をはじめとする人々の存在が気がかりでした。日本人には憲法の改正作業を知られないように気を配らなければなりませんでしたが，とくに吉田茂外相，楢橋渡内閣書記官長，白洲次郎終戦連絡中央事務局参与らは要注意人物でした。憲法問題調査委員会の責任者である松本烝治は，「大日本帝国憲法」の内容を頑なに変えようとしませんでしたが，吉田茂も同類であろうと考えられていました。また吉田の側近である白洲次郎については，ケンブリッジ大学のクレアーカレッジ留学の経験をもち，民政局の人々が驚くほどに流暢な英国貴族の会話をマスターしていることから，草案に関する話は厳禁でした。しかも白洲は，物怖じせず民政局の部屋に平気で入ってくることから，とくに注意が必要で，机上の重要書類はすぐに隠さなければなりませんでした。また，神奈川県大磯にある滄浪閣に住んでいた楢橋渡は，フランス語だけでなく英語も達者で，何度もパーティーなどを催し，民政局の動向をうかがっているかのようにみられていました。

3. 民政局による改正憲法草案の作成

　民政局にとってこの草案づくりはたいへんでした。突然のことで，参考資料といっても「ポツダム宣言」のほかに，以前ラウエル陸軍中佐が起草した「日本の憲法についての準備的研究と提案」[1]，そして「SWNCC-228」（SWNCCとは1945年に陸軍省長官スティムソンの提案で設置された国務・陸軍・海軍三省調整委員会のことで，重要政策はほとんどこの組織で討議決定された。

ベアテ女史と握手する筆者（1997年11月23日）

末尾の数字は文書番号で，228とは憲法改正に関する具体的な指針を示した日本の統治体制についての文書。グルー派のヒュー=ボートンが執筆した），「国連憲章」[2]ぐらいしかありませんでした。人権に関する小委員会に属したベアテ=シロタ女史（1923～2012）はジープで都内を駆け巡って，公立図書館や大学図書館から「ワイマール憲法」[3]や「フランス人権宣言」[4]など各国の憲法や宣言を掻き集め，行政権に関する小委員会のミルトン=J=エスマン陸軍中尉は，政治・行政の専門家で崇拝していた蠟山政道東大教授[5]から資料を借りてきました。

　草案作業に従事した民政局の多くの人は，憲法の専門家ではありませんでしたが，日本のことについては多少なりとも関係してきた人たちでした。天皇などに関する諸委員会のリチャード=A=プール海軍少尉は日本生まれで，人権に関する小委員会のハリー=E=ワイルズ博士や行政権に関する小委員会のサイラス=H=ピーク博士は日本の大学で教鞭をとった経験がありました。またベアテ=シロタ女史は5歳から15歳まで日本に住んでおり，財政に関する小委員会のフラ

---

1 **日本の憲法における準備的研究**　ラウエル陸軍中佐が，日本の統治に際して研究していたレポート。この中でいくつかの提案をしているが，附属文書として「権利章典」や「憲法研究会案」が添付されている。
2 **「国連憲章」**　国連の目的・組織および活動の基本原則を定めた法規。米・英・ソ・中国の4か国によってつくられ，1945年6月にサンフランシスコ会議で採択され，同年10月に発効した。
3 **「ワイマール憲法」**　第一次世界大戦後の1919年に制定された「ドイツ共和国憲法」のこと。国民主権，男女の平等の実現，労働者の権利なども盛り込んだ，当時の世界では類をみない民主憲法として評価されたが，ナチスの政権掌握によって事実上消滅した。
4 **「フランス人権宣言」**　1789年にフランスの国民議会で採択された宣言。ラ=ファイエットが「アメリカ独立宣言」などを参考にして起草した。正式には「人及び市民の権利宣言」という。
5 **蠟山政道**（1895～1980）　東京帝国大学教授で，民主社会主義の提唱者。近衛文麿に接近し，大政翼賛会の推薦候補者として，1942年（昭和17年）の衆議院議員選挙で初当選した。戦後，公職追放されたが，解除後は，お茶の水女子大学学長，民主教育協会会長などの要職を歴任した。

ンク゠リゾー陸軍大尉も財政と経済の専門家として，以前日本にやって来たことがありました。また地方行政に関する小委員会のセシル゠G゠ティルトン陸軍少佐は民政局に入る前に日本の研究を深め『日本の政治と行政』という本を書いています。

こうして民政局の準備は整っていきましたが，それを知らない日本政府は，2月5日の吉田外相らとの非公式会談を2月12日に延期し（実際にはこの会談は2月13日に外務省官邸で行われた），2月8日に松本案を民政局に提出しました。

プール海軍少尉

それでは，民政局ではどのようにして憲法草案が作成されていったのでしょうか。

2月4日，5日は，各小委員会が資料集めに奔走しました。

2月5日は，ルース゠エラマン女史の作成したメモ（エラマン・メモ）によると，運営委員会への小委員会の出席者は9人でした。人権に関する小委員会のピーター゠K゠ロウスト陸軍中佐，地方行政に関する小委員会のティルトン少佐，天皇・条約等に関する小委員会のプール少尉などが不参加のため，ケーディス大佐から強い口調で会議の重要性についての注意がなされました。不参加者は，資料集めで出席できなかったと考えられています。そのあとケーディス大佐は，「草案は，日本政府が書いたかのように日本流の術語と形式を用いる，日本の議会は一院制とするが，但し日本側が二院制を主張した場合は，他の必要なものとの取り引きの種として役立たせる，違憲立法審査権を取り入れる，立法部を他の機関より優位にする」ことなどについて確認した，としています。

2月6日は，前日にケーディス大佐から叱咤されたことから民政局委員のほとんどが出席して会合がもたれました。そのなかでケーディス大佐は，「日本人を民政局の部屋に入れない」，「ナラシ・パーティーでは政治問題について論議をし

---

1 セシル゠G゠ティルトン陸軍少佐　カリフォルニア大学，ハーバード大学で学士・修士号取得後は，ハワイ大学，コネティカット大学の教授やアメリカ政府物価局の特別行政官を歴任した。軍に入ってからはシカゴ大学民事要員訓練所で学び，『日本の政治と行政』という本を書く。民政局入りしてからも東大の田中二郎教授を招いて，地方行政について研究した。
2 違憲立法審査権　違憲法令審査権，違憲審査権ともいう。裁判所の権限の一つで，全ての法律・命令・規則または処分が憲法に違反していないかどうかを，具体的な争訟事件に関して審査する。最高裁判所はその終審裁判所である。

ない」,「小委員会の第一次試案は,明日2月7日までに完成する」ことなどについて述べています。「ナラシ・パーティー」というのは,楢橋渡内閣書記官長が民政局から情報を得るために催していた晩餐会のことで,鳥尾鶴代を中心に華族の令嬢や婦人を交えて度々開かれていました。また,その日の会合では,民政局で作成した憲法草案を日本側で作成したかのように公表する際の問題点について示され,さらに天皇の地位に関する条項は前文の後におく,行政府は予算案に関して拒否権をもたない,その他のことについては「SWNCC-228」に従う,ことなどについて確認がなされました。

こうして,2月7日から11日まで,運営委員会と各小委員会との間で次々と会合が催されました。

憲法改正草案は,1946年2月4日から2月12日までの9日間で作成されましたが,実際は2月4日,5日の2日間は各小委員会による資料集めに費やされ,小委員会の一次試案の検討は6日から始まり8日に締め切られました。9日,11日は運営委員会と小委員会の二次試案の検討および打ち合わせで,10日は各委員会は休日でした。12日の最終日は「総まとめ」となっていましたから,前文および各条文に費やした日数はなんと実質4,5日でした。しかも地方行政については,2月11日,ティルトン少佐の案が運営委員会によって全面的に書き直されましたが,その書き直しも数時間でできあがっています。

コラム 憲法改正作業の中心となる運営委員の4人

ケーディス陸軍大佐(当時40歳)は,コーネル大学,ハーバード大学ロー・スクールを卒業後,弁護士として1930年から法律事務所に勤め,その後,フランクリン=ローズヴェルト政権下で連邦公共事業局,国税局担当首席顧問部総務補佐官を歴任し,ニューディール政策に貢献しました。太平洋戦争が開始されると,陸軍中尉として軍務につき,さらに指揮参謀学校を卒業して第一空挺隊の参謀第五部の副官となって,ノルマンディ上陸作戦,ラインラント作戦などに参加,その後日本にやってきました。民政局の行政部では公職追放,内務省の解体,警察制度の改革を行っていましたが,憲法草案の作成においては責任者となり,運営委員会を取りまとめました。しかし,GHQの参謀第二部(G2)のウィロビー少将と対立し,アメリカに帰国することになりました。

ラウエル陸軍中佐(当時42歳)は,スタンフォード大学,ハーバード大学ロー・スクールで学び,大学卒業後は顧問弁護士を務めました。憲兵参謀学校,軍政学校,民事要員訓練所を経て軍務に就き,フィリピンの民政班の指揮官となりました。民政局では憲法作

業の始まる以前から憲法の仕事に従事し、憲法改正作業ではハッシー中佐とともに司法権に関する小委員会も兼ねていました。

　ハッシー海軍中佐（当時44歳）は、ハーバード大学で政治学、バージニア大学では法律を学び、卒業後は弁護士となりました。その後太平洋陸海軍共同司令部、海軍軍政学校、民事要員訓練所を経て、連合軍総司令部に配属となりました。憲法改正作業では前文も担当しました。

　ルース＝エラマン女史（当時30歳）は、運営委員会の秘書兼記録係でした。彼女は、シンシナティ大学を経てシカゴ大学で修士号をとりました。その後シカゴ大学新聞社および戦時経済委員会の仕事に就いて民政局に加わりました。彼女の運営委員会と小委員会との討議を記したメモは、エラマン・メモといわれ、民政局の憲法草案の作成状況を知るうえで重要な資料となっています。

ケーディス陸軍大佐

4. 民政局が作成した憲法改正草案

ハッシー海軍中佐

　民政局による憲法改正草案は前文と92条からなっています。十分に考察する時間がなかったことから前文や条文は世界のさまざまな憲章や宣言、憲法などを参考にしてできあがっています。基本的には「ポツダム宣言」とマッカーサーの三原則を基調としていますが、責任者ケーディス大佐など運営委員の人々はニューディーラー[1]とよばれる社会主義左派の人々の集まりであったことから、共産主義国の憲法のような条文も組み込まれています。

❶憲法改正草案「前文」の作成

　これまで、民政局が憲法改正草案を自らの手で作成するまでの経緯について述べてきました。それでは、民政局の作成した「大日本帝国憲法」改正草案の内容とはどのようなものであったのでしょうか。まず、最初に「前文」や第9条「戦

1　**ニューディーラー**　アメリカのニューディール政策を経験していて社会民主主義思想を標榜する人々のこと。共産主義を理想としたが、急進的な共産主義とは異なるとされる。アチソン・ホイットニー・ケーディス・バーンズなどがいる。

争放棄」条項など運営委員会で作成されたものについて検証することにします。
「前文」は運営委員でもあるハッシー中佐が担当しましたが、できあがった原案は、世界中の憲法や憲章、宣言などの寄せ集めになっています。例えば「前文」最初の「We, the Japanese people, acting through our duly elected representatives in the National Diet,……（日本国民は、正当に選挙された国会における代表者を通じて行動し、……）」の日本国民は、アメリ合衆国憲法にある「We, the people of the United States……」を「We, the Japanese people……」に変えただけであり、「for ourselves And our posterity（われらとわれらの子孫の上に）」、「establish this Constitution（この憲法を確定する）」などの文言や、全体の言い回しについても、とてもよく「アメリカ合衆国憲法」に似ています。また「the authority for which is derived from the people,……and the benefits of which are enjoyed by the people（その権威は国民に由来し……その福利は国民が享受する）」は、内容的にはリンカンのゲティスバーグの演説「of the people, by the people, for the people」から取ったものです。さらに「We, the Japanese people, desire peace for all time ……（日本国民は、恒久の平和を念願し……）」からの平和主義に関する文言も「大西洋憲章」からとったもので、「われわれ、すべての国民は、ひとしく恐怖と欠乏（fear and want）から免かれ、平和のうちに生存する権利……」の文言も、ローズヴェルト大統領が将来の世界像の指針として、年頭教書で述べた四つの自由、「言論・表現の自由、信教の自由、欠乏からの自由、恐怖からの自由」をまねたものです。さらに前文最後の「We, the Japanese people, pledge our national honor……（日本国民は、国家の名誉にかけ……達成することを誓う）」は、「アメリカ独立宣言」の結びの言葉を参考にしています。

なお「前文」を担当したのはハッシー中佐でしたが、しかし「前文」中の「日本国民は、恒久の平和を念願し、人間相互の関係を支配する崇高な……平和を維持し、専制と隷従、圧迫と偏狭を地上から永遠に……名誉ある地位を占めたいと思ふ」の箇所だけは、ケーディス大佐が書いたものであるといわれています。当初ケーディス文書とハッシー文書は別々に作成されていましたが、ケーディス文

---

2 「**大西洋憲章**」 1941年8月にアメリカのローズヴェルト大統領とイギリスのチャーチル首相とが太平洋のイギリス艦上で発表した共同宣言。領土不拡大、民族自決、貿易の自由、武力行使の放棄、公海の自由などの構想が示されている。

書の理念的部分が「前文」に移り，戦争放棄を明示した部分はそのまま第1条に，後に第8条へ，さらに現在の第9条へ移されることになりました。また「われらは，いづれの国家も，自国のことのみに専念して他国を無視してはならないのであつて，政治道徳の法則は，普遍的なものであり，この法則に従ふことは，自国の主権を維持し，他国と対等関係に立とうとする各国の責務である」の文言については，ハッシー中佐が「前文」に加えようとしていたものでしたが，ケーディス大佐の反対にあって，ホイットニー将軍が修正してできあがったものです。憲法97条「基本的人権の本質」もホイットニー将軍の発案によるものですが，彼は「歴史的・芸術的」な表現を好んで使用していましたので，他の条文に比べどことなく違和感があるのはそのためです。

❷戦争放棄条項

今や世界の85％以上の国々が憲法で平和条項を掲げています。なかには核兵器の保有禁止や他国による軍事基地の建設の禁止を明記している国もあり，平和憲法を掲げているのは我が国だけではありません。しかし我が国の憲法が侵略戦争のみならず自衛戦争までも放棄していると解釈されるのならば，「常設の軍隊を禁止する」という「コスタリカ憲法」にも優る「世界でも類を見ない平和憲法」となるのは間違いのないことですが，その解釈については異論もあります。

「日本国憲法」第9条の原案は，民政局のケーディス大佐が作成したことから，私はケーディス文書とよんでいます。この条文については，ハッシー中佐が作成した，という説もありますが，さまざまな資料について研究した結

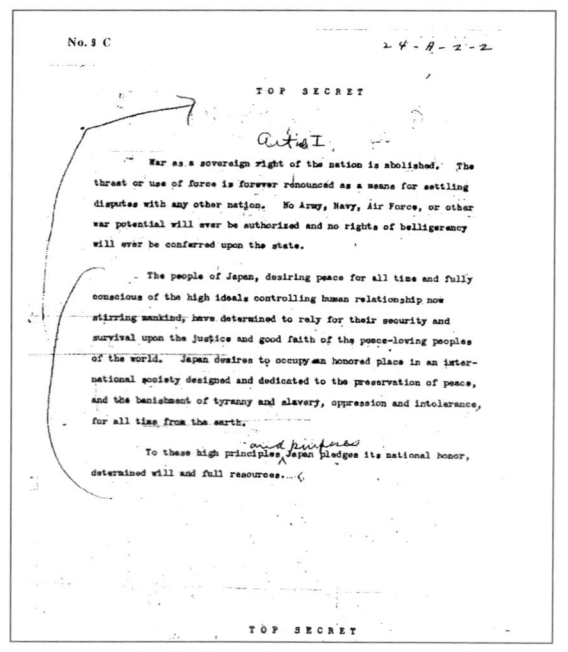

ケーディス大佐の戦争放棄に関する原案コピー（西修『日本国憲法の誕生』河出書房新社刊より）

果，原案はケーディス大佐が作成したものであると確信できます。

　もともとこの条項は，第1条にあったものですが，審議の過程で「天皇」条項を第1条に移すことが決まり，第1条の「戦争放棄」条項も第8条へ，そして後に第9条へと移されることになりました。その最初の第1条にあった「戦争放棄」条項の和訳は次の通りです。その原点はマッカーサーの三原則（1928年のパリ不戦条約[1]や1946年の「国連憲章」を参考にしている）にあります。

「第1条　<u>国権の発動たる戦争は，廃止する。いかなる国であれ他の国との間の紛争解決の手段としては，武力による威嚇又は武力の行使は，永久に放棄する。陸軍，海軍その他の戦力をもつ権能は将来も与えられることもなく，交戦権が国に与えられることもない。</u>

　日本国民は，恒久の平和を念願し，今や人類を動かしつつある，人類相互の関係を支配する崇高な理念を十分に自覚する故に，その安全と生存とを，平和を愛する世界の諸国民の公正と信義に委ねようと決意した。日本は平和を維持し，専制と隷従，圧迫と偏狭を地上から永遠に除去しようと目指し，それに献身している国際社会において名誉ある地位を占めたいと思う」。

　上段，下線部分は，現在の「日本国憲法」第9条「戦争の放棄，戦力及び交戦権の否認」に当たるもので，憲法改正のための小委員会で芦田委員長が修正する以前には，このようになっていました。この部分で注目すべきところは，マッカーサーの三原則第2項にあった「自己の安全を保持するための手段としての戦争に訴えることも許されない」という文言が削除されていることです[2]。マッカーサー元帥を崇拝するホイットニー将軍は，その欠落している部分について指摘していましたが，結局，ケーディス大佐の説明に同意したといいます。第9条の「戦争放棄」条項に関する解釈は，現在においても日本の憲法学者のなかで意見を異にしており，簡単に述べることは難しいのですが，ケーディス大佐が「自己保存の権利から考えてみても，このような文言を条文化することは現実的でない」としてこの部分を削除したことは事実です。なお下段は，「日本国憲法」「前文」に

1　パリ不戦条約　1928年に米・英・仏・日本など15か国（後に63か国）が署名した条約。「締約国は，国際紛争解決のため，戦争に訴えないこととし，かつ，その相互関係において，国家の政策の手段としての戦争を放棄することを，その各自の人民の名において厳粛に宣言する」という宣言で，GHQの「戦争放棄」条項の原案は，これに基づくものであった。
2　『マッカーサー回顧録』によれば，この戦争放棄説は，幣原首相が風邪をこじらせてマッカーサーからペニシリンをもらい，そのお礼に参上したときに，幣原が「2度と戦争を起こさせないためには自衛のための戦争をも放棄すべきである」と述べたといわれ，マッカーサーはこれに深く感動した，という。

❸ 2月6日の天皇その他条項に関する小委員会

　2月6日，運営委員会との最初の会合でトップを切ったのは，天皇の章，皇室の財産，憲法の条約締結権，弾劾（だんがい）裁判，反逆罪，最高法規の条文を担当したプール少尉（当時26歳）とジョージ＝A＝ネルソン陸軍中尉の小委員会でした。エラマン・メモなどからその時の様子を見てみましょ

> **プール・ネルソン案**
> 第　条　皇位は，日本国の象徴であり，日本人民統合の象徴であって，天皇は，皇位の象徴的体現者である。
> 　天皇の地位は，主権を有する人民の総意に基づくものであって，それ以上の何ものでもない
>
> **「日本国憲法」**
> 第1条　天皇は，日本国の象徴であり日本国民統合の象徴であつて，この地位は，主権の存する日本国民の総意に基く。

う。天皇については，まずケーディス大佐からマッカーサーの三原則にある「Emperor is at the head of the state（天皇は国の上位にある）．His succession is dynastic（皇位は世襲される）．」の確認がなされました。その後，小委員会案の説明に入りましたが，プール少尉らの提出した文案「日本の主権は，日本国民に存し，これは人民の意志により成立し，国家によって行使される。日本国は，その皇位が世襲により継承された歴代の天皇によってreign（君臨（くんりん））される」にある，"reign（君臨する）"という単語を使用していることに対して，それは"govern（統治）"の意味をも内包するのではないか，という運営委員からの指摘がありました。これを受けて，小委員会は，上記のように「天皇は，日本国の象徴であり，日本人民統合の象徴……」という文に改めることになりました。そのときプール少尉が天皇の地位について何故「象徴」という言葉を用いたかについては，あまりはっきりとした理由がわかっていません。メリーランド大学のセオドア＝マクネリー博士によりますと，「英語を話す国ではマッカーサー・メモの"at the head of the state"の意味は＜国の元首＞ではなく，＜象徴的な存在＞であるという認識をもっており，"at the head of state"ならば国の元首と訳せるが，"at the head of the state"では単に国の上位にあるという意味にしか訳せない。ところが日本では＜元首＞と訳されることが多いので，その誤解を避けるために，プール少尉は，1931年のイギリスの「ウェストミンスター憲章」にあった"symbol"（象徴）という言葉を使用したのではないか」と述べています。

また運営委員会は，天皇の権限について，内閣の助言と同意のもとにおいてのみ職務をなしうることを追加するよう強要しました。またプールなどの小委員会では皇室の財産については，皇室の費用に対する支出を認めていましたが，これは運営委員会で否定されました。憲法改正については，「国会の3分の2以上の多数による提案がなければ発議されず，国会の4分の3以上の多数を得なければ承認されない」としていましたが，これについては意見が分かれて定まりませんでした。条約締結権の条文については，行政府の章に入れることになり，弾劾裁判については，原案では国のすべての官吏に対して規定していましたが，運営委員会では司法部に限るのがよいとされ，最高法規についても条文化することに異議が唱えられました。しかしネルソン中尉は，最高法規についての条文はどこかに入れるべきだと，と頑なに述べていました。

❹2月7日の運営委員と各小委員会との会合

　2月7日は，松本烝治国務大臣が憲法改正試案を翌日にも民政局に提出しなければならないこともあって，先に試案を天皇に奏上した日でした。この日から1か月後，つまり3月6日に「日本国憲法改正要綱」が発表されるまで，新聞などには憲法改正に関する記事はあまり見られませんでした。しかし，その一方で民政局内では慌ただしく憲法改正草案についての討議がなされていました。2月7日も民政局の会議室では立法権に関する小委員会，財政に関する小委員会，行政権に関する小委員会，司法権に関する小委員会と運営委員との間で第一次試案についての活発なやり取りが行われていました。その最初の会合が立法権に関する小委員会と運営委員との会合でした。

スウォウブ海軍中佐

　立法権に関する小委員会では，フランク＝E＝ヘイズ陸軍中佐[1]（当時40歳），ガイ＝J＝スウォウブ海軍中佐，オズボーン＝ハウゲ海軍中尉（当時32歳），秘書兼書記係りのガートルード＝ノーマン女史が担当し，一次試案を作成しました。

　運営委員会では，ほとんど反対がありませんでしたが，「国会議員の定数や議事を開き議決するための定足数，行政府の拒否権，弾劾手続きにおける罷免の裁判に際する3分の2以上の多数要求や国会議員の選挙の方法・条件など」につい

---

1 **フランク＝E＝ヘイズ陸軍中佐**　弁護士であったが，シカゴ大学の民事要員訓練所で日本の占領政策における教育を受けて GHQ に赴任した。立法権に関する小委員会の責任者であった。

ピーク博士

てのみ審議がなされ、若干の条文の修正や削除が行われました。したがって「The Diet shall be the highest organ of state power and shall be the sole law-making authority of the state（国会は、国権の最高機関であつて、国の唯一の立法機関である）。」は現在の「日本国憲法」第41条とまったく同じでした。続いて開かれた財政に関する小委員会は、フランク＝リゾー陸軍大尉[1]（当時43歳）が一人で担当しました。リゾー大尉は、ケーディス大佐とは大の仲良しで、しかも彼の見識が高く評価されていたこともあって運営委員との会合ではあまり時間を要しませんでした。リゾー大尉の試案は、「皇室」とか「帝国議会」という言葉を使用していなかったものの「大日本帝国憲法」とほとんど同じで、それらの条項に「SWNCC-228」にある「立法府が予算を減額或いは増額し、もしくは削除する権限を有する」、「予算は、立法府の同意が必要である」などの文言を加えただけでできあがっています。

次の行政権に関する小委員会は、民間人のサイラス＝H＝ピーク博士[2]（当時46歳）を中心に、エスマン中尉（当時28歳）、ジェイコブ＝I＝ミラーが担当しました。委員会では「内閣総理大臣は、天皇によって指名される」という案や内閣総理大臣の職務などについての修正が行われました。この会議で、エスマン中尉が運営委員会の修正に対して、「内閣総理大臣は政党政治の上にある権威によって任命されるべきでない」、「内閣総理大臣が国会の信頼を失ったときに、国会を解散して民意を問う機能が必要である」として強く反発したこともあって、引き続き翌日に会合がもたれることになりました。

その日の最後の委員会との会合は、ハッシー中佐、ラウエル中佐、マーガレット＝ストウン女史が担当した司法権に関する小委員会でした。運営委員会との間では司法権の寡頭性と独立性や検察官による権限の濫用について論議が交わされ、原案の修正が行われました。この委員会との会合でも意見の不一致があり、

---

1 **フランク＝リゾー陸軍大尉** コーネル大学、ニューヨーク大学、ジョージ＝ワシントン大学院、デューク大学、エール大学で学び、民政局には財政および経済の専門家として赴任した。マッカーサー解任後は民政局長となる。
2 **サイラス＝H＝ピーク博士** ノースウェスト大学、コロンビア大学で学んだ後に民政局に配属された。民政局での憲法改正作業では、行政権に関する小委員会のリーダーとなる。

翌日の第二次試案で再び審議がなされることになりました。
❺2月8日の行政権に関する小委員会
　2月8日は，前日に続いて朝早くから行政権に関する小委員会と運営委員との間で激しいやり取りがありました。エスマン中尉は，行政権の長に対する任命の権限については政党政治の上にある天皇の権威によってなされるべきであり，しかも行政権の最高責任者が合議体の閣僚ではなく内閣総理大臣にあるのだから「行政権は内閣に属する（「日本国憲法」第65条）」とすることについては，矛盾するとして反対しました。エスマン中尉は，「アメリカ大統領のように内閣総理大臣が強い権力をもつことは，国家が存亡の危機に陥ったときなどには必要である。しかも内閣総理大臣が国会に対して解散権をもたないのでは，地域的，経済的な代表者で構成されている国会議員に翻弄され，満足いくような政治を行うこ

エスマン陸軍中尉

とはできない」と主張し反対しました。しかし，立法府に絶対的な権限をもたせようとするケーディス大佐など幹部は，食い下がるエスマン中尉を排除しようと考え，「5日間の日光への休暇」と称して，エスマン中尉にいわば島流しを命じたのでした。

　現在，内閣総理大臣に解散権があることについては，憲法や法律などどこを見ても記載がありません。しかし1953年（昭和28年），第3次吉田茂内閣が，衆議院で内閣不信任案が可決（「憲法」第69条）されていないのにもかかわらず，抜き打ちで解散（「抜き打ち解散」）を行ったことをきっかけに，「7条解散」（「憲法」第7条の天皇の国事行為の3号「衆議院を解散すること」にもとづく）が運用されるようになりました。当時，「7条解散」については，苫米地義三衆議院議員がただちに違憲・無効を最高裁に訴えたものの，最高裁は，統治行為論（高度の政治上の問題について裁判所は判断できない）に立って上告を棄却しました。以後政府は，現在に至るまで十数回の「7条解散」を行っています。

　「7条解散」が憲法違反であるかどうかについては，意見の分かれるところですが，当時のケーディス大佐など運営委員会の委員は，エスマン中尉を島流しにしたことからもわかるように，抑制・均衡のアメリカ型の制度ではなく，立法府優位のイギリス型の制度を採用しようとしました。「SWNCC-228」も「ポツダム

宣言に基づいて選挙民に対して責任を負う政府を確立する」ことを指針として掲げています。天皇の国事行為を利用した「7条解散」が認められている、と解釈することについては疑問をもっている学者も多いのですが、憲法にいく通りの解釈があること自体、問題があります。

その後、行政権に関する小委員会での白熱した議論の余韻（よいん）が残るなか、引き続き人権に関する小委員会と運営委員会との会合がもたれることになりました。人権に関する章の担当者は、とくに日本との関わりが多かった人々でした。ロウスト陸軍中佐（当時47歳）は、日本の研究で知られているオランダのライデン大学医学部を卒業し、シカゴ大学で社会学博士号を取得、インドの大学で講師をした経験があることから、カースト制度など人権抑圧の実態について熟知していました。ハリー＝E＝ワイルズ博士[1]（当時55歳）は、ハーバード大学卒業後はペンシルベニア大学で博士号を取得、戦前には慶応義塾大学で経済学を教えていたこともあります。またベアテ＝シロタ女史（当時22歳）は、5歳から15歳でアメリカに留学するまで東京の乃木坂に住んでおり、日本語を含め6か国語を話すことができました。

❻2月9日の人権小委員会の平等条項

人権条項については、2月9日（土）にも引き続き会合が行われました。法の下の平等条項は、4の数字が付く「憲法」第14条、24条、44条に掲げられています。では第14条についての原案はどのようになっていたのでしょうか。ロウスト中佐の発案であると思われる条項には「すべて自然人は、法の前に平等である。人種、信条、性別、カーストまたは出身国により、政治的関係、経済的関係、教育的関係および家族関係において差別されることを、授権しまたは容認してはならない」、「外国人は、法の平等な保護を受ける。犯罪にて訴訟を受けたときは、自国の外交機関および自らの選んだ通訳の助けを受ける権利を有する」という条文がありました。これを見ると、インドのカースト制度を彷彿（ほうふつ）とさせます。彼らには、日本という国はカースト制度があって、しかも外国人などを平気で差別する封建的な社会である、と映っていたのではないかと思われます。この文言について運営委員会では、審議の過程で「自然人」は「国民」、「カースト」は「社会的身分」、「出身国」は「門地」、「教育的関係および家族関係」は「社会的関係」

---

1 ハリー＝E＝ワイルズ博士　ベル電話会社、新聞記者、高校教師などの経歴をもち、慶応義塾大学で経済学を教えていたこともある。

に修正されました。また「外国人は、法の平等な……権利を有する」については、後の衆議院の審議の過程において削除されることになります。

「憲法」第24条の原案は、当時22歳であったベアテ＝シロタ女史が、「ソヴィエト憲法」や「ワイマール憲法」などを土台に第18条として書いたものです。当初ロウスト中佐など人権条項を担当した人たちが作成した条項は41条もありました。そのうち彼女が担当した人権条項は、通し番号18条から26条までの女性の権利でした。その彼女の第一次試案18条は、「家庭は、人類社会の基礎であり、その伝統は、善きにつけ悪しきにつけ国全体に浸透する。それ故、婚姻と家庭とは、法の保護を受ける。婚姻と家庭において、両性が法律的にも社会的にも平等であることは当然である［との考え］に基礎をおき親の強制ではなく相互の合意に基づき、かつ男性支配ではなく［両性］の協力に基づくべきことをここに定める。これらの原理に反する法律は廃止され、それに代わって、配偶者の選択、財産権、相続、本居の選択、離婚および家庭に関するその他の事項を、個人の尊厳と両性の本質的平等の見地に立って定める法律が制定されるべきである」というような長い条文でした。それはベアテ女史が5歳からの10年間を日本で過ごしていたとき、妾が本妻と一緒に同居していたり、妻が一方的に離縁されるなどの女性差別が行われていた事実を知ったからでした。したがって、彼女が書いたこの条項は、戦前の日本の女性が感じてきた思いがいちばんよく表現されているところでもありました。

上司であるケーディス大佐が、「このような詳細な条文は、合衆国憲法にもない。これは法律で定めるべきだ」としてベアテ女史の原案を次から次へと削除しました。感情的になったベアテが大声を出して泣いてしまったことは、現在においても語り草になっています。

コラム　ベアテ＝シロタと「日本国憲法」

ベアテ＝シロタ女史の父は、リストの再来といわれた天才ピアニストのレオ＝シロタでした。ロシアのキエフに生まれたレオ＝シロタは、ピアニストのミッシェル＝ウィンクラーの教えによって、9歳のときにはじめてリサイタルを開きました。16歳になって芸術家の多いオーストリアに行き、25歳のときのコンサートで名声を手にし、33歳のときにコンサートを聴きに来ていたオーギュスティーヌ（当時25歳）と知り合い、結婚しました。

ベアテ女史の平塚講演のチラシ

レオが日本と関わりをもったのは、彼がロシアで演奏旅行を行い、次に中国のハルビンに着いたときのことでした。ここでレオは、「この道」や「赤とんぼ」で有名な作曲家山田耕筰と知り合うことになります。山田耕筰は、ロシアで大成功を収めていたレオに日本での演奏を強く求めました。そこでレオは、第一次世界大戦後のヨーロッパ経済が不安定であったことから、半年間の滞在という約束で、1929 年（昭和 4 年）に妻のオーギュスティーヌと一人娘のベアテとともに日本にやって来ました。しかし 1929 年 10 月からの世界恐慌、そしてドイツでのナチスの台頭により、レオ家族は日本での長期滞在を余儀なくされます。ナチスを率いるヒトラーが、ユダヤ人を強制収容し殺害しはじめたことから、ロシア系ユダヤ人であったレオも身の危険を感じるようになったのです。事実、レオの兄弟や親戚の多くがアウシュビッツなどの強制収容所に送られ、殺されています。レオ家族は、東京の乃木坂（当時は東京市赤坂区檜町）に住むことになりますが、レオは東京音楽学校（東京芸術大学）で学生たちにピアノを教えるかたわら度々コンサートを開きました。

ウィーン生まれの娘ベアテは、東京に来たときにはすでに 5 歳になっていました。彼女は、エストニア人の家庭教師と日本人のお手伝いから英語・日本語を学んでいきます。6 歳に達した 29 年 9 月からはドイツ学校に通うことになりましたが、自分がユダヤ人であることから苛めを受け、13 歳のときに中目黒のアメリカン・スクールに転校することになりました。その後も 15 歳まで東京の乃木坂に住んでいましたが、両親の強い勧めもあってアメリカの西海岸にあるミルズ・カレッジに留学することにしました。ところが、ベアテはアメリカの入国ビザを取ることができず、困り果てていましたが、父親のレオが元総理大臣の広田弘毅に頼んでアメリカ大使ジョセフ゠クラーク゠グルーからようやくビザを得ることができました。18 歳のときにはアメリカ国籍を取得し、大学卒業後はサンフランシスコの戦争情報局で日本人向けの番組制作にたずさわっていましたが、のちにニ

ューヨークのタイム社でリサーチャーとして働くことになります。その間, 1940 (昭和15) 年 5 月には一時日本に帰り, 両親と再会しています。

　第二次世界大戦後, 22 歳になったベアテは, 日本に残っている両親に会いたくなって, 占領軍の民間人要員に志願して民政局に勤め, 日本に赴任することになりました。そして 1945 年 (昭和 20 年) 12 月末, 約 30 時間をかけて厚木飛行場に着いたベアテは, 横浜に向かい, すぐさま陸軍婦人部隊の宿舎のある東京へ向かいました。しかし 5 年ぶりの東京は空襲で壊滅的な状態となっており, 軍用輸送機から見た故郷の焼けただれた光景に彼女は心を痛めた, といっています。ベアテは, 軽井沢に住んでいた両親に電報を打ち, 将校の宿舎であった新橋の第一ホテルで父親のレオと再会しました。

　その頃には GHQ の本部は, 横浜から東京の第一生命ビルに移っていましたが, そこでベアテは, 民政局部長ケーディス大佐の面接を受けます。その面接で民政局の政党課への配属が決まったベアテは, はじめて政党課のロウスト中佐と高齢のワイルズの 2 人と出会います。彼らはおもに政党の調査や公職追放のリストを作成していました。毎日新聞のスクープ以後, 政党課は人権に関する課となって, ベアテも彼らとともに憲法草案に着手し, 人権条項を書きあげることになります。なお, 彼女の原案第 21 条には「義務教育の無料化」, 第 25 条には「児童・子どもの雇用, 最低賃金」, 第 26 条には「労働の権利や男女平等の賃金」などが取りあげられています。

　ベアテの草案は,「日本国憲法」第 24 条だけでなく, 第 25 条「生存権」をはじめ第 26 条の「教育権」, 第 27 条の「労働基本権」, 第 28 条の「勤労者の団結権」の社会権の規定などにも深く関連しています。

　ベアテ女史は, 2012 年 12 月にこの世を去りました。彼女の死によって,「日本国憲法」に携わった民政局の生き証人はすべていなくなりました。

Ⅱ　民政局と日本政府による憲法改正草案づくり

1. 外務省官邸での会談と徹夜の折衝

❶外務省官邸での会談

　1946年（昭和21年）2月10日，ようやく各小委員会の第二次試案が取りまとめられ，さらに運営委員会での検討・修正を経て，できあがった改正草案はホイットニー将軍へ，さらにマッカーサー元帥に提出されました。

GHQを出るマッカーサー元帥

　地方行政に関する章については，2月11日，小委員会案を不十分としてケーディス大佐などによって全面書き直し作業が行われました。地方行政に関する小委員会の担当者ティルトン少佐は，東京帝国大学の田中二郎教授から教えを受けるなどした極東の行政・経済の専門家でした。しかし「憲法や法律に矛盾しない範囲でのその他の統治権限をもつ」とするティルトン少佐らの案はあまりにも「地方分権」が強いのではないかというハッシー中佐の反対にあいました。こうして2月12日には全ての原案が運営委員会によって検討，修正され，ホイットニー将軍からマッカーサー元帥へ「日本国憲法草案」として手渡されました。ティルトン少佐は死ぬまで，運営委員会への恨みを口にしていましたが，もしもその原案が通っていたならば，現在騒がれているような「地方主権」の問題は生じなかったのではないかと考えられます。とにかく数時間で作成されたこれらの原案がベストであるはずはなかったことを指摘しておきます。

　2月12日，この日は吉田茂外務大臣らと民政局との会談の日でしたが，民政局長のホイットニー将軍から楢橋渡内閣書記官長に延期との電話がかかってきました。ホイットニー将軍の憲法問題についての重大な提案があるというので，楢橋は，松本烝治国務大臣に連絡して，翌日にその会談を執り行うことを決め，麻布の外務省官邸で会見することをホイットニー将軍に伝えました。

　2月13日，約束通り午前10時頃，民政局長ホイットニー将軍，ケーディス大佐，ハッシー中佐，法規課長ラウエル中佐の4名が外務省官邸に到着し，吉田茂外務大臣や松本烝治国務大臣，終戦連絡中央事務局参与白洲次郎，外務省の長谷川元吉と向かい合いました。日本側は2月8日に民政局へ提出した松本草案を持参し，

草案を彼等に説明しようとしましたが，ホイットニー将軍は松本案の説明を制して，予め用意してきたGHQ草案を日本側に示しながら，「日本側の憲法草案を拝見したが，自由主義的な政治機構としては不十分であり，国際社会の責任ある一員となれる証拠はない。マッカーサー元帥は天皇を支持しており，この案が天皇反対者から守る唯一の方法である。……これを指針として憲法改正にあたるように勧告する」といって，彼らの憲法草案を吉田・松本らに配布しました。そして「この草案のような憲法でない限り天皇個人についても保障できない」と付け加えました。日本側が「とにかくあなたがたの案を拝見しましょう」というと，ホイットニー将軍たちは「読み終えるまで庭で待っている」といって縁側に降りて行きました。しばらくして，ホイットニー将軍は，たまたま庭にやって来た白洲次郎に対して，偶然上空に飛んでいた米軍機を見あげながら，「我々は，戸外で原子力の起こす暖を楽しんでいるよ」と，民政局案が拒否された場合の原爆投下を匂わす話をして脅迫したといわれます。

一方，手渡された草案に目を通していた吉田茂や松本烝治は，象徴天皇，戦争放棄，一院制，土地の国有化など驚くべきことが書かれている草案を見て，「こんなものをすぐに受け入れる訳にはいかない」として，「一院制」の問題点についてのみ指摘しましたが，草案はもち帰って検討した後に民政局へ報告することを約束して，会談を終えることになりました。

❷白洲次郎のジープ・ウェイ・レター

松本烝治国務大臣は外務省での会談終了後，国務省に戻って幣原喜重郎総理大臣に報告するとともに，急いでGHQ案を翻訳するように外務省に依頼しました。外務省官邸での会談は，日本側に大きな衝撃を与えました。

この会談の論評として2月15日に白洲次郎からホイットニー将軍にあてた次のような手紙（原文は全て英文）が残っています。

「拝啓　昨日，GHQビルに貴下を訪ねました時，貴下は小生が述べた2, 3の意見にいささか興味をお感じのように見えましたので，失礼ながら，松本博士をはじめ閣僚達が，貴下の草案をどのように受けとったかという点について，小生の感想を思いつくままにもう少し詳しく書くことにします。

貴下の草案は，彼らにとって少なからぬショックであったと申さなければなりません。松本博士は，若い頃は相当に社会主義者でした。そして，今なお，心からの自由主義者です。……彼は，貴下の草案の目的と，彼の改正の目的とが，精

白州次郎「ジープ・ウェイ・レター」の中の絵

神においてはひとつのものであり、同じものであると理解しています。……彼を初め閣僚は、貴下のものと彼らのものとは同じ目的を目指していますが、選ぶ道に次のような大きな差異があると考えています。貴下の道は、直線的、直接的なもので、非常にアメリカ的です。彼らの道は、回り道で、曲がりくねり、狭いという、日本的なものにならざるをえません。貴下の道はエア・ウェイ（航空路）といえましょうし、彼らの道はでこぼこ道を行くジープ・ウェイといえましょう。……敬具」。

これに対して、2月16日、ホイットニー将軍より白洲への反論の返書が送られています。この手紙の中でホイットニー将軍は、松本案を完全に否定し、再度総司令部案に基づく憲法改正が急務であることを指摘しています。

コラム　白洲次郎と吉田茂

白洲次郎は、牧野伸顕を通して吉田茂と知り合いますが、とくに親密となったのは1936年（昭和11年）に吉田がロンドン大使として赴任した頃からです。セール・フレーザー商会の取締役（後に日本水産株式会社となる）となっていた白洲は、度々英国へ仕事で渡ると日本大使館で寝泊まりしていました。吉田（1878年〔明治11年〕生まれ）と白洲（1902年〔明治35年〕生まれ）とは、年齢的には24歳も違いがありましたが、ともに毒舌家で反骨精神が強いところは、よく似ていたようです。意見があわず衝突することはめずらしくもなく、大使館地下でのビリヤード場では喧嘩腰になったことが何度もあったようです。しかし吉田は白洲のそうした屈託のない態度が気に入っていたようです。

白洲次郎

当時、樺山家がそうであったように白洲家と吉田家とは家族ぐるみの付き合いをしており、吉田茂の妻・雪子（牧野伸顕の娘）は、とくに白洲を頼りにしていました。吉田茂の娘・和子は、白洲の紹介で麻生家に嫁いでいきましたが、それも雪子から結婚相手を頼ま

れたことが発端でした。白洲が紹介していなければ，後の麻生太郎は存在していないことになります。

近衛文麿とは，彼の私設秘書が白洲の友人・牛場友彦であったことから知り合いました。1945年（昭和20年）9月，重光葵が外務大臣を辞任することを知ると，白洲は，近衛国務大臣に吉田茂を外務大臣にするよう頼み込みました。その近衛も，息子・文隆がアメリカ留学に際して樺山愛輔の世話を受けたこともあって，白洲と近衛とは親密になっていきます。

同1945年12月，白洲は，外務省の改革を打ち出していた吉田外相から，政府とGHQとの折衝の要となる終戦連絡中央事務局の参与に推薦されます。さらに翌年の2月13日，麻布の外務省官邸で行われた民政局との折衝の際に渡された憲法改正案に不満であった白洲は，松本烝治国務相と吉田外相との相談の上，憲法改正を急ぐ民政局長のコートニー＝ホイットニー将軍に「目指す方向は同じなのだから，急がないで欲しい」という内容の手紙（ジープ・ウェイ・レター）を手渡しました。

翌年3月，白洲は，終戦連絡中央事務局次長に昇格し，吉田の側近としてGHQの民政局との交渉に力を注ぎます。その後は経済安定本部長，初代貿易長官を歴任し，サンフランシスコ講和会議にも出席しましたが，1953年（昭和28年）頃から政治の表舞台から姿を消しました。

❸ GHQ案に基づく憲法草案の着手

前文及び92条からなるGHQ案を翻訳した政府は，幣原総理大臣，吉田外務大臣，松本国務大臣などに翻訳書を渡したものの，それをどうしたらよいのかわからないでいました。

2月18日，松本国務大臣は，次のような「憲法改正についての補充説明」を書いて，総司令部に提出しました。

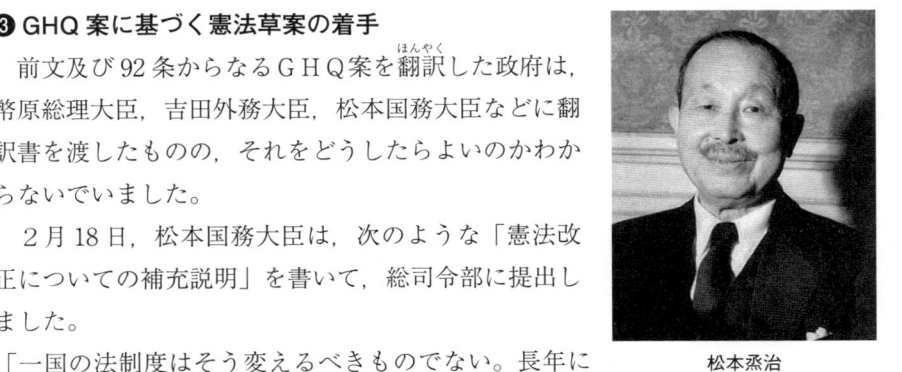

松本烝治

「一国の法制度はそう変えるべきものでない。長年にわたって徐々に発達し，歳月と経験の試練を経たその国固有の制度のみが永続する。その良い例がワイマール憲法である。これほど理想的な憲法はないにもかかわらず，すぐに反故にされてしまった。政治上のどんな改革も，民主化も，国民が自らの責任を理解し承認しない限り成功するものではない。法制度は，ある種の植物に似ていて，生国の土から移すと退化し枯死することもある」。

しかし，この「補充説明」に対して「考慮の余地なし」というGHQからの回答を得，さらに「2月20日頃までに日本政府の意思を知らせなければ，総司令部案を日本国民に公表する」という連絡を受けたことから，政府はGHQ案をそのままにしておくわけにはいかなくなりました。

　翌19日，松本国務大臣は，閣議の冒頭で，総司令部から提示された憲法草案についてはじめて明らかにしました。松本は「GHQ案は，自衛のための軍備の不保持や象徴天皇，土地の国有化などを求めており言語道断である。再考を求める」との強い意思表示をしました。GHQ案に驚いた多くの閣僚からは大変遺憾であるという意見が次々と出されましたが，結局，幣原首相がマッカーサー元帥に直接会って，「再考の余地があるのかどうか，『原則』とは何なのか」について聞くことにして，その結果を見てから再び対応策について考えようということで閣議を終了させました。

　同月21日，幣原首相は，早速マッカーサー元帥との会談を実現して，極東諮問委員会での各国の雰囲気や元帥の天皇制や戦争放棄についての意見を聞きました。マッカーサー元帥によると，「ソ連はいわずもがな，オーストラリア，ニュージーランド，フィリピンなども天皇に対する戦争責任を強硬に述べている。極東諮問委員会の論議は，日本にとってまことに不利なものだ」ということでありました。またGHQ案の基本原則については，「象徴天皇と戦争放棄の原則が守られることが重要であり，その他については全てこの案通りにしろということではない」と元帥は答えました。

　翌22日，幣原首相は吉田茂外相と楢橋渡書記官長と連れだって，天皇陛下にマッカーサー元帥の意向についてご報告しようと参内しましたが，陛下は「天皇大権については考慮しなくてもよい」という決意を述べました。その日の午後になって，首相は松本国務相と吉田外相とともにホイットニー将軍を訪ね，会談が開かれました。日本側は「大日本帝国憲法」を改正の土台にした案について述べましたが，民政局側からは「原則は原則である。原則に沿ったものを早く出してほしい。天皇は象徴であることと，戦争放棄は絶対に欠かせない」と念を押されました。この会談で松本案を諦めた政府は，正式に法制局に対してGHQ案に基づく憲法草案作成に着手することを命じました。楢橋渡とケーディス大佐の私的会談は，その翌々日の24日のことでした。

❹滄浪閣での楢橋渡とケーディス大佐との懇談

　1946年（昭和21年）2月24日，楢橋渡書記官長は，民政局による憲法草案の真意を探るためにケーディス大佐とハッシー中佐を神奈川県大磯町の滄浪閣に招いて，鳥尾鶴代などに接待をさせました。楢橋は，そのことについて，改進党の憲法調査会や内閣の憲法調査会などで，「ケーディス，ハッシーを招いて，自分の住んでいる滄浪閣が，かつて伊藤博文公の住まいであったことや，博文公が明治憲法の起草をおこなったことなどについて話をしたが，その後，庭に出て芝生に寝ころびながら民政局の憲法草案についても触れ，天皇制の問題や戦争放棄，一院制の条項などの考え方について話を聞いた」と述べています。

楢橋がケーディスと談話した滄浪閣の庭

　さらに楢橋は，「（ケーディス大佐らは）日本管理の機関として，極東諮問委員会を発展させてワシントンに11か国からなる極東委員会を明後日の2月26日に，東京には5か国からなる対日理事会を4月5日に設立する予定であるが，日本政府のつくった憲法草案はこれらの機関の審査をうけなければならなくなった。しかし現在の極東諮問委員会は，日本政府による憲法草案では受け入れられないことを指摘しているので，正式な機関が設立する前に元帥は先手をうとうとしたのだ，と語っていた」と述べました。

　一方，ケーディス大佐側も，この滄浪閣の私的会談の内容を「民政局長のための覚え書き」として，25日に，ケーディス大佐・ハッシー中佐の署名入りで民政局長であるホイットニー将軍に報告しています。それには，楢橋は「軍国主義者と財閥に指示を受けている松本国務相等と民主的勢力との抗争があって，総司令部案はなかなか受け入れ難い状況にある。自分は民衆的勢力の指導者であるが，天皇の政治に関する権限を無くし，天皇を国民の統合の象徴にするのが良いと思っている」，「必要ならば松本国務相の辞職を余儀なくさせる」と述べた，と書かれています。また吉田茂外務大臣については「自分（楢橋）と同じ立場に立って考えている」と述べたことから，それまで「最も反動的な分子」としていた総司令部側の吉田茂に対する見方がこの時から少し変わったといわれています。

コラム　楢橋渡，そして鳥尾鶴代とケーディス大佐

　1945（昭和20年）10月に発足した幣原喜重郎内閣で国務大臣および内閣書記官長・内閣法制局長官として活躍した楢橋渡は，「民政局を手なづけるためにゴム王のような宮殿で高貴な家庭の美しい娘たちを選び抜いて，アメリカ人と踊らせていた」という民政局員ハリー＝E＝ワイルズの暴露本『東京旋風』（1954年刊）の当事者でもあります。ここでいうゴム王のような宮殿とは，大磯の滄浪閣を指していると思われますが，そのことに対して楢橋渡は，「ゴム王の宮殿とは石橋正二郎邸であり，ホイットニー将軍やケーディス大佐たちにご馳走はしなかった。ご婦人たちも列席したが，色仕掛けをするようなそんな馬鹿なことはできるわけがない」と否定しています。

　もっとも，石橋家は総理大臣も務めた鳩山一郎の長男・威一郎（鳩山由紀夫元内閣総理大臣の父で元外務大臣）の妻の実家でもあり，戦後，鳩山一郎や楢橋，木村武雄（元建設大臣）・松野鶴平（元参議院議長）なども石橋邸に住んでいました。その石橋正二郎の麻布の家も「宮殿」といわれるほど立派で，しかもその屋敷で鳥尾鶴代など美しいご婦人に来客の接待などをさせていたことは事実のようです。現在，「旧鳩山家」として公開されている，鳩山由紀夫元内閣総理大臣の麻布の実家も大変豪華ですが，楢橋のいう「ゴム王の宮殿」石橋正二郎邸は，それ以上の豪華さであったようです。なお，この邸宅は，戦後の占領下，アメリカに接収され，そのまま現在もアメリカ大使公邸として使われています。

旧鳩山家（現在の鳩山会館）

鳥尾鶴代（『私の足音が聞える』文藝春秋社刊より）

　ところで，楢橋渡についてのワイルズの暴露本はまんざら嘘だとも思えないといわれています。ケーディス大佐の愛人とされる鳥尾鶴代の回想録『私の足音が聞こえる』（1985年刊，著者名はペンネームの鳥尾多江）によりますと，昭和21年2月，新橋の第一ホテルで，キリスト教団体の企画したバザーがあって，私（鳥尾）と鍋島子爵夫人とが大荷物を持って難儀をしていたところ，楢橋渡宮房長官（筆者注，実際は内閣書記官長）が外車で初対面の私達を第一ホテルまで乗せてくれた。催事が終わると車で迎えに来てくれた，とあります。GHQの宿泊先は将軍クラスが

帝国ホテル，大佐などは新橋の第一ホテルでその隣にワック（女性兵士）のビルがあったことも興味深いことです。事実はわからないのですが，回想録によりますと，その2，3日後楢橋渡の奥様がやって来て，GHQの高官を官邸のデナーに招待している。私たち2人では手が足りないので，英語を話せる上流夫人に是非参加して貰いたい，とお願いされ，鳥尾鶴代も参加することになります（当時，官邸は麻布の石橋邸を使用）。その席で鶴代はケーディス大佐からダンスに誘われ，その後も民政局の主催する第一ホテルなどのパーティーにも招かれています。また楢橋から電話を受けて，ケーディス大佐などを招いた大磯の滄浪閣の会にも出かけていますが，その時には鶴代はケーディスの車に2人だけであったといわれています。滄浪閣の会は2度ほど開かれましたが，その後の2人は「チャック（ケーディス），ツーチャン（鶴代）」と呼び合うほどの仲になり，ケーディス大佐は，天皇制についても鶴代に相談したといわれています。

その後鶴代は，自分が経営する銀座スミレ洋裁店で昭和電工日野原節三の愛人秀駒（ひでこま）と知り合い，日野原とケーディス大佐を結び付ける中心的な役割を果たしました。これが後に政財界を巻きこんだ汚職（おしょく）事件（昭和電工事件）に発展していくことになります。なお鳥尾鶴代は，11歳の時に東京の麹町（こうじまち）から神奈川県の大磯町に転居し，20歳のときに結婚して，麻布の楢橋渡の官邸近くに住んでいました。

❺松本烝治・佐藤達夫による憲法草案づくり

松本烝治国務大臣と吉田茂外務大臣は，法制局に改正案の作業に取りかかるよう指示しましたが，そんなに急ぐ必要もないだろう，と思っていたところ，民政局から1946年（昭和21年）3月4日までにGHQ（総司令部）案に基づいた原案をもってくるようにとの催促（さいそく）を受けました。

2月26日，閣議が開かれ，GHQ案を基礎にして憲法改正案の起草に入ることが決定されました。その責任者である松本国務相は，入江俊郎（いりえとしろう）[1]法制局次長を相談相手にして，同局第一部長佐藤達夫と2人で章を分担して，渋々，案文の執筆をはじめることにしました（案文は3月11日までに総司令部に提出する予定であった）。前文および天皇，国会，戦争放棄などの章を松本が，人民の権利・義務，司法制度，地方自治などの章を佐藤がもつことになりました。松本は，民政局長ホイットニー将軍から要望のあった「戦争放棄」などの条項にはあまり手をつけませんでしたが，理念的でしかも日本国民が制定したかのように謳（うた）い上げている

---

1 **入江俊郎**（1901～72）　東京生まれ。東京帝国大学卒業後，内務省に入り，法制局第一部長，法制局次長，法制局長官を歴任した。「日本国憲法」制定過程において法制局の責任者として尽力した。

「前文」や共産主義国家のように「土地その他の天然資源は国有とする」というような条項は取り除きました。天皇の地位については，GHQ案の「sovereign will of the people」を「人民主権」とするのではなく，天皇に敬意をはらって「日本国民の至高(しこう)の総意」と翻訳しました。また天皇の国事行為についての内閣の「consent＝承認」は無意味であるとして削除し，「advice」を「輔弼(ほひつ)」と訳しました。

国会の章では一院制を二院制にして参議院を付け加え，憲法改正の手続きについては，「大日本帝国憲法」第73条に基づくものであるとして削除しました。なお佐藤は，人民の権利・義務については，細かいところを除いて原則のみを掲げることにしました。松本は度重なる総司令部からの催促に対して，「政府案は3月2日にできているが，英文にするには時間がかかるので3月4日は無理だ。待って欲しい」と返答しました。しかしホイットニー将軍から「日本文でもいいので，一緒にこちらで翻訳しましょう」といわれ，松本は承諾せざるをえなくなりました。

佐藤 達夫

こうして3月4日午前10時頃，松本国務大臣，白洲次郎終戦連絡中央事務局次長，佐藤達夫，外務省翻訳官の小畑(おばたしげよし)薫良・長谷川元吉(もときち)の5人は第一生命ビル6階にある民政局を訪ねることになりました。松本は，自分の案がまだ閣議の決定を経ておらず，試案にすぎないことを民政局に対して弁明し，これを叩(たた)き台にして時間をかけて進めるつもりでした。しかし，ケーディス大佐らは，すぐさま松本が持参してきた案を翻訳に回し，草案作りを開始することを主張しました。こうして民政局との徹夜の折衝がはじまることになりました。

❻ケーディス大佐と松本烝治国務大臣との折衝

1946年（昭和21年）3月4日，松本烝治国務大臣と白洲次郎・佐藤達夫は，第一生命ビル6階にある民政局の部屋へ向かいました。外務省翻訳官の小畑薫良・長谷川元吉も少し遅れて部屋に入ってきました。ケーディス大佐が手分けしてやろうというので，トランスレーター・ルームという602号室に佐藤・小畑・長谷川が移り，それに民政局側のATOS（翻訳委員会）のスタッフであるジョセフ＝ゴードン陸軍中尉（後にベアテ＝シロタ女史と結婚）とI＝ハースコウィッツ陸

Ⅱ　民政局と日本政府による憲法改正草案づくり　63

軍中尉，ベアテ＝シロタ女史など5人が参加して，翻訳をはじめました。彼らが翻訳したものは，小会議室のメインテーブルにいる民政局長ホイットニー将軍，ケーディス大佐，ラウエル中佐，ハッシー中佐や松本国務相に手渡され，不明瞭な箇所については，トランスレーター・ルームと小会議室を行き来していた白洲次郎などがケーディス大佐と松本国務相の通訳となって，協議がなされました。また後方の椅子には，ヘイズ中佐，ロウスト中佐，プール少尉などGHQ案を執筆した連中が控えていました。

　第1条「天皇の地位」，第2条「皇室典範」については，ケーディス大佐からの削除部分についての厳しい質問がありましたが，松本国務相の説明により日本側は何とか切り抜けることができました。しかし，第3条の「The advice and consent of the Cabinet……」については事態が紛糾しました。松本は「天皇の国事行為は，内閣の『輔弼(ほひつ)』に依るが，天皇が内閣の責務を任ずることになるので，adviceを『輔弼』と訳した。consent『協賛』については議会に対して使用している用語なので削ってしまった」といい，ケーディスは「我々の方の案はadviceではなくconsentでなければならない」といって譲りませんでした。松本は「国務大臣が『認証』して下さいといって，陛下がなさるのであるから『輔弼』がなければできない。結局同じことだ。それに国務大臣が天皇に対して『承認』するようなことはしたくない。adviceを『輔弼』と訳すのは適当ではないと思うが，consentの意味する『協賛』は憲法上，議会に対してのみ使用するのであって，この場合はこれを用いない」といい，ケーディスは「相手によって日本語は変わるとでもいうのか」と質問するなど，そのやり取りは終わることがありませんでした。松本は「英語には相手を表す言葉はyou一つしかないが，日本にはyouに相当する語はいっぱいある」といいました。ケーディスが，「それ自体が非民主的である」と述べたことに対して，松本は，白洲次郎の通訳をまたずに，机をたたきながら「あなたは日本語を直すために日本に来たのか」と激怒しました。ケーディス大佐も机が震えるぐらい興奮していたといわれます。

　正午になって，休み時間となりましたが，天皇が国民より上にあるような用語を認めないケーディス大佐に憤慨(ふんがい)した松本国務大臣は，交渉を断念して午後3時頃になってから鎌倉の自宅に帰ってしまいました。

❼民政局と佐藤達夫との徹夜の折衝

　日本側は，外務省翻訳官の小畑薫良・長谷川元吉が翻訳に当たり，松本国務大

臣が戻らないことから交渉のために残ったのは佐藤達夫ひとりとなりました。通訳はベアテ＝シロタ女史が担当しましたが，午後6時頃になってケーディス大佐が今夜中にファイナル・ドラフト（確定案）を作ろうといいだし，マッカーサー元帥も同意したといいます。手伝いの気持ちでやってきた佐藤達夫は驚いて官邸へ連絡し，岩倉規夫書記官に依頼し，松本国務大臣へ再度の出馬を要請しましたが，松本は「自分がいても揉めるだけだ。病気だからといって断ってくれ，後は佐藤君によろしくやってもらいたい」といって動きませんでした。松本は後に公職追放されます。

　午後8時過ぎ，小会議室では，1条ごとの検討が始まりました。民政局のケーディス大佐，ハッシー中佐，ラウエル中佐，リゾー大尉，そして通訳のベアテが参加し，佐藤を囲むようにして討議がなされていきました。審議のなかでとくに時間がかかったのは，天皇の章でしたが，おおむね民政局のペースで進み，「The advice and consent」の「consent」の意味も佐藤が辞典で調べて「賛同」という語で一応のけりがつきました（数日後，「賛同」については異議が出され，「The advice and consent」は，現在のような「助言と承認」となった）。そして夜遅くになって，人権条項（「日本国憲法」第11条～第39条，第10，25，40条は後に追加）についての協議に入りました。その冒頭で，「人権条項には日本に向かない点が多々ある」と佐藤が指摘したことによって，協議が紛糾しましたが，現在の第24条（平等原則）になって突然ケーディスが，「この条項は今通訳をしているベアテ嬢の案だからこのままにして飛ばしましょう」といいました。佐藤は，その一言に一瞬驚きますが，日本側への協力を惜しまないでやってくれていたベアテ女史でしたから，何も言わずにそのまま修正なしで通しました。

　当初，ロウスト中佐らは人権条項の総則規定として，第二次試案に「日本国民は，すべての基本的人権を，他人による基本的人権の平等な享有と矛盾しない限り，干渉を受けることなく享有する権利を有する」という条文をおいていましたが，運営委員会の会議では下線部分を取り去って「を妨げられない」を語尾に付けて総司令部案としました。また日本との折衝のときには，上記の取り去った条文の次に「以下この憲法によって日本国民に与えられ，保障される基本的人権は，人類の多年にわたる自由獲得の努力の成果である。これらの権利は，時と経験のるつぼのなかでその永続性について苛烈な試練を受け，それに耐え残ったものであって，現在および将来の世代に対し，永久に侵すべからざるものとする義務を

課す神聖な信託として，与えられたものである」という条文が追加されていました。

　佐藤は，「このような歴史的・芸術的な表現は，日本の法制には例がなく，その体裁にも合わないので修正しました」と述べ，下線部分を削ってケーディス大佐の了解をとりました。しかし，ケーディスは，ホイットニー将軍に報告に行くや否や慌てて帰ってきて，「総司令部案第10条はホイットニー将軍自身の文章なのではずすことはできない，どこかに入れて貰えないか」と要求してきました。結局，「人類の多年にわたる……」という下線部分は，多少の修正を施して現在の第97条におかれることになりました。

　3月5日早朝，ようやく国会の章が終わり，さらに内閣・司法・財政・地方自治の章に入りましたが，結局，全てを終えたのは午後4時頃でした。日本側は「前文」や第1章の「天皇主権」，「内閣の輔弼」という文言については民政局の強硬な態度に屈服しましたが，マッカーサー元帥の示した一院制，土地の国有化などについては譲歩してもらうことになりました。

　佐藤は，民政局との折衝を終えるとその足で首相官邸に向かい，入江次長など法制局の人たちの要綱作りを手伝いました。一方，その日は，午前中から臨時閣議が開かれており，松本国務相から前日の総司令部との会談の経緯について報告がなされていました。その間，総司令部からの審議済みの改正案が逐一閣議の場に送られてきました。さらに閣議の途中，総司令部から，「この改正案を本日中に日本政府の改正案として発表し，また総司令部も同時にこの案を承認したことを発表する」旨の通知を受けました。この通知に対して松本国務相は憤慨して「アメリカが発表するならすればいい」と開き直りましたが，結局，日本政府は「この案を受け入れないわけにはいかない」として閣議を一旦中止し，幣原喜重郎首相・松本国務相を参内させてことの次第を昭和天皇に上奏することにしました。さらに政府は，日本語の憲法改正草案を作成するには，その文章を推敲する必要があり，時間がかかることを懸念して，総司令部に対して改正草案の発表を1日延期するよう求めました。こうして総司令部の了承を得た後，法制局内では改正案の推敲作業が徹夜で行われ，総司令部案に若干の修正が加えられて改正草案ができあがりました。

　翌3月6日，この改正草案は閣議で確定され，天皇の勅語および首相談話とともに「憲法改正草案要綱」として，日本国民に発表されることになりました。そ

の日，民政局のハッシー中佐が，楢橋渡書記官長から渡された日本政府による認証の署名がなされている英文の改正案11通を携え，アメリカ政府および極東委員会に提出するためにワシントンへ飛び立って行きました。そのことは，この改正案の骨子が絶対に変えられるものではないことを意味していました。

3月7日，「憲法改正草案要綱」は各新聞紙上に掲載されましたが，同時に総司令部の筋書き通り，マッカーサー元帥による要綱支持の声明も発表されました。その声明の日本文は次の通りです。

「予は，予が全面的に承認する新しい進歩せる憲法を日本国民に提示させんとする天皇ならびに日本政府の決定について本日発表し得る事に深く満足しているものである。この憲法は五ケ月前，予が最初に日本政府に指令して以来日本政府と連合国軍最高司令部の関係者の間における苦心にみちた研究と屢次にわたる会談のうちに起草されたものである。本憲法はその条章において日本の最高法規たることを宣言し，主権を率直に人民の手に置いている。また本憲法は人民の代表機関たる選挙された立法機関に優先権を与え，かつこの立法機関の権力ならびに行政機関および司法機関の権力を適当に抑制し，もっていかなる政府機関も国内問題の運営にあたって専制的ないし専横的にならないように保障を与え統治権力を設定している……日本国民はかくして過去の神秘主義と非現実性を捨てて新しい信念と新しい理想をもって現実主義の将来に方向を転ずるのである」。

2. 内外の「憲法改正草案要綱」に対する評価

日本国民は，政府が発表する「憲法改正草案」が，1946年（昭和21年）2月1日に毎日新聞でスクープされた内容に近いものであることを予測していました。何故なら2月1日以降，国民には「憲法改正草案」についての報道は全くなされていなかったからです。しかし3月6日に発表された「憲法改正草案要綱」なるものは，2月1日のスクープとは異なり，日本国民が期待していたものよりはるかに革新的でした。

それに対して，日本のマスコミ各社は賛意を表明しましたが，社会党は革新的な憲法であることは認めつつも問題が多々あるとし，共産党は「この憲法は秘密裏に制定されただけでなく，本質的には欽定憲法と変わらない」と指摘するなど，

---

1 欽定憲法 「大日本帝国憲法」などのように，君主主権の原理に基づき，君主の権威と意思で制定された憲法のことをいう。

反対を表明しました。またアメリカの新聞各社も一斉に批判をしています。

　以下,「憲法改正草案要綱」に対する日本の新聞とアメリカの新聞の論評を見てみましょう。

○朝日新聞（1946年〔昭和21年〕3月7日付け）

「その眼目とするところは，天皇の地位を日本国民の総意に基づく日本国及び国民統合の象徴なりとして，主権在民の建前を第一項に明示し，全項目にわたって主権在民の思想が盛られている点と，世界に類例なき『戦争放棄』を明文で規定している点……憲法改正というよりむしろ新憲法の制定といふべき新しい内容をもつものである」。

　また社説でも「画期的な平和憲法」として賞賛している。

○毎日新聞,東大教授宮沢俊義論評（1946年〔昭和21年〕3月8日付け）

「徹底せる平和主義　新日本建設の大憲章」「元来民主主義は平和主義であるべきであり真の民主国家は戦争を放棄するのが当然である，徹底せる民主主義を採用した政府案が完全な非武装と戦争の放棄を宣言したことは極めて当然である……政府案は昨年終戦と共に行はれた我が国始まって以来の民主革命を成文的に確立しようとするものであって，あらゆる点からいって八・一五以前の日本には全く見られなかった新しいものを建設せんとする意向の表現であり新日本の大憲章たるべき志向をもった憲法草案として全国民に真剣に検討すべきところと思う」。

○ニューヨクー・タイムズ（1946年3月7日付け）

「新草案が陸・海・空軍を全面的に廃止し，日本は今後その安全と生存を世界の平和愛好国の信義に依存すべしと宣言するにいたっては，余りに"ユートピア"的であって，むしろ現実的な日本人として草案を軽んずるにいたらしめるだろう」。

○ニューヨーク・サン（1946年3月7日付け）

「最も不思議なことは，日本は今後その国防を兵力によらず，世界の平和愛好国の信義に依存しなければならないと宣言していることである。これは理想主義的献身とも言うべき自己否定である。もしこの憲法が採用されるのならば，世界の人びとはかくも無条件の平和愛好国に頼る子どもらしい信念に対してこれらの国の信義がそれに呼応するように向上せんことを願う以外に方法はない」。

○デーリー・ヘラルド,特派員（1946年3月8日付け）

「改正憲法はすべての点で立派たるものである。これによって日本は世界の平和愛好国に対していく根拠を与えられた。殊に改正憲法が各国に向け陸海空軍の永久全廃を規定していることは印象深いことで、これは政治史上大きな示唆を与えるものである」。

3. 口語体・平仮名になった「日本国憲法」

3月6日に発表された「憲法改正草案要綱」は、文語体で書かれていました。内閣法制局の渡辺佳英参事官は、憲法の実質的な部分は総司令部によってなされたのだから、せめて形式の部分だけでも日本側でやってみてはどうかと思っていたら、松本烝治国務大臣が、発表された要綱を読んで、「こんな翻訳調は困ったものだ」というのを聞いて、行動を起こしました。渡辺は、先輩の宮内乾参事官が3月15日に行ったラジオ放送で「憲法は口語体ではなく、文語体でなければならない」という話にヒントを得て、宮内とは反対に「憲法を国民に親しみやすい口語体にしたらどうか」と入江俊郎内閣法制局次官に相談をもちかけました。3月21日、渡辺は高校時代の恩師である高橋健次（ドイツ文学者の高橋健二）にお願いして、『路傍の石』の著者でもある山本有三[1]宅を訪問し、「閣議で通したいので、是非、口語憲法を書いていただきたい」と進言しました。山本は高橋とは「国民の国語運動連盟」の仲間であったことから、話はトントン拍子に進むことになります。3月26日、山本は前台北帝国大学総長で国語学者の安藤正次、東大法学部教授横田喜三郎、前大審院判事三宅正太郎（判決文を口語体で書いて話題となった）など5人と連れだって首相官邸を訪れ、政府に建議書を手渡しました。応対した松本国務相は「法令には法令の書き方がある」として賛成しませんでしたが、入江長官（3月19日付けで長官就任）は、渡辺の案を受け入れるように松本国務相の説得を図りました。さらに入江は、閣議前にも安倍能成文部大臣や楢橋渡書記官長、石黒武重法制局長官などからも賛同を得ました。

一方、総司令部（GHQ）側は、日本側が曖昧な言葉を使ってGHQ案を骨抜きにするのではないかと疑っていましたが、日本側が、「明治憲法に用いられた言

---

1 山本有三（1887〜1974）　栃木県出身の小説家・劇作家。著書として『波』『女の一生』『真実一路』などがある。

葉は古風で、一般国民は読むことも理解することもできなかった」と報告書に書いて説明を徹底したところ、かえって総司令部は乗り気になった、といいます。

3月26日、金森徳次郎が内閣の嘱託になるなど、法制局の一新が行われ、渡辺佳英が憲法担当官に就任することになりました。平仮名で口語体の試案は、山本・横田が作成し、入江・佐藤達夫・渡辺が休日も返上して手直しをした後、金森や、元教員で文法の専門家三土忠造内務大臣に相談して、ようやく完成しました。4月3日のことでした。

4. 佐藤達夫による参議院の緊急集会条項

3月4日からの徹夜の佐藤達夫法制局第一部長と民政局との折衝は、翌5日の午後4時頃に終了しましたが、終了後、民政局長のホイットニー将軍が姿を現して、佐藤に対して笑顔で感謝の気持ちを述べてきました。佐藤は自国の憲法を作成したかのように大喜びしているホイットニー将軍を見て複雑な思いで握手を交わした、といいます。

> 「憲法」第54条第2項
> ②衆議院が解散されたときは、参議院は、同時に閉会となる。
> 　但し、内閣は、国に緊急の必要があるときは、参議院の緊急集会を求めることができる。

ところで、「憲法改正要綱」は急いで作成されたことから、数回、佐藤達夫は要綱を修正するにあたって民政局に意見を聞きに出かけています。「日本国憲法」第39条の「同一の犯罪について、重ねて刑事上の責任は問はれない」という二重処罰の禁止条項や「憲法」第60条の「予算議決に関する衆議院の優越」についての手続き条項などが漏れていたこと、単純なミスや修正・変更点などが多く見つかったからでした。

またその他にも、佐藤が懸念していたことがいくつかありましたが、その一つに参議院の緊急集会があります。佐藤は、「衆議院が解散されたとき、総選挙で新しい議員が決まって召集されるまで、時間的空白が生まれてしまう。明治憲法下では緊急勅令があって非常事態に対応できていたが、このままでは空白の間に非常事態が生じたときには大変である。是非とも非常事態に備えて参議院の緊急集会を認めてほしい」と思っていました。そこで佐藤は何度か民政局にかけ合い、4月9日の会談で彼の主張はようやく民政局に認められ、現在のような第54条第2項となりました。

また、これとは別に外務省からも意見が述べられ、天皇の国事行為として「全

権委任状及び大使及び公使の信任状を認証すること」（「憲法」第7条第5号），「批准書及び法律の定めるその他の外交文書を認証すること」（「憲法」第7条第8号）が条文に加えられることになります。

　こうして4月17日，幣原喜重郎内閣は，我が国で歴史上はじめての平仮名口語体の「憲法改正草案」を発表することになります。これに対して南原繁東京大学総長のように「国体観念は変革した」と賛辞を唱える者，「憲政の神様」といわれた尾崎行雄や枢密院議長も務めた清水澄（憲法学者で，1947年9月に国体の変更を憂い熱海にて自殺した）のように新憲法を懐疑的に捉える者もいました。

　以下に，アメリカのマーク＝ゲイン記者が著した『ニッポン日記』（1951年〔昭和26年〕刊）の一節を紹介しますが，当時の日本国民にとっては，国土は戦争で荒廃し，日々生きていくことさえもままならない時代であって，憲法どころではなかったようです。

「このアメリカ製日本国憲法はそれ自身悪い憲法ではないが……根本的に悪いのは……この憲法が日本の国民大衆の中から自然に発生したものではないということだ。それは日本政府につかませた外国製品で，その上高等学校の生徒でさえちょっと読んだだけで外国製品だということに感づくのに国産品だと称して国民に提供された，という事実である」。

南原　繁

第3編

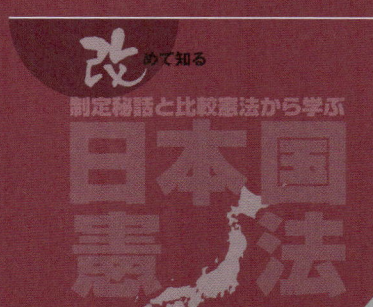

改めて知る
制定秘話と比較憲法から学ぶ
日本国憲法

日本議会などでの
GHQ草案審議

Ⅰ 枢密院での憲法改正の審議

1. 枢密院での審議と吉田茂

「日本国憲法」草案については，連合国軍総司令部（GHQ）がそれを国民に発表することを急ぎ，事前に枢密院に知らせなかったことから，幣原喜重郎総理大臣は，1946年（昭和21年）3月20日に非公式に枢密院で説明を行う予定を立てていました。ところが，4月17日に天皇が枢密院に諮詢の手続きを行うこととなったため，幣原もその日に枢密院で憲法改正の審議を行うことにしました。

憲法草案の諮詢を受けた枢密院では，議長の鈴木貫太郎らが協議して，審査委員会を設立し，潮恵之輔委員長を中心に美濃部達吉・林頼三郎など12人の顧問官を割り当てました。審査委員会は，4月22日に第1回目が開かれ，5月15日までに8回開催されましたが，政府側からは幣原首相，松本烝治国務大臣，入江俊郎法制局長，佐藤達夫法制局次長らが説明のために参加しました。

『あたらしい憲法のはなし』の挿絵

第1回審査委員会では，鈴木枢密院議長の挨拶，幣原首相の趣旨説明があり，最後に松本烝治国務大臣がこれまでの経緯を述べました。幾人かの質疑がありましたが，とくに美濃部顧問官の意見は他の委員を驚かせました。美濃部は天皇の憲法改正権（「大日本帝国憲法」第73条）は「ポツダム宣言」の受諾により無効であるだけでなく，新憲法の前文に「この憲法は日本国民が制定する」としているのだから，当該草案を枢密院の諮詢にかけること自体疑問であるとしました。また，彼は「ポツダム宣言には日本国民の自由に表明せる意思とあるが，この改正案は，勅令により政府が起草し，しかも議会には修正案も限られた範囲内でしか認められていない。かかる手続きはまさに虚偽といわざるをえない。大日本帝国憲法第73条は無効であるから，来る議会で特別に憲法改正の審議をする機関を設置すべきである」と主張しました。それに対して松本国務相は，憲法改正は一刻を争う重大事であり，そのような時間がない，

---

[1] 枢密院　1888年（明治21年）に「大日本帝国憲法」の草案審議のために設置され，後には天皇の最高諮問機関として恒久の機関となった。1947年（昭和22年），「日本国憲法」の施行にともない廃止。

と答弁しました。枢密院の会議は秘密会議で正式の議事録が非公開ですから，枢密院事務官の要領筆記で会議の様子を探るしかありませんが，それによると，その他に小幡酉吉顧問官から「改正草案に対する修正の可否」，林顧問官からは「主権の所在と天皇の法律上の地位」，「自衛権が認められていないこと」などの質疑があったようです。また幣原首相は憲法審査委員会の席上で，戦争放棄の条項に触れ，「戦争放棄と軍備の全廃は，総司令部から押しつけられたものではなく自分の信念である。中途半端な軍備は役にはたたない。国民が正しいと思っているように進んでいけば，徒手空拳（素手）でも何ら恐れることはなにもない」と述べています。1947年（昭和22年）8月，文部省も『あたらしい憲法のはなし』[2]という冊子を発行し，第9条「戦争放棄，戦力及び交戦権の否認」に関して，「兵隊も軍艦も飛行機も，およそ戦争をするためのものは，いっさいもたないということです。……よその国と争いごとがおこったとき，けっして戦争によって，相手をまかして，じぶんのいいぶんをとおそうとしない」ことを子どもたちに伝えています。しかし，その精神は米ソ冷戦の過程で失われていきます。

とにかく，この改正草案は，審査委員会の審議を経たのち一旦内閣に返されましたが，5月22日に吉田茂内閣が成立したことで，撤回されることになります。

2. 吉田茂内閣の成立と枢密院での憲法改正草案の一時撤回

　1946年（昭和21年）5月14日，吉田茂は自由党総裁への就任を受諾しました。組閣に取りかかった吉田は，「政治家たちは戦時中には軍部の独裁に屈してきたし，政策的な能力もない」として，党の三木武吉総務会長，河野一郎幹事長などを排除して，官僚を中心とした組閣を行いました。それに対して河野は，大石倫治・北昤吉・荒船清十郎を引き連れて猛然と首相官邸に押しかけました。一旦は河野らに妥協した吉田でしたが，鳩山一郎との「人事には干渉しない」との約束をもち出し，再び吉田好みの人事を主張したことから，またもや事態は紛糾しました。

三木武吉

　5月21日，夜になって自由党総務会が開かれましたが，その会議では社会主

---

2 『**あたらしい憲法のはなし**』　1947年（昭和22年）に，当時の文部省が「日本国憲法」の解説書として発行・配布した中学校1年生用の社会科の教科書。1952年から姿を消した。

義寄りだとされる和田博雄が農林大臣に抜擢されたことで、「吉田除名」の怒号が飛び交いました。総務会は夜を徹して紛糾しますが、そうしたなかで総務会長三木は、自由党内部の混乱を避けるために「吉田が参内して閣僚名簿を奉呈すれば事は済む」と、書記官長予定の林譲治に助言しました。朝になって、吉田の参内を知った総務会では、総務会決定を得ずに参内した吉田への批判が相つぎました。しかし吉田の参内を画策した三木は、自由党政権を実現するためには吉田茂に頼らざるを得ない、として党内意見を取りまとめました。

　こうして5月22日、第1次吉田茂内閣が誕生しますが、そのことにより、それまで8回開かれた審査委員会に諮問されていた憲法改正草案は一時撤回されることになりました。政府は5月27日に、憲法改正草案に若干の修正を加えて「帝国憲法改正案」として枢密院に再諮問をし、5月29日から6月3日までの間に3回の審査委員会の会議を開きました。その会議の席上、吉田は、「ポツダム宣言が日本国民の自由な意思表明による政治形態の決定であることを要求している以上、国民の代表とはいえない枢密院による修正はできない」として、審査委員会における意見を押さえ込みました。この会議で、林頼三郎顧問官が、吉田内閣は国の一大事である憲法の制定を「なぜこのように急ぐのか」と質問したところ、吉田は「GHQはGo Home Quickly（すぐに家に帰りなさい）．の略語であるという人もあり、GHQに早く帰ってもらうためだ」とユーモアを交えて答弁しました。

「大日本帝国憲法」改正案は、6月8日になってようやく昭和天皇臨席の下、枢密院本会議で起立多数によって可決されることになりました。その時も三笠宮崇仁親王が、「本会議では、改正手続きのみ改め、憲法制定議会において制定すべきである」と発言して退席し、美濃部顧問官も反対の意思を表明しました。

コラム　「Diet」と「国会」

　1946年（昭和21年）6月20日、枢密院で可決された「大日本帝国憲法」改正案は勅令をもって帝国議会に提出されますが、この「帝国議会」という呼び名は、1878年（明治11年）に、元老院の第一次憲法草案（「日本国憲按」）で最初に用いられました。太平洋戦争後、官の立場に立つ日本政府は、国民議会と国会とを同義語とせず、むしろ帝国議会を含むことにこだわりました。

　誰でも、「Diet＝ダイエット」は、健康・美容などのための食事療法という意味である

ことは知っていますが,「Diet」には国会という意味もあるのです。「Diet」は,もともとは英語の「Day」からきたものです。ヨーロッパでは家族が集まって談話しながら長い時間をかけて食事をしますが,彼らはこうした状態を「Day」といっていました。それがいつしか転じて,一般大衆が日常的に集まる会合をさして「Day」とよぶようになり,近世になってからは「議会」をも意味するようになりました。

国 会 議 事 堂

　我が国では,「国会」という言葉は,明治時代初期の土佐派の人々や福沢諭吉らの『国会論』(1879年)のなかでも使用されていましたが,「国会」という概念やその役割については,1874年(明治7年)の「民撰議院設立建白書」で,「民撰議院」という用語で国民の間に広く認知されるようになりました。一方,「帝国議会」という言葉は,元老院など官の側から生まれたもので,国家機関としての議会を「帝国議会」,そして,その建物を「国会議事堂」あるいは「国会」と呼んでいました。

　戦後,「帝国議会」を「国会」という言葉におきかえることが,GHQの憲法草案が提出されたことによって浮上してきました。当時の日本政府では,英語の「Diet」を示すものは戦前の官の側の「帝国議会」,いわゆる「the Imperial Diet」(天皇の議会)あるいは「議会」で踏襲されていました。それに対してマッカーサー草案で示された「the National Diet」は,「人民議会」という国民の側に立つものでした。マッカーサー草案で示した「the National Diet」=「人民議会」を認めようとしない日本政府は,「帝国議会」に未練を残しながら,帝国議会の建物を意味する「国会」を「the National Diet」の公式訳語としてごまかそうとしました。当時,天皇制の維持(国体護持)に躍起になっていた松本烝治前国務相や内閣法制局など,日本政府のささやかな抵抗が,この「Diet」の訳語に表れているのです。

　今日,新聞やテレビなどのマスコミや私たちが使用している「国会」という言葉は,国民を代表する議会,すなわち「国民議会」と思われがちですが,当時の政府からすると,「国会」は帝国議会の建物のことであり,「帝国議会」から「帝」と「議」を取り除いただけのことだったのです。

Ⅱ 衆議院本会議での憲法改正審議

1. 北昤吉議員の質疑

❶その1―総論

1946年（昭和21年）5月16日，第90回臨時帝国議会が召集されました。当日，組閣命令を受けた吉田茂は，憲法専任国務大臣として，法制局長官などの経験がある金森徳次郎を任命しました。また，4月10日に行われた衆議院選挙後の組閣等の関係で国会開会式が6月20日になったことで，憲法改正案は，開会式の当日20日に「大日本帝国憲法」第73条の憲法改正手続きにもとづいて勅令をもって議会に提出され，6月25日，帝国憲法改正案として衆議院本会議に上程されました。まず共産党の志賀義雄議員より審議延期の動議が提出されましたが，否決されたことによって，吉田総理大臣が提案理由の演説を行い，直ちに審議に入りました。

金森徳次郎

最初に質疑を行ったのは自由党の北昤吉議員でした[1]。彼は，総論では，突如として憲法改正草案が発表されたことに対する真意や戦争放棄における政府の心構え，君主制の是認の根拠，憲法改正草案と国体との関係などについて質問しました。そのとき，北は，この憲法改正案がGHQの民政局で作成されたことについては全く知らされておりませんでしたが，各論では疑いをもって質問しています。まず前文では全体的に「アメリカ合衆国憲法」に似ていて翻訳口調であり，前文最初の「日本国民は，国会における正当に選挙された代表者を通じて」において，何故「日本国民は正当に選挙された国会議員を通して」といわないのか，疑問を投げかけています。そして「純粋な日本人的な頭で日本文を書くのなら，このような文章は書けるはずがない，これでは国会で選挙された国会議員となる」と指摘しています（「日本国憲法」は，北の主張通りになっている）。また次の行にある「自由の福祉を確保」についても「合衆国憲法」前文にある「blessings of

---

[1] 北昤吉（1885～1961）　新潟県佐渡島生まれ。早稲田大学卒業後，ハーバード大学で学び，大東文化大学・大正大学教授となる。その後衆議院議員に当選して，自由党鳩山派に属した。兄は2.26事件の理論的指導者として処刑された北一輝。

liberty」に該当し，もしその言葉を翻訳するのならば，「自由のもたらす恵沢(けいたく)」と訳すべきだ，と指摘しています（これも北のいう通りに修正された）。第1条の「天皇の象徴」については，「天皇の機能の規定は第7条に詳細に尽くしており，吉田首相も全体説明で天皇は日本国を代表する，といっているのだから象徴ではなく元首にしたらどうか」と述べています（これについては民政局の強い圧力があって実現していない）。また「戦争抛棄(ほうき)」については，「戦争に負けて武装解除した国が，戦争いたしませんというのは，貧乏者で赤貧に陥っているのに，倹約いたしますというのと同じである」，「実質的な陸海空の三軍を設けないという憲法の規定であるから（これについて彼は軍を設けても良いと思っている），自衛権の発動の場合は，相手が武器を持ち，こちらは空手であっても，自分の貞操(ていそう)もしくは名誉を擁護(ようご)する場合には，敢然(かんぜん)と反対するのは日本の国民の基本的人権である」，「この前のヨーロッパ戦争後ドイツが戦争に負けてワイマール憲法が出来たときは，世界の最も進歩的な憲法だと言われたが，その運用を誤って……連立内閣，短命内閣の連続で……ついにヒトラーの台頭を促した」と述べ，政府の戦争放棄に対する心構えと見解を質(ただ)しています。第3章の国民の権利義務においては，「大日本帝国憲法」第18条にあった「日本臣民タルノ要件ハ法律ノ定ムル所ニ依ル」という条項（「憲法」では第10条）や，第21条「納税ノ義務」（「憲法」では第30条）が抜けていることを指摘しています。とくにこの章については，権利を説くことを急いで，義務を規定することに非常に寛大である，としています。

❷その2—国会について

「大日本帝国憲法」改正案第4章の「国会」については，北議員は，「『国会は，国権の最高機関であって，国の唯一(ゆいいつ)の立法機関である』としているが，アメリカの憲法では立法機関は議会に属するとあるだけで，国権の最高機関という言葉はない。帝国憲法改正案においても『国権の最高機関』としながら，一方では天皇が解散する権利をもち，立法機関で作られた法律も最高裁判所で否定されれば失効することになっている。この点について考える必要があるのではないのか」と指摘しています。北議員がいうように，「日本国憲法」は第7条で「内閣の助言と承認により」天皇が「衆議院を解散する」（3号），また第81条では，国会の制定した法律に対して裁判所が違憲立法審査権を発動する，などとなっており，必ずしも国会が他の機関よりも優位的地位にあるとは考えにくい条文がありま

す。憲法学者の解釈にも「国会の最高機関」という資格が単なる「政治的美称」にすぎないことを強調するみ方と，国会が「唯一の立法機関」として制定した法律によって，行政権と司法権を拘束し，予算の議決や条約締結の承認及び内閣総理大臣の指名を通じて，国政全般におよぼす力や法的単位の「総括的表現」であると理解するみ方があります。また共産圏のように国会を「国権の最高機関」とみなし，他の機関よりも優越して国会が強い権限をもっている，と解釈するみ方もあります。

　GHQ民政局の行政小委員会の担当者であったミルトン＝J＝エスマン陸軍中尉が，憲法条文の作成にあたって，強い行政府を強硬に述べていました。上司であるケーディス陸軍大佐は国会中心主義を標榜し，エスマンを日光への旅行として島流しにしますが，これは民意を反映する議会をあまりにも尊重し過ぎたケーディス大佐の意識の産物であったのではないか，と考えられています。また，第39条では，「両議院は，全国民を代表する選挙された議員でこれを組織する。両議院の議員の定数は，法律でこれを定める」とありましたが，北議員は「参議院と衆議院が一つの条文で規定されているものの，参議院の構成について十分に示されていない。しかも参議院も衆議院もこれを選挙することになると，参議院がもし地域的な選挙であるのならば，衆議院と似た者が当選し，二院制度の根拠が薄弱となる。二院が同じ程度のものならばそれは無用である。つまり衆議院が非常に優越していて，参議院が衆議院を通過したものを総て鵜呑みするのであるのなら，参議院は二重の手数であり，参議院はなくてもよい。また参議院が非常に権能を上げて衆議院を妨害するのならば，これは有害で排除すべきことである。日本の将来文化国家を建設するために上院（参議院）を設けるのならば職能代表者的な意味を加えて，文化各方面で活動したものを集めるような仕組みであっていいのではないか」と述べています。

貴族院の看板を外す
（1947年5月2日）

　もともと，民政局では一院制を土台にして改正案を作成していましたが，松本烝治が二院制を強く希望したことから参議院が誕生しました。しかし，実際は民政局は最初から二院制を日本政府が要求してくることを察知して，他の条項を受け入れさせる道具として考えていました。

❸その3─参議院について

　近年，国会は「ねじれ国会である」といわれました。この言葉は，2007年（平成19年）の参議院議員選挙で自民党が大敗したときに，マスコミが使用したことからはじまりました。その選挙で参議院の主導権は野党に移りましたが，参議院議員の任期が6年で3年ごとの半数改選であることから，その後の民主党政権も参議院議員選挙で負けて，同じ状況は6年間続きました。その間にはさまざまな形で政治が停滞しただけでなく，更なる連立抗争もありました。衆議院で過半数を確保している政権与党が参議院議員選挙で敗北すると，何故，このような問題が生じるのでしょうか。
「日本国憲法」では，内閣総理大臣の指名および予算の議決，条約の承認では衆議院の優越が定められています。しかし法律案については，「衆議院で可決し，参議院でこれと異なった議決をした法律案は，衆議院で出席議員の3分の2以上の多数で再び可決したときは，法律となる」（「憲法」第59条第2項），「参議院が，衆議院の可決した法律案を受け取った後，国会休会中の期間を除いて60日以内に，議決しないときは，衆議院は，参議院がその法律案を否決したものとみなすことができる」（「憲法」第59条第4項）となっており，当該政府が公約を掲げて法律案を改正しようとしても，再議決を頻繁に行うことができないことから，国会運営の停滞や議案の不成立などが生じることになるからです。
　北議員は，フランスの思想家シェイエスの言葉をまねたのか，衆議院と似た者が参議院で当選するようであるならば，その者は無用である，また参議院の60日以内の議決というのは長すぎる，せいぜい20日か2，3週間ぐらいが適当である，と発言しています。今日に至っても，これまでの衆議院および参議院は何らかの形でほとんどが政党中心主義に動いており，「十分に審議を尽くす」という本来の参議院の機能を果たしていません。また北議員が審議を尽くすという観点から「両院協議会」を開くことを主張しましたが，それは後に憲法にも規定されることになりました。しかし，両院協議会は，1989年（平成元年）に35年ぶりに開かれ，以後，何度か開催されてきたものの，現在でも，その本来の機能をあまり果たしていません。

1　シェイエス（1848～1936）　フランスの聖職者・政治家。彼の著書『第三身分とは何か』はフランス革命に影響を与えた。ブリュメールのクーデタを起こして執政官に就任するが，ナポレオンに主導権を奪われる。

国会議員は、「一般職の国家公務員の最高の給与額より少なくない歳費を受ける」(「国会法」第35条)とあり、役職のない議員でも歳費は月額で335万円を超えます。これにボーナスや文書交通費、特殊乗車券、調査費、その他政党助成金、議員年金、公設秘書費用などを換算しますと、国会議員の1人当たりのコストは年間3億円とも4億円ともいわれる額に膨れあがります。現在（2014年）の衆議員の定数が480人、参議院の定数が242人ですので、国会議員が722人、それに1人当たりの費用を3億円とすると、何と年間約2,166億円の税金が国会議員に支払われていることになります。にもかかわらず、参議院では重要法案の審議会でも議員の出席がないまま閉会になる、など国民からの批判が絶えません。イギリスの上院議員やスイスの地方議員が無報酬で政治を行っていることを考え合わせますと、「一院制でよい」「参議院はいらない」といった主張にも根拠があることがわかります。

2. 衆議院本会議、2日目以降の質疑

高野岩三郎

1946年（昭和21年）6月26日、進歩党の原夫次郎議員より、4点の質疑がありました。一つはベアテ＝シロタ女史の原案である「両性の平等」について（これは日本の伝統的な家族制度の崩壊につながるとした）、二つは自衛権までも放棄したのならば他国に国防を依存しなければならないということについて、三つは国民主権と天皇主権における曖昧さについて、四つは二院制の問題点などについてです。それに対して吉田茂総理大臣は、「個人の権威と両性の本質的平等に立脚して、封建的遺制を払拭する。直接的には自衛権を否定していないが、近年の戦争は自衛権の名の下におこなわれてきたので、全世界に平和愛好国であることを表明したい」と述べました。また金森徳次郎国務大臣は、「国民主権について、我が国は君民一如の国で、天皇は国民の心の奥深くに張っている。また両議院についての議論は必要ではあるが、二院の間の論争を調和するために憲法には規定を設けている」などと述べています。

6月27日、第3日目は、進歩党吉田安、社会党森戸辰男、協同党酒井俊男の3人から質疑がありました。森戸は、松本委員会が設置される以前から高野岩三郎や鈴木安蔵などとともに憲法研究会を発足させ、「フランス人権宣言」や「アメ

リカ合衆国憲法」などにもとづく憲法改正草案を作っていました。

　6月28日の衆議院本会議最終日においては、無所属の安部俊吾、社会党の細迫兼光、日本民主党準備会の布利秋、日本共産党の野坂参三の各議員から質疑がありました。

　安部議員は、まず、第31条「法定の手続きの保障」、第32条「裁判を受ける権利」、第33条「逮捕の要件」、第34条「抑留・拘禁の要件、不法拘禁に対する保障」などについての質疑を通して人身保護律の必要性について、さらに困窮者に対する生活保障や財閥の事業独占阻止などの法文を憲法に挿入することの必要性などについて説きました。また安部は、参議院の構成およびその機能に何ら憲法には明示がないことや憲法が翻訳調であることなどについて指摘しました。

　最後に野坂議員が第9条「戦争放棄」について質疑しました。野坂議員は、「戦争には我々の考えでは二つの種類の戦争がある、二つの性質の戦争がある、一つは正しくない不正の戦争である。日本の帝国主義者が満州事変で起こした戦争、これは正しくない。同時に侵略された国が自国を護るための戦争は、我々は正しい戦争と言って差支えないと思う。この意味において、過去の戦争において中国あるいは英米その他の連合軍、これは防衛的な戦争である。これは正しい戦争と云って差支えないと思う、一体この憲法草案に戦争一般放棄と云う形でなしに、我々はこれを侵略戦争の放棄、こうするのがもっと的確ではないか」と主張しました。この質問に対して、吉田総理大臣は「国家正当防衛権による戦争は正当なりとせらるるようであるが、私はかくの如きことを認めることが有害であると思うのであります。近年の戦争の多くは国家防衛権の名において行われたことは顕著なる事実であります」と答弁しています。

　共産党の代表が「自衛のための戦争」については肯定し、一方では政府自由党の総理大臣が「侵略戦争のみならず自衛戦争までも放棄している」と主張しています。現在では不思議なことに、共産党、自由党の流れをもつ自由民主党がまったく逆の立場に立っています。

Ⅲ　芦田小委員会と憲法改正審議

1. 帝国憲法改正案特別委員会と芦田均

　1946年（昭和21年）6月28日，衆議院本会議は終了しましたが，同じ日に72名からなる衆議院帝国憲法改正案特別委員会が設置されました。この特別委員会は8月21日まで21回開催され，さらに，特別委員会の中に憲法改正案の審議のための小委員会（芦田均小委員会）が7月23日に設置され，8月20日までに13回の会議を開くことになります。

　6月28日の第1回特別委員会では，72名の委員が集まって，委員長および理事の互選が行われ，委員長に芦田均，理事として10名が選出されました。次の7月1日の第2回特別委員会では，国務大臣および政府の関係委員を含めて114名が参加し，金森徳次郎国務大臣より全体説明がありました。その後北昤吉議員，吉田安議員，高橋英吉議員より質疑があり，北議員からは，金森が主権の概念に「五箇条の御誓文」を引用したことについて，また吉田議員や高橋議員からも天皇主権と主権在民についての質疑がなされました。7月2日は黒田寿男議員，原夫次郎議員，北浦圭太郎議員より質疑がなされました。またこの日には，極東委員会でも主権在民，天皇制の廃止など「日本の新憲法についての基本原則」が示されていました。

　7月4日，第5回特別委員会では衆議院本会議で，吉田総理大臣が自衛権までも放棄したかのような発言をしたことに対する総理としての覚悟について質問がなされました。この時，吉田は「私の言葉が足りなかった。侵略を目的とする交戦権だけでなく自衛権による交戦権においても戦争を誘発するものであるから，それを分けることそのものが有害である，と言ったつもりである。国際平和団体（国際連合）が樹立された暁には，侵略することは国際平和団体に属する総ての国が国際連合憲章に基づいて反逆者に立ち向かうのであって，交戦権そのものが無益となる」と述べています。

　7月6日，連合国軍統合参謀本部は，7月2日の極東委員会の「日本の新憲法についての基本原則」の決定について，マッカーサー元帥に指令を発しました。

---

1 芦田均（1887～1959）　東京帝国大学卒業後，外務省に入り，ロシア，フランス，トルコなどの大使館に勤めた後に第18回衆議院議員選挙（1932年）に初当選した。戦後，鳩山一郎などと自由党を結成したが，自由党を離脱して民主党結成に加わり，内閣総理大臣となる。

極東委員会の基本原則は、成人による普通選挙権、国民主権の明記、衆議院のみによる内閣総理大臣の選任、内閣総理大臣・国務大臣のシビリアン条項の明記でしたが、その時点ではマッカーサー元帥は極東委員会決定の発表を抑えるように部下に指示していました。そのため極東委員会のニュージーランド代表ベレンゼンなどのように、マッカーサー元帥が委員会決定を拒否し続けていることへの不満を漏らす者もいました。このような極東委員会の雰囲気に対して、7月16日、アメリカ政府も「日本国憲法の採択において、付託事項以外については日本の政府、国民に権限があり、極東委員会はポツダム宣言及び同委員会の政策決定に合致しているか審査するだけである」という声明を発表してGHQを擁護しました。

2. 芦田小委員会の設置

前述のように、7月23日に「日本国憲法」の修正案条文作成のために憲法改正小委員会を設置することが決められ、7月25日には芦田委員長を中心に北昤吉、吉田安など14名の議員と政府委員である佐藤達夫が集まって、第1回の会議が開かれました。

❶その1―将来の国民の運命のために

7月25日、第1回小委員会が衆議院の第一委員室で開催されました。会議の際、猛暑にたまりかねた議員が上着を脱ごうとしているのを見て、自由党の廿日出庬議員の発案で、「日本の将来にかかる大切な憲法の審議であるから、上着をつけてやろう」と申し合わせ、14人全員が冬服のまま汗だくの論議を続けました。事務局が1日に2回ほどぶっかき氷をバケツに入れて持ってきましたが、あまり効果はありませんでした。冷房もないモアモアとした室内に風を入れるため、議員たちは部屋の窓を開けましたが、そこから見えるのは焼け野原の東京でした（『芦田均日記』より）。

小委員会の委員はもともと10名でしたが、会議に先だって、芦田委員長が、北昤吉・高橋泰雄・原夫次郎・西尾末広議員の4名を追加委員として発表しました。そのことについて他の委員より、今回の小委員会の委員は特別委員会で決まった各党派の代表である、何故彼ら4人を追加したのか、それによって小党派の代表の意見が不利に導かれるのではないか、として意見が出されました。それに対して北議員は、「多数であるとか少数であるとか云う問題ではなく、私はなるべく政党的色彩は除きたいと云う意識である。我々が原案として出したことでも、修正案として出したことでも、諸君の中で正しい議論があれば、いつでもそれに

承服する。他の法案でもその態度でなくてならないと思うが、まさに憲法の場合は、全国民の運命であり、また将来の国民の運命でもある。……10年後の我々子孫に笑われることになってはならない。……敗戦国として日本を立て直すことが勿論第一義に置かれねばならぬが、憲法の文章までも翻訳調的に日本文らしからぬものを残して置くと将来の恥になる。思想の良い所があれば採り入れても良い。制度の良い所があれば採り入れても良い。採長補短は我が国の過去の歴史の長所である。虚心坦懐で良いけれども、言葉の末までも直訳的なものを残すのは我々としても忍びがたい。将来笑われないように、みなさんもお考え願いたい……」と述べています。この意見に対して廿十出議員なども同じ気持ちであると表明しました。これまでの枢密院本会議や衆議院本会議において提出された「帝国憲法」改正案はまったく翻訳調であったことから、芦田小委員会での北議員が不安になる気持ちは痛いほど理解できます。しかし彼らの憲法に関する本音は、憲法修正が最初から制約の中で行われていることについての不満であり、しかも委員会がGHQの承認のうえにのみ成り立っていることを非常に残念がりました。それでも彼らの将来の日本を思い遣る気持ちは北議員の言葉のなかに秘められています。

❷ その2─「主権在民」か「国民主権」か

　芦田小委員会の審議は、連日午前10時から午後5時頃まで行われましたが、秘密会であったことから、本音をいう議員も多くいました。しかし、審議の内容は翻訳してGHQに提出しなければならないことから、本音が出た場合には、速記（速記者が2人いた）をストップさせました。

　これまで枢密院本会議ではGHQ案をもとに、衆議院本会議では6月20日の帝国憲法改正案をもとに、各党からの意見を受けて政府が答弁する流れでしたが、この芦田小委員会からはじめて条文などの具体的な手直し作業が行われました。小委員会では、まず各党からの修正意見を出してもらい、問題点を指摘して意見をまとめるというやりかたでしたが、「この小委員会だけは党派を超越して、一丸となった気分を原則として進めて行きたい」という意見も出て会議は盛りあがりました。

　第1回から第3回までは、その多くが憲法の「前文」に費やされました。

　7月26日、第2回の小委員会では、冒頭に鈴木義男議員より当日の新聞記事の発表で「芦田委員長が前文にある『国民の総意』という言葉を訂正し、『主権

は国民に存する』というようになったようなことが載っているが，これは意見として各党の代表が述べたことであって小委員会でまとまったものではなかった」と発言して紛糾しました。結局，新聞各社が芦田委員長のコメントを曲解したということで，その場はおさまりました。

その後，吉田安議員や鈴木義男議員からは，「政府の金森徳次郎説では民という言葉には天皇を含む，という考え方を示しているが，ヨーロッパでは主権在民の民という言葉には君主との対立的観念が強く入っている」と主張し，そのことが審議の議題となりました。北昤吉議員は，「共産党は『人民人民』，『人民戦線』という言葉を度々使用しているが，それは天皇に対する人民，つまり治者，政府並びに支配階級に対する被治者階級の人民という解釈に立って用いており，人民のみに主権があるという印象を与える虞（おそれ）がある。したがって『主権在民』という言葉よりもむしろ『国民主権』という言葉の方がよいのではないか」と意見を述べました。

こうして「主権在民」は「国民主権」となりましたが，彼らは天皇も国民のなかに含み，天皇も主権者のひとりとして，主権から天皇を切り離さないことを強く意識していたことがわかります。

その後は，憲法前文の趣旨を生かしながら，マッカーサーの憲法改正草案を1行ずつ検討し，詳細な削除，修正を行いました。さらに7月27日，第3回小委員会会議においては最終確認がなされ，「政府の行動によって再び戦争の惨禍（さんか）が発生しないやうに」，「われらは，これに反する一切の法令と詔勅（しょうちょく）を廃除する」のような文言が加わるなど，多少の違いはあるものの，「日本国憲法」の「前文」に近いものとなりました。

❸その3―芦田修正と戦争放棄

7月29日の第4回芦田小委員会の日でした。朝早くにやって来た政府委員の佐藤達夫に，芦田は27日の第3回の会議において「戦争の放棄」を「戦争の否認」にするかどうかについての意見が出て紛糾したことを述べました。芦田は，それに関連して，佐藤に政府提出案第9条（当時は政府草案第8条）の第1項の冒頭に進歩党が提案（もともとは社会党案）したものを挿入し，第2項には新たに「前項の目的を達するた

芦田 均

め」という文言を挿入した案を述べました（俗にいう芦田修正）。小委員会がはじまると，芦田は会議の冒頭で「日本国民は，正義と秩序とを基調とする国際平和を誠実に希求し，陸海空軍その他の戦力を保持せず，国の交戦権を否認することを声明す」を第1項におき，「前項の目的を達するため，国権の発動たる戦争と，武力による威嚇（いかく）又は武力の行使は，他国との間の紛争の解決手段としては，永久にこれを放棄する」という第2項案を提出しました。

7月30日，第5回芦田小委員会では，鈴木義男議員が，「交戦権を先に持ってきて，戦争放棄を後にしたことは，立法上技術的にはどうか」と問質（もんしつ）しました。それに対して，国務大臣金森徳次郎は，「これは非常にデリケートな問題である。第2項には『永久にこれを放棄する』という言葉を使用している。しかし第1項の方は永久という言葉は使っていない。将来国際連合等との関係から，第2項の戦力保持などと云うことについてはいろいろと考えるべき点が残っているのではないか」，と述べました。

この芦田修正については，芦田は，1957年（昭和32年）12月5日の内閣調査会で次のように述べています。「私は修正の字句はまことに明瞭を欠くものでありますが，含蓄（がんちく）をもってこの修正を提案したのであります。『2項に前項の目的を達するため』という字句を挿入することによって，原案は無条件に戦力を保有しないとあったものが一定の条件の下に武力を持たないということになります。日本は無条件に武力を捨てるのではないということは明白であります」と述べています。

この日本での憲法草案は，即刻（そっこく），海を越えてワシントンの極東委員会に伝えられました。

3. 青年に託した「憲法」第26条「教育を受ける権利・義務」

1946年（昭和21年）2月10日の民政局憲法草案の教育に関する条文には「学究上の自由の保障」,「普遍的且強制的なる教育の設立」（ふへんてきかつ）という言葉しかありませんでした。それを法制局の佐藤達夫が訂正して，憲法改正草案第24条に「すべて国民は，法律の定めるところにより，その能力に応じて，ひとしく教育を受ける権利を有する。すべて国民は，その保護する児童に初等教育を受けさせる義務を負う。初等教育は，これを無償とする」としました。

同年7月30日，第5回芦田小委員会では，社会党および協同党・新政会の3派から「才能あって資力のない青年の高等教育は国費をもってする」,「教育の根

本精神はこの憲法の精神による」という修正案が提出されて紛糾しました。江藤
夏雄議員が，この修正案の「青年」の範囲には「大学を含むのか」と質問したの
に対して，社会党の鈴木義男議員は「そうだ。これと同じ条文がフランスの人民
戦線の憲法にある」と述べました。自由党の廿日出厖議員とのイデオロギー上の
対立がありましたが，この「青年の範囲」については委員会の多くが賛成しまし
た。しかし，国家財政と相談しなければならず，憲法としては原則のみをおくこ
とにし，法律によって実行し得る限り段々と拡大していくべきだ，という意見が
主流となりました。委員会の大勢は，党派を超えて「青年は大事であり，今後の
日本の再建には青年は欠かすことはできない。青年を教育することは急務である」
としていました。結局，原案の「児童」は「子女」に，「初等教育」は「義務教育」
となり，また「法律に定めるところにより」という言葉を下段に挿入しました。
なお「義務教育」については，8月1日の第7回小委員会で「普通教育」と変更
されました。

　現在，「義務教育」とは，「小学校・中学校の教育」といった解釈がなされてい
ますが，当時は，大学生を含む広い範囲であると解釈されていました。もちろん，
資本主義対社会主義というイデオロギー上の関係や公立学校と私立学校との関
係，学生を受け入れる企業との関係，学校教育と社会教育および家庭教育の関係，
そして親が隣の子どもが大学に入ったから自分の子どもも大学に入れる，などと
いった社会弊風などについても討議がなされていました。

　2009年（平成21年）に政権の座についた民主党が「高等学校の無償化」を主
張していましたが，財政難の現状を考えると，少し時代的に遅かったような気が
します。むしろ高度経済成長時代の豊かな時代にこそ実現するべきでした。

4. 国際法規遵守が国内法よりも優位にある憲法

　1946年（昭和21年）8月2日，第8回の芦田小委員会が開かれました。まず，
自由党の高橋泰雄議員・大島多蔵議員より，憲法案第1条の「天皇は，日本国の
象徴であり，日本国民統合の象徴であって，この地位は，日本国民の至高の総意
に基く」について，「日本国民の象徴」を「日本国民の中核」に修正したいとい
う意見が出されました。これについては反対が多く，高橋・大島両議員の意見は
通りませんでした。つづいて社会党の鈴木義男議員より，「日本国民の至高の総
意に基く」という言葉は曖昧であり，明確にしたい，という申し出があり，それ
に笠井重治議員が賛同して「主権の存する日本国民の総意に基く」となり，協同

党の林平馬議員なども賛同して意見の統一が図られました。つづいて第84条「皇室財産から生ずる収益は，すべて国庫の収入とし……」について，自由党，進歩党，協同党，新政会，無所属から「皇室財産から生ずる果実は，世襲財産から生ずるものであり，これは世襲財産たる所有者の収益とすべきである」という意見が出されました。この件について，社会党代表は反対しましたが，小委員会全体の意見として取りまとめられました。しかしこの条文については，アメリカの「SWNCC-228」（国務・陸軍・海軍三省調整委員会の憲法に関する委員会案）には，「一切の皇室収入は，国庫に繰り入れられ，皇室費は，毎年の予算の中で，立法部によって承認されるべきものとする」となっており，総司令部側も「すべて皇室財産は」「すべて皇室の費用は」というように，強い文言で否定する規定を要求してきて，実現しませんでした。

5.「日本国憲法」第98条の修正

「日本国憲法」第98条は，1946年（昭和21年）2月6日に政府が発表したときには，第10章第90条として「此ノ憲法並ニ之ニ基キ制定セラルル法律及条約ハ国民ノ至上法ニシテ其ノ規定ニ反スル公ノ法律若ハ命令及詔勅若ハソノ他ノ政治上ノ行為又ハ其ノ部分ハ法律上ノ効力ヲ有セサルヘシ」となっていました。この章は，ジョージ=A=ネルソン陸軍中尉やリチャード=A=プール海軍少尉など民政局小委員会の人たちが，戦前の日本のように天皇が発する詔勅などによって，憲法を越えて基本的人権が侵されることを懸念して設けたものでした。それが6月20日の帝国憲法改正草案では94条に移され，口語体で「この憲法並びにこれに基づいて制定された法律及び条約は，国の最高法規とし，その条項に反する法律，命令，詔勅及び国務に関するその他の行為の全部又は一部は，この効力を有しない」となりました。その後7月25日の第1回芦田小委員会で各自がもち寄った修正案についての討議の際に，大島多蔵議員が帝国憲法改正草案第94条について，ポツッと「国の最高法規とし，」を削除したいと述べました。それに対して芦田は，「私の方でも憲法の最高法規制についてはあまり深く研究していないが，自由党がこれを主張していたので，『並びにこれに基づいて制定された法律及び条約』のところを削って，この憲法は，国の最高法規とし，……この効力を有するとした」，「この文章が『アメリカ合衆国憲法』第6条の第2項の内容によく似ている。アメリカには各州と連邦の立法があるが，日本にはないのでこの文章は必要がないと思っている」と述べました。この条項について大島議員から

も「国の最高法規」の文言を削りたい，と言う意見が述べられましたが，しかし，この章は民政局側が一番の眼目としているところであると思われるのでまずいのではないか，ということになって残されました。

「憲法」第98条第2項は，これまで我が国は国際社会のなかで，国と国とが結ぶ条約に対してあまり守ってこなかったという印象があったことから，その悪い印象を払拭するために規定されることになりました。しかし，この第98条第1項（最高法規）と第2項（条約）に分けたことは，国内法と国際法との関係から，条約が憲法の最高法規性とは区別される理論的根拠となりました。したがって日米安全保障条約のように，条約および確立された国際法規が憲法に抵触する場合には，いずれが優位するのかが問題となります。優位説には条約優位説と憲法優位説とがあります。条約優位説の論拠としては，「前文」で国際協調主義をとっており，第81条の違憲立法審査権の対象から除外されていること，第98条第2項で国際法規は誠実に遵守すべき，となっていることなどがあげられます。一方，憲法優位説の論拠は，平和主義や国際協調主義は必ずしも条約が優位であることを理論的に導くものではないこと，第98条第2項は条約の国内法的効力を認め，その遵守を規定したにすぎないこと，改正手続きを比較しても，条約より憲法の方がはるかに厳格な手続きをとっていることなどがあげられます。

我が国の政府は，これまで条約優位説をとっています。

6. 衆議院特別委員会小委員会の終了

1946（昭和21）年8月8日の第9回芦田小委員会は，第3条の「天皇の国務」を「天皇の国事」，第4条の「国務のみを行ひ」を「国事に関する行為のみを行ひ」，「その他の国政」を「国政に関する権能を有しない」というように修正を行っただけで，約10分で会議を終えました。次の8月10日の第10回芦田小委員会では，芦田委員長から「付託決議」の原案が提出され，8月13日の第11回，8月16日の第12回会議でも，それについて討議がなされました。この「付託決議」の原案は三つの構成になっています。

(1) 憲法改正案は憲法付属の諸法典と相俟って，始めてその運用の完全を期待し得るものである。然るに皇室典範，参議院法，内閣法その他多数の各種法令は，未だ輪郭さえ明らかでないために，憲法の審議に当たっても徹底を期し得なかったことは，深く遺憾とするところである。政府は速やかにこれら諸法典を起案し，国民の公論に問う準備をなすべきである。

(2) 参議院は衆議院と均しく国民を代表する選挙された議員を以て組織するとの原則は之を認めるとするも，之がために衆議院と重複する如き機関となり終わることは，その存在の意義を没却するものである。政府はすべからくこの点に留意し，参議院の構成については，努めて社会各部門の知識経験ある者及び職能代表者がその議員となるよう考慮すべきである。

(3) 憲法改正案は，基本的人権を尊重して，民主的国家機構を確立し，文化国家として国民の道義的水準を高揚し，進んで地球表面より一切の戦争を駆逐せんとする高遠な理想を表明したものである。しかし新しき世界の進展に適応する如く民衆の思想，感情を涵養し，前記の理想を達成するためには，国をあげて絶大の努力をなさねばならぬ。我等は政府が情熱と精力とを傾倒して，祖国再建と独立完成のために邁進せんことを希望するものである。

(1)については，憲法改正案が急いでできたことから各種法令が全く明らかになっていないことを悔やみ，速やかに国民の意見を問うべきであると指摘しています。

(2)については，「ねじれ国会」のような事態にならないように，参議院は知識経験者や職能代表者などの議員で構成されるべきであると要望しています。

(3)については，民主国家を確立することはもちろんですが，みんなで敗戦から立ち上がって祖国を再建し，独立を果たそうという強い信念をうかがうことができます。

Ⅳ　極東委員会と貴族院本会議および特別小委員会審議

1.「日本国憲法」第 41 条と極東委員会（FFC）ソ連案

　1946 年 4 月 19 日，極東委員会内において「SC-012」文書という「新しい日本国憲法のための基本原則」（Basic Principles for a New Japanese Constitution）が作られました。これに対抗して、4 月 24 日の第 3 委員会第 7 回会議では、ソ連から「SC-012/2」文書が提出されました。この「SC-012/2」の文書の中には,「国会は，唯一の最高機関であり，国民に対して完全に責任を負う」,「内閣総理大臣その他の内閣閣僚は，国会のシビリアンである議員の中から，国会によって指名される」など，「日本国憲法」の第 41 条と第 66 条第 2 項および第 67 条第 1 項の条文の原案となったものなどがありました。この極東委員会とソ連案の二つの文章は，並行して審議・修正され，6 月 7 日の第 3 委員会第 14 回会議ではそれらの案は一つになりました。それが「SC-012/5」文書です。イギリスはこれに対して「SC-012/6」の文書を作成し，「大日本帝国憲法」を必ずしも改正する必要はないとの見解を述べています。イギリスは 6 月 11 日第 17 回運営委員会の席上で「アメリカや極東委員会など，外部からの意見が多過ぎる。憲法改革をより永続的に確保するには,詳細については日本国民に委ねるべきである」としましたが，それは「ハーグ陸戦法規」第 43 条に「占領者は，絶対的支障がないかぎり，占領者の現行法規を尊重する」とあり，「ポツダム宣言」においても国民の総意にもとづくものと記載されているからでした。しかし，結局，イギリスは一国の反対だけではどうすることもできない，として極東委員会の声明に従うことにしました。

　6 月 21 日，第 3 委員会第 17 回会議で，ソ連は，日本国政府の新憲法草案審議を国会の議事日程から削除するように提案しました。この動議は否決されたものの，不思議なことに 6 月 25 日の衆議院本会議においても、共産党の志賀義雄議員より新憲法審議の延期の動議が出されました。

　7 月 2 日，上記のようなプロセスを経て，ようやく「新しい日本国憲法のための基本原則」（「FFC-031/19」）が確立すると，極東委員会は，この基本原則をもって連合国軍最高司令官マッカーサー元帥との協議を求めました。これに対してアメリカ政府は，7 月 16 日「新しい日本国憲法を承認するための極東委員会の権限に関するアメリカ合衆国政府の政策」声明を発表しました。その内容は「日

本国憲法を採択するのは、あくまでも日本国民であり、極東委員会は、日本で進められている憲法手続きにいかなる方法でも、干渉すべきではない」ということでした。アメリカ政府は、マッカーサー元帥の指示によって憲法改正草案が作成されたことをひた隠しにし、改正草案が日本政府自らの作成であることを演出しました。

2. 極東委員会の「シビリアン」要求

8月20日、芦田小委員会最終日（第13回）となり、ゲストとして金森徳次郎国務大臣が出席しました。芦田委員長が話を終えると、すぐに金森は、「突然、昨日（8月19日）、マッカーサー元帥がワシントンから極東委員会の意向について電報を受け、その内容を吉田総理大臣に伝えてきた。これは憲法全体から見れば重要なことではないと思うが、その意向内容をよく考えて善処してもらいたい、と云ってきた」と述べました。

金森によると極東委員会の意向は、8月10日の第10回芦田小委員会でまとまった第63条に内閣総理大臣は「シビリアン」であること、その内閣総理大臣は国会議員の中から指名されることを加えること、そして第64条にも国務大臣は「シビリアン」であること、国務大臣の過半数は国会議員から選ばれることの2点について修正、加筆することでした。「シビリアン」について、笠井重治議員より、「シビリアンとは、非軍人ばかりではない、民間人という意味ではないか、極東委員会はノン・ミリタリーと謂っているのですか」という質問がありました。鈴木義男議員から、「プレスに発表しないことは注意するけれど、新聞記者は煩わしいから、政府から発表しないほうがよいのでは」という意見が出されましたが、金森は、「これは注意してください。これをやるとGHQに罰せられるから」（当時、GHQのプレス・コード[1]という新聞報道規制法などがあって自由に表現できなかった）と慌てて打ち消しました。また「閣僚の過半数は国会議員でなければならない」については、犬養健議員より、「これは余りにも当たり前のことで結構だとは思わないが、このことだけは、後々のために速記に残したい」という発言がありました。鈴木議員は、「これは余り読む人を低能扱いにする書き方です。内閣総理大臣は国務大臣を任命する、但し内閣総理大臣は過半数を国会議員から

---

1 プレス・コード　1945年（昭和20年）9月に連合国軍最高司令官総司令部（GHQ）が発令したもの。占領下の日本での出版・放送・郵便・電話などのあらゆるメディアを検閲し、原爆投下などに関する資料や占領軍の動静など、アメリカの不利になる情報を統制した。

選ぶとか，選ばなければならないとか云うようなことは，余り幼稚で，憲法案としては反対である」と主張しました。結局，各党にもち帰って党としての態度を明らかにすることになりました。こうして小委員会は終了して，翌日の8月21日に帝国憲法改正案委員会で，小委員会報告がなされ，極東委員会の申し出以外の憲法改正案はすべて修正・可決されました。さらに8月24日の衆議院本会議においても賛成421，反対8で可決され，憲法改正案はただちに貴族院に送付されることになりました。この衆議院本会議で「日本国憲法」の制定に反対したのは，共産党全員（野坂参三・徳田球一・志賀義雄など6名）と社会党左派の穂積七郎・細迫兼光の2名でした。

3. ソ連提案による「日本国憲法」第66条第2項

「文民条項」については，もともとFFC（極東委員会）の「新しい日本国憲法のための基本原則」に示されていたものでしたが，ソ連が極東委員会第3委員会（憲法及び法制改革委員会）で強く要求していたものでした。当初の「日本国憲法」の原案には侵略戦争のみならず自衛のための戦争をも禁止していたことから，極東委員会は日本に対して憲法に挿入するように勧告していませんでした。しかし，第9条が芦田小委員会で修正され，8月24日の衆議院本会議でもそれが可決されたことによって，中国代表の譚博士やソ連代表のラミシヴィリからは「軍隊の保持が可能になった」と指摘がありました。

　9月19日，第26回極東委員会において，ラミシヴィリは「すべての大臣は，シビリアンでなければならない」という提案を行い，この提案は翌日の第3委員会でも検討がなされることになりました。同年9月21日，極東委員会第27回会議では，第3委員会の声明をめぐって激論が交わされました。とくに譚博士による鋭い指摘もあって，会議は次第にシビリアン条項が必要であるという方向に傾いていきました。

　譚博士は，「日本国憲法第9条が，芦田小委員会で修正されたことを重く見ている。修正された条文を見ると，第9条1項で列記された以外の目的であるのならば，軍隊を保有することができる，と解釈される。芦田小委員会の修正の目的は何なのか，その意図を疑義に付したい」と述べました。それに対してアメリカ代表ボートンは，「各内閣の国会への責任はきわめて明確に示されており，内閣がシビリアンでなければならない理由は見あたらない。しかし，何故修正されたのかについては，マッカーサー元帥に問い合わせることにする」とし，イギリス

代表サンソムも「第9条は芦田修正によって非常に曖昧になった」と指摘しました。最後にオーストリア代表プリムソルは，「すべての国務大臣はシビリアンでなければならない，という条文を挿入するように，マッコイ極東委員会議長から最高司令官に伝える権限を与える」という動議を発しました。それに対して，ソ連代表ラミシヴィリはいちいち権限を与えるのではなく極東委員会から直接最高司令官に説明を求めればよいのではないか，との強硬な意見も出されましたが，それについては否決されました。

4. 織田信恒子爵の八百長質疑

　1946年（昭和21年）8月26日から8月30日まで貴族院本会議が開かれ，この席上，政府は，修正帝国憲法改正案を上程しました。この会議で宮沢俊義東大教授より天皇制についての問題や，南原繁東大総長より政府の手続きについての批判などもあって，9月2日から9月26日まで特別委員会が開かれることになりました。

　一方，9月20日，極東委員会第3委員会ではソ連代表や中国代表だけでなく，カナダ代表パターソン博士においても，「芦田修正がなされたまま，憲法が通過したのならば……陸軍大将や海軍大将が出現する可能性が考えられる。しかし，もしすべての大臣がシビリアンでなければならないという条項が憲法に入れられるのならば……疑念は何ら存在しなくなるだろう」との指摘があり，芦田修正への対応が論議されていました。極東委員会のこのような雰囲気はワシントンにも伝えられ，9月22日，ワシントンのピーターセン陸軍次官からマッカーサー元帥あてに電信が発せられました。

　日本では貴族院で憲法草案の審議中でしたが，9月24日，マッカーサー元帥はホイットニー将軍とケーディス大佐を吉田総理大臣のもとへ派遣し，「成年者による普通選挙の保障」と，「内閣総理大臣その他の国務大臣は，シビリアンでなければならない」との規定をそれぞれ追加することを要求しました。吉田首相は白洲次郎と相談し，大磯の原田熊雄の京都帝国大学時代からの友人で貴族院の主流会派・研究会の幹部でもあった織田信恒子爵に八百長質疑を行わせることにしました。

　9月26日，織田は，貴族院の本会議場で「新憲法の一番の山は，国際平和主義であり，……総理大臣とか，国務大臣とか，政治の最高位に立つ人が平和に反するような人であれば困る……日本は武装を解除していますから……，将来，総

理大臣とか国務大臣は，昔みたいに軍人がなるということは避けて，シビリアンによって，その地位がしめられるというのが一つの生き方だろうと思います。この点について，ご意見をうかがいたいと思います」と述べました。筋書きどおりに議長は，この質疑はもっともであるとして，さっそく委員会を設置することを確約しました。シビリアンをどのように訳すべきか，議論を煮詰めるために，橋本実斐(もとさねあや)伯爵(はくしゃく)を委員長とする特別小委員会が設置され，会合を行うことになりました。このできごとは，「日本国憲法」が公布される1か月ほど前のことでした。

5. 9月28日の貴族院帝国憲法改正案特別委員会小委員会の審議

貴族院帝国憲法改正案特別委員会小委員会は，1946年（昭和21年）9月28日から10月2日まで4回にわたって開会されました。実はこの小委員会は，議員以外の傍聴(ぼうちょう)は認めず，また小委員会案を決定した審議の最終段階を除いては速記も付されずに審議が進められました。しかし当時の貴族院事務局において，要点筆記を整理した「小委員会筆記旨」が作成されていましたので，おおよその会議の内容が明らかになっています。

それによると子爵織田信恒議員は，第15条に「universal adult suffrage ＝ 成年者の普通選挙」の原則を明記すること，および第66条に「総理大臣及び国務大臣は civilian でなければならぬ」という，GHQ より政府を通じて要求された条項を追加することを小委員会に申し入れてきました。それに対して松本学(まなぶ)議員は，「この2点については重大な事柄であるから，政府からも事情を聴き，又字句も練らねばならぬ」としました。国務大臣金森徳次郎は，「24日，GHQ のホイットニーとケーディスが首相を訪ねて来て修正を要求してきた。彼らは実質的なものではないから受け入れてくれ，このことは新聞にも書くな，内容についてもあまり云うな，どうしても云わねばならぬときは GHQ の希望によるものだと云って欲しい。ほんとうは GHQ 以外の所から来たものである」といって，英訳の第15条の所に「Universal adult suffrage is hereby guaranteed.」を，第66条1項に「Prime Minister and all Ministers of the State shall be civilians.」を加えて欲しいと要求してきました。FFC（極東委員会）は度々この件についての修正を要求してきているということでしたので，GHQ との打ち合わせの結果，第15条第3項として「公務員の選挙については成年者による普通選挙を保障する」，第66条第2項として「内閣総理大臣その他の国務大臣はシビリアンでなければならない」というような内容を入れることで話がつきました。

シビリアンの訳語については，文民(ぶんみん)の他に文人，文官，凡人，民臣，平人，非軍人などさまざまな案がありましたが，結局第66条第2項に「内閣総理大臣その他の国務大臣は，文民でなければならない」という小委員会案をまとめました。
　こうして第9条の芦田修正をそのままにして極東委員会の基本原則にあった普通選挙の規定（「憲法」第15条第3項）とともに「文民条項」（「憲法」第66条第2項）は，貴族院，衆議院を通過しました。

V 参謀第二部（G2）と民政局（GS）の抗争と日本政府

1.「日本国憲法」の公布とケーディス大佐

　1946年（昭和21年）11月3日,「日本国憲法」公布の式典が貴族院本会議場で行われました。その傍聴席にはGHQの関係者などが多数参席していましたが、その2階の左側前方には憲法草案を作成した民政局員が集合していました。彼らは他の関係者よりもいち早く席を確保し、公布式が始まるのを楽しげに待っていました。その写

貴族院本会議傍聴席の民政局員ら（最前列右から2人目がケーディス大佐）

真では、ケーディス大佐が最前列でにこやかに笑っています。憲法原案作成の責任者でもあった彼の満足感が伝わってくるようです。

　ところで、マッカーサー元帥には四天王とよばれる部下がいました。その中の参謀第二部（G2）のチャールズ=A=ウィロビー陸軍少将と民政局（GS）のコートニー=ホイットニー将軍（民政局長）は、犬猿の仲といわれていました。ウィロビー少将は、スペインのフランコ将軍を崇拝し、小ヒトラーといわれるほど共産主義者が大嫌いで、公職追放や警察改革などでGSのホイットニー将軍と対立していました。ホイットニーやケーディスなどGSのニューディーラーたちは、「ポツダム宣言」に基づく社会主義的民主国家の誕生を願っていましたが、ウィロビーは米ソ冷戦に対処するために日本の旧指導層を極力温存しようとしました。こうした政策の違いは日本の政治にも大きな影響をもたらしました。

　1947年（昭和22年）1月4日、GSとG2との激しい論戦のなかで、GSは公職追放令を発して日本の旧軍部を中心に政界や官界・財界などから多数の有力者を追放し、共産党員を釈放して労働組合を育成しました。GSの狙いは、1947年4月の衆議院議員選挙において社会党に勝利をもたらし、一方では、保守的な進歩党や自由党を弱体化させることにありましたが、選挙結果に満足のいかないGSは、さらに鳩山一郎・石橋湛山などの有力政治家たちを追放しました。こうして4月の選挙では社会党が第一党となり、片山哲内閣が成立しました。

　しかし、ここからウィロビー少将の巻き返しがはじまります。ウィロビー率い

るG2は48年，大蔵省主計局長福田赳夫および二宮善基・栗栖赳夫経済安定本部長官などを収賄容疑で逮捕し，そのもみ消しの収賄容疑で西尾末広副総理も逮捕しました（昭電疑獄＝昭和電工社長日野原節三が復興金融公庫からの融資に際し，政官界などに贈賄した事件で64人が逮捕された）。一方GSも，片山連立内閣の炭鉱国家管理法案の阻止を企てた民主党の田中角栄法務政務次官を収賄容疑で逮捕しました（炭鉱国管疑獄）。こうした報復合戦の最中，ウィロビー少将は，旧華族の妻鳥尾鶴代と恋愛の噂になったケーディス大佐をしつこく追い回し，ケーディスを辞任に追いこみました（鶴代は日野原節三の愛人秀駒を介してケーディスと日野原とを結びつけた）。このころには米ソ冷戦が激化しており，1949年7月4日，マッカーサー元帥は，ついに日本を「共産主義進出阻止の防壁とする」との声明を発表しました。またウィロビー少将に屈したホイットニー民政局長も「公職追放終結の宣言」を出すにいたりました。さらにそのころには朝鮮半島における不穏な動きもあり，レッド・パージ（官公庁や報道機関，民間企業からの共産主義者およびその同調者の追放）が開始されました。その結果，憲法草案を作成した民政局のメンバーのほとんどがアメリカに帰国することになり，彼らの業績として残されたものが「日本国憲法」でした。

2. 2・1ゼネストの禁止指令と第1回参議院議員選挙

戦後，日本政府は激しいインフレーションと食糧不足，それにともなう世論からの攻撃や労働攻勢に悩まされていました。共産党は「米よこせ大会」や「食糧メーデー」など，闘争につぐ闘争を積み重ね，さらに新聞通信放送労働組合，日本教職員組合などを加えて大規模闘争を展開しました。「もはや労働運動は，単なる経済闘争ではなく，政治闘争である」とは細谷松太全日本産業別労働組合会議（産別会議）事務局長の言葉です。一方，社会党も中央執行委員会を開き，吉田内閣の不信任案提出方法を協議していました。こうした状況下で吉田茂は，進歩党だけでなく社会党も加えた挙国連立内閣を模索しました。しかし，そうした最中にも労働攻勢の嵐は吹き荒れ，1947年（昭和22年）1月18日，全官公庁共同闘争委員会は，2月1日に全国一斉にゼネラル・ストライキ（ゼネスト）に突入することを宣言しました。GHQにコネクションのある共産党の野坂参三が

「GHQは2・1ゼネストを絶対に弾圧することはできない」と豪語していたことから，全国で共産党を中心とする争議やデモが繰り返されました。

1月30日，GHQの経済科学局長マーカットおよび労働課長コーエンによるゼネスト中止要請にもかかわらず，全官公庁共闘委員会はスト決行を再確認するだけで応じようとしませんでした。しかし翌日，マッカーサー元帥は2・1ゼネストの禁止指令を発しました。このころからマッカーサーは，米ソ冷戦を見すえて共産主義勢力の排除も考えるようになったと言われています。しかし，社会主義左派のホイットニー民政局長などの意見もあることから，マッカーサー元帥は社会党政権の誕生を期待するようになったと思われます。赤ら顔のホイットニーは，マッカーサーの筆跡と見分けができないくらいに真似るなど，マッカーサー元帥を崇拝していたと言われ，マッカーサーもそれを快く思っていました。民政局（GS）が三井生命ビルの6階にあり，ホイットニー大佐の部屋がマッカーサー元帥の執務室の隣にあったことを考えれば，ホイットニーのマッカーサーへの影響力をうかがえます。それは1947年2月7日に，マッカーサー元帥が吉田内閣に書簡を送り「衆議院を解散して総選挙を実施せよ」との指令を発したことでもわかります。第1次吉田内閣が成立してから約10か月後のできごとでした。このことにより自由党内部には新党運動が表面化しましたが，幣原喜重郎進歩党総裁が新党結成に反対したことから，今度は社会党との連立工作が行われました。この連立工作によって政局はおよそ1か月間停滞したものの2月24日の第92回会議では，吉田内閣は新憲法の精神や規定に則って，「地方自治法」「財政法」「教育基本法」「学校教育法」「国会法」「労働基準法」などを成立させました。

野坂　参三

3. 戦後はじめての参議院議員選挙と戦後2度目の衆議院議員選挙

1947年（昭和22）4月20日に第1回参議院議員選挙が，そして4月25日にはマッカーサー元帥の指令によって衆議院議員選挙が施行されることになりました。この二つの選挙を前にして進歩党は，GS（民政局）による有力議員の公職追放を恐れて日本民主党を結成し，国民党は協同党と合同して国民協同党を結成しました。こうしてわが国最初の参議院議員選挙が行われ，全国区では社会党17人，自由党8人，民主党6人，国民協同党3人，共産党3人，その他の政党6

人，無所属57人，地方区では社会党30人，自由党30人，民主党22人，国民協同党6人，共産党1人，その他の政党7人，無所属54人が当選しました。

　当時，参議院は権能，良識，職能的な立場から牽制しあい，政党と世論との均衡を保たせるための機関として認識されていたことから，その任期も，解散無しの6年と定められていました。参議院議員選挙で作家の山本有三（ゆうぞう）など無所属の当選が多かったことはそのことを意味しており，現在のように参議院が衆議院と同じように党派・派閥（はばつ）に属し，「ねじれ国会」を生み出すなどとは誰も考えていませんでした。今日の政治の衰退と混乱は，政治家たちが，政党と世論との均衡を保たせるための機関としての参議院の役割を変質させたことによるところが大きいと思われます。

　4月25日の衆議院議員選挙では，社会党143人，自由党131人，民主党124人，国協党31人，共産党4人，諸派21人，無所属12人という当選結果になりました。社会党が予想外に第一党となったことに西尾末広など社会党の誰もが驚きをかくせませんでした。この選挙結果についてマッカーサーは，「日本国民は，共産主義的指導を断固として廃し，中庸（ちゅうよう）を選んだ」とコメントを述べました。

　「日本国憲法」が施行された5月3日，社会党は中央執行委員会を開き，第一党として首班（しゅはん）内閣について話し合いを行い，自由党，民主党，国協党を加えた四党連立内閣を模索（もさく）しました。しかし，自由党の吉田茂は，社会党左派を切らなければ連立には加わらない，社会党の一部は共産党との協力を主張している，として賛同しませんでした。一方，民主党内においても二つに意見が割れていました。幣原喜重郎（名誉総裁），斎藤隆夫（さいとうたかお）（筆頭最高委員）などの保守派は自由党に従うべきであるとしましたが，芦田派は社会党と連携すべきであるとしました。5月18日，民主党の党大会で芦田が新総裁に選ばれましたが，連立については，対立していてまとまりませんでした。

　5月19日，社会党の呼びかけによって四党首個別会談が召集されましたが，ここでも連立交渉はまとまらず，そうしたなか23日に衆議院，参議院での首班選挙が行われ，社会党の片山哲が選出されました。しかし自由党が正式に連立拒否の態度を示したことにより，政局は混迷を呈しました。そのため社会党は民主党の中堅・若手が示していた条件を呑むことによって，民主党の連立参加を取りつけ，ようやく6月1日に3党連立による片山新内閣が発足しました。

4. 片山哲政権と炭鉱国管法案

　片山哲政権は，革新と保守の連立でしたが，連携というよりも足の引っ張り合いでした。社会党右派の西尾末広派は民主党左派である芦田派と結びつきましたが，社会党左派の鈴木茂三郎と加藤勘十は共産党寄りで，民主党右派の幣原喜重郎は自由党の立場に立っていました。戦後の日本経済はインフレと財政難という超難問をかかえた深刻な状態にありました。

　片山内閣は，こうした難問に対処するため食糧緊急

片山 哲

対策や賃金物価の全面改定などを掲げましたが，それは保守陣営から「通貨面を重視し過ぎて生産面を軽視している」「吉田政権政策の踏襲に過ぎない」など，批判が相つぎました。さらに片山内閣は，膨大な補正予算の編成と並行して炭鉱国家管理法案の審議を進めましたが，これが社会党と民主党との対立を激化させることになりました。GS（民政局）にとっても社会党にとっても炭鉱国管は日本を社会主義化するための先鞭とする最大の政策でありましたが，民主党にとっては，国有国営化などは当然認められるものではありませんでした。また社会党が労使同数の決議機関である生産協議会の権限拡大を主張したことに対して，民主党は企業主の権限拡大を主張するなど，イデオロギー上の対立もありました。また自由党も社会主義化を警戒して法案の廃棄を目指し，炭鉱業者も社会主義化に危機感をいだいて圧力を強めるなどして，国会は混乱しました。6月28日，社会党政権が誕生してから1か月が過ぎて炭鉱国管法案が閣議に提出され，9月25日に国会に提出されましたが，自由党と民主党からの反対の狼煙があがり国会は大混乱となりました。それは民主党の鉱工業委員の長尾達生・岡部得三など4名が炭鉱業者であったことも影響しています。結局，炭鉱国管法案は3年間の時限立法ということで意見がまとまり，委員会では否決されたものの衆参本会議でようやく成立に至りました。

　ところで，当時，追放令が政治に利用されることが多くありました。第1次吉田内閣のときも，自由党の吉田首相が鳩山一郎の追放に関わっていたとの噂があり，鳩山だけでなく河野一郎・石橋湛山などの追放解除が遅れたことについても裏があるのではないかと囁かれていました。それは片山社会党政権においても同様でした。炭鉱国管問題で政治が混乱していたころ，社会党内部では西尾官房長

官と平野力三農林大臣との対立が生じていました。自由党寄りの平野を快く思っていない西尾は、公職追放令該当者として片山首相を通して罷免権を発動させました。こうして平野は、中央公職適否審査委員会で資格審査されることになりますが、委員会では社会党委員以外は平野を非該当者としました。それに不満な西尾は、GSのケーディス民政局次長やネピア追放担当官などに相談しました。ケーディスは中央公職適否審査委員長を呼びつけ、再審査を命じました。しかし再審査（1947年12月29日、翌年1月6日および9日の3回）においても、平野が非該当者となったことから、審査委員長はGSの要求に従って審査委員に根回しを行い、その後に行われた審査（1月13日）で、1票差であったもののようやく平野を公職追放としました。

5. 短命の社会党政権と民政局

片山哲内閣は、政権党としての経験不足と戦後経済の混乱や社会党内部における対立から危機的状況にありました。自信のない片山内閣は、GHQの言いなりでした。過度経済力集中排除法の制定や警察制度の改革など、片山内閣の業績は、GHQの要求に沿って実現したものであり、自ら考えてなしえたものでは決してありませんでした。こうしたなかでの社会党左派の造反は、片山内閣に決定的なダメージを与えることになります。

1948年（昭和23年）1月21日、第2通常国会での最大の懸案は第3次補正予算での国有鉄道運賃・通信料金の値上げと官吏への生活補給金の支給でした。ところが社会党左派の予算委員長鈴木茂三郎や黒田寿男はそれに反対しました。ホイットニー民政局長は片山内閣の総辞職を危惧しましたが、鈴木茂三郎などの謀略によって予算委員会での法案は否決されてしまいました。このことにより社会党は分裂の危機にさらされ、2月10日、片山内閣は総辞職を余儀なくされました。

ホイットニー将軍やケーディス大佐などニューディーラーとよばれる民政局（GS）の人々は、参謀本部第二部（G2）のウィロビー少将と関係をもつ自由党の吉田茂だけには政権をとらせたくないことから、民主党・国民協同党との連立内閣を続けることを強く社会党に望みました。しかし世論は、内閣が総辞職をした

---

1 **平野力三**（1898～1981）　戦前は農民運動に関わり、日本国家社会党、皇道会（在郷軍人と農民の連携をめざす会）などを結成した。戦後は、鳩山一郎や西尾末広らとともに新党結成に向けて奔走した。社会党の結成に加わり農林大臣となるが、片山内閣批判を繰り返したために罷免された。

2 **過度経済力集中排除法**　戦後の財閥解体の一環として、財閥など大企業の政財力を分割させるためにGHQの経済科学局（ウェリッシュ課長）や民政局（ハドレー女史）が関わって制定された。当初325社が分割の対象となったが、GHQの方針の転換により、三菱重工業・三井鉱山など11社が分割された。

のであるから、野党第一党の自由党が政権を担うことが「憲政の常道」であるとし、マスコミもそれに同調しました。しかも民主党の主流派が芦田均首班を打ち出したため、社会党の左派と中間派は「第2次片山内閣とするならともかく、それでなければ野党たるべきである」とし、また民主党保守派の斎藤隆夫などもそれに同調するなど政権争いは混迷を深めました。それに対して西尾末広の社会党左派への説得工作が行われ、片山自身も中央執行委員会で首班指名選挙に出馬しないことを表明したことにより、ようやく社会党・民主党・国民協同党の連立による芦田首班で全体の意見がまとまることになりました。

　1948年（昭和23年）2月21日、衆議院の指名投票では芦田均が216票、吉田茂が180票、片山哲8票、徳田球一3票で芦田が首班に選ばれました。しかし、参議院の決戦投票では吉田茂が104票で、芦田均102票でした。そのため両院協議会がもたれましたが、話し合いがつかないまま第一院である衆議院の指名が優先されて、芦田が首班となりました。こうして3月10日になってようやく認証式が行われ、芦田均内閣総理大臣、西尾末広副総理など15名の閣僚が誕生しました。芦田はこの内閣を中道内閣とよびましたが、実際はケーディス大佐などGSが自由党の吉田茂を嫌っていたことを十分に配慮した組閣でした。

6. ケーディス大佐と芦田政権

　芦田均政権は、度重なる労働攻勢についてはGHQの経済科学局長マーカットの「一般スト禁止」によって切り抜け、昭和23年度の予算についても、GHQの要求通りに鉄道運賃の値上げや取引高税の新設を行っていました。また、民政局次長ケーディス大佐の指示に従って、隠退蔵物資等に関する特別委員会を改め、不当財産取引調査特別委員会の設置も行いました。この委員会は、ケーディスなど民政局（GS）が軍服払い下げ事件などについて調査していたところ自由党の不正政治資金が明らかになったことから、自由党を弱体化させるために設置させたものでした。しかし、不当財産取引調査特別委員会の調査が進むにつれて炭鉱

3　隠退蔵物資等に関する特別委員会　「隠退蔵」は「隠匿退蔵」の略。隠退蔵物資とは、第二次世界大戦中、日本政府がアメリカとの本土決戦のために接収した財産のこと。戦後、その財産が一部の政治家によって使いこまれたために、調査委員会が何度か開かれている。1947年、澱粉工場の水飴の隠匿、電波兵器のために残された銅線などの隠匿に関する調査委員会が開かれている。
4　不当財産取引調査特別委員会　隠退蔵物資等に関する特別委員会を発展させたもの。自由党の世耕弘一議員が、「日銀の地下倉庫にあった隠退蔵物資のダイヤモンドが密かに売買されている」と発言したことが、改組のきっかけになった。この委員会で隠退蔵物資の軍服が払い下げられ、それに自由党の鳩山一郎、河野一郎らが関わっていたことが明らかになった。のちにGHQは、日銀の地下倉庫を捜索し貴金属やダイヤモンドを押収した。

国家管理団体や土木業者からの政治献金が国会で取りあげられ、自由党議員だけでなく副総理の西尾末広（社会党書記長）までもが政治献金を受けていたことが判明し、芦田政権の屋台骨がぐらつきはじめました。さらに昭和電工疑獄が明るみになって芦田政権の崩壊は決定的となります。

昭和電工事件は、民政局員のワイルズなどの暴露本『東京旋風』にも示されていますが、この事件はGSに対抗するG2（参謀第二部）のウィロビー少将などの策略によるものでした。『東京旋風』には、マーカットの指図によって日野原節三を昭和電工の社長に任命したこと、日野原が社長になると昭和電工から何十億という汚れたカネが政界・官界などにばらまかれたことが記載されています。当時、昭和電工は復興金融公庫から巨額の融資を受けていましたが、この資金が栗栖赳夫蔵相や福田赳夫大蔵省主計局長などにも流れていました。こうして1948年（昭和23年）10月7日に芦田内閣はその責任をとって総辞職し、芦田自身も12月7日に逮捕されます。このように戦後日本の政治は、GSとG2との激しい対立に翻弄されながら行われました。GSが社会党や民主党と結びつき、G2が自由党と結びついて泥仕合が行われ、政権交代が次々と繰り返されました。

7. 第2次吉田内閣と民政局の対応

芦田均内閣が倒れて、その後継者として自由党幹事長の山崎猛が候補にあがりました。これは副幹事長であった山口喜久一郎が民政局次長ケーディス大佐から示唆されたものとされていますが、その真相はわかっていません。しかし当時の政治家たちは、連絡係りをGHQ詣させては意見を聞き出し、それを勢力拡大に利用していたこと、またケーディス次長など民政局がG2との関わりをもつ吉田茂を嫌っており、どちらかというと山崎の方に信頼を寄せていたことは明らかでした。そんなことから山崎首班挙国連立内閣構想が現実味を帯びてきました。自由党内では、広川弘禅などアンチ吉田グループが動きだして民主党や社会党に働きかけ、さらに彼らは総務会を開いて吉田茂の総裁辞任を要求しました。しかし、この時、その動きにストップをかけたのが一年生議員の田中角栄でした。田中は「占領下といえども、GHQが首班人事まで干渉することは内政干渉である」とまくし立てました。これを機に、総務会では吉田首班でいくべきとの声がもちあ

吉田　茂

がり，吉田首班で大勢を占めることになります。しかし，自由党内の反勢力や民主党・社会党・国民協同党などが共謀して山崎に投票することにでもなれば，吉田首班は危ぶまれます。そこで吉田は，自由党の長老・益谷秀次を通して山崎猛の衆議院議員辞任を要求しました。こうして10月14日の指名決戦投票では，吉田茂が185票（ちなみに片山哲は1票，白紙213票であった）で勝利を収めました。吉田は組閣を行いますが，自由党は，議席数約3分の1の少数政党に過ぎず，吉田は組閣後直ちに「憲法」第7条3号によって衆議院を解散するつもりでした。しかしGHQは，吉田内閣に政令201号として「国家公務員法」の改正，官公吏の給与改定，それにともなう補正予算編成などの難題を至上命令として要求してきました。吉田は，またしても民政局（GS）の内政干渉に苛立ちましたが，それにも耐え，解散を先延ばしして，それらの案件をこなしていきました。

1948年（昭和23年）12月13日，臨時国会で，酒に酔った泉山三六大蔵大臣が民主党の山下春江衆議院議員に抱きついた，という事件が起こりました。民主党は泉山の辞任を要求しただけでなく，吉田内閣の責任も追及してきました。

吉田はこれを好機と思い衆議院の解散を断行しようとしましたが，民政局次長ケーディス大佐は，社会党・民主党を擁護するために「憲法第7条3号による内閣の解散はできない。内閣の解散は内閣の不信任案が提出され，決議されなければできない（「憲法」第69条）」と主張しました。困った吉田はマッカーサー元帥に相談しますが，マッカーサーはGSのウィリアムズ国会課長を通して，「第4次国会で，補正予算を1週間以内に成立させた後，野党は吉田内閣不信任案を提出し，これを可決する。それで政府に解散の機会を与える」という調停案を示しました。

その後，吉田茂のワンマン体制が確立されることになりました。

第4編

改めて知る
制定秘話と比較憲法から学ぶ
日本国憲法

「日本国憲法」の解説と世界各国の憲法

「日本国憲法」 前文

【前文の解説】

　日本国民は，正当に選挙された国会における代表者を通じて行動し，われらとわれらの子孫のために，諸国民との協和による成果と，わが国全土にわたつて自由のもたらす恵沢を確保し，政府の行為によつて再び戦争の惨禍が起ることのないやうにすることを決意し，ここに主権が国民に存することを宣言し，この憲法を確定する。そもそも国政は，国民の厳粛な信託によるものであつて，その権威は国民に由来し，その権力は国民の代表者がこれを行使し，その福利は国民がこれを享受する。これは人類普遍の原理であり，この憲法は，かかる原理に基くものである。われらは，これに反する一切の憲法，法令及び詔勅を排除する。

※ハッシー文書
正当　正しく道理にかなっていること
子孫　先祖から続いた血筋
協和　心を合わせて仲良くすること
恵沢　恵み
惨禍　むごい災い
主権　国の政治のあり方を最終的に決める権利
厳粛　厳かで，慎み深いこと
信託　信用して委託すること
享受　受け収めて自分のものにすること
普遍の原理　すべてにあてはまる基本法則
詔勅　天皇の意思の表明

　日本国民は，恒久の平和を念願し，人間相互の関係を支配する崇高な理想を深く自覚するのであつて，平和を愛する諸国民の公正と信義に信頼して，われらの安全と生存を保持しようと決意した。われらは，平和を維持し，専制と隷従，圧迫と偏狭を地上から永遠に除去しようと努めてゐる国際社会において，名誉ある地位を占めたいと思ふ。われらは，全世界の国民が，ひとしく恐怖と欠乏から免かれ，平和のうちに生存する権利を有することを確認する。

※ケーディス文書
恒久　久しく変わらないこと
崇高　気高く尊いこと
信義　約束を守り務めを果たすこと
専制　一人の判断で事を決めること
隷従　奴隷のように意思を殺して従うこと
偏狭　偏見や差別，排他主義など

　われらは，いづれの国家も，自国のことのみに専念して他国を無視してはならないのであつて，政治道徳の法則は，普遍的なものであり，この法則に従ふことは，自国の主権を維持し，他国と対等関係に立たうとする各国の責務であると信ずる。

※ホイットニー文書
専念　心を一つのことに集中すること
道徳　個人の内面を規制する真心や良心のこと

> 日本国民は，国家の名誉にかけ，全力をあげてこの崇高な理想と目的を達成することを誓ふ。　※ハッシー文書

「前文」の原案は，おもに民政局のアルフレッド＝R＝ハッシー海軍中佐が担当したことから，ハッシー文書とよばれています。その原案は1946年（昭和21年）2月13日に連合国軍最高司令官総司令部（GHQ）から東京麻布の外務省官邸で松本烝治国務大臣らに手渡されましたが，松本国務大臣は「日本国民が……ここに主権が国民に存することを宣言し，この憲法を確定する」というのは，「大日本帝国憲法」の「発布勅語」や第73条の趣旨に抵触しているとして，全面削除してしまいました。しかしGHQ側は不服とし，これを加えることを日本政府に要求してきたことから，上記のような「前文」となりました。

ハッシー文書の「前文」は，憲法改正運営委員会の会議の合間に書いたもので，しかも1週間という短い期間のなかで作成されたものですから，自らの発想で書いたものではありませんでした。

最初の下線部＿の，「日本国民は」「われらとわれらの子孫のために」「自由のもたらす恵沢を確保」「この憲法を確定する」は，「アメリカ合衆国憲法」前文の「われら合衆国の国民」「われらとわれらの子孫のために自由の恵沢を確保する」「この憲法を制定し，確定する」からきています。英文でも「合衆国憲法」とほとんど同じ単語が使用されていました。総司令部の改正案では「日本国民」の前には，「合衆国憲法」と同様，「われら，日本国民」というように全て「われら」という文言が使用されていましたが，それは，日本政府の会議のなかで削除されました。また総司令部の原案を翻訳して枢密院会議や衆議院本会議に配布されたものでは，「国民議会ニ於ケル正当ニ選挙セラレタル我等ノ代表者ヲ通シテ行動シ……」となっていました。それについては衆議院本会議で「これでは代表者（国会議員）は議会で選挙された者となる」と解釈されるのではないか，ということになって修正され，現在のような文言となりました。

下線部～の，「そもそも国政は，国民の厳粛な信託によるものであつて，その権威は国民に由来し，その権力は国民の代表者がこれを行使し，その福利は国民がこれを享受する。これは人類普遍の原理であり，この憲法は，かかる原理に基くものである。われらは，これに反する一切の憲法，法令及び詔勅を排除する」は，アメリカ合衆国第16代大統領リンカンが，1863年，南北戦争の激戦地ペンシル

ヴェニア州ゲティスバーグで戦没者慰霊(いれい)のために演説した「The government of the people（人民の＝国民主権の原理）by the people（人民による＝国民代表の原理）for the people（人民のための政治＝国民受益の原理）」の一節を参考にして書きあげたものでした。これは，民主主義の三大原理とよばれています。

　ハッシー文書はここまでですが，次の「日本国民は，恒久の平和を念願し，……平和を愛する諸国民の公正と信義に信頼して，……われらは，平和を維持し，専制と隷従，圧迫と偏狭を地上から永遠に除去しようと努めてゐる国際社会において，名誉ある地位を占めたいと思ふ。われらは，全世界の国民が，ひとしく恐怖と欠乏から免かれ，平和のうちに生存する権利を有することを確認する」は，民政局のチャールズ＝Ｌ＝ケーディス陸軍大佐が書いたものです。ケーディス大佐は「戦争放棄」の条文を担当しましたが，その前半が「日本国憲法」第9条へ，後半が「前文」におかれました。このケーディス大佐の書いたものを私はケーディス文書とよんでいますが，この文書の文言も「テヘラン宣言」や「国連憲章」「大西洋憲章」を参考にして書かれています。「テヘラン宣言」前文には，「平和は人類の普遍的な熱望であり，平和と正義は人権及び基本的自由の完全な実現……」とありますが，日本政府が総司令部案を翻訳したときには「世界ノ平和愛好諸国民ノ正義ト信義トニ……」とあり，使用された単語は似ているのです。また「大西洋憲章」には，「一切の国，一切の人類が恐怖及び欠乏より解放され，その生を全(まっと)うすることを確実ならしめるべき平和が確立される」とありますが，これも「日本国憲法」前文の下線部＿＿の，「われらは，全世界の国民が，ひとしく恐怖と欠乏から免かれ，平和のうちに生存する権利を有することを確認する」とよく似ています。

　次の下線部＿＿の，「われらは，いづれの国家も，自国のことのみに専念して……各国の責務である」という文言は，1946年（昭和21年）2月12日の運営委員会最終日にハッシー中佐が加えようとしたものです。しかし，ケーディス大佐が反対したことから，民政局長ホイットニー将軍がこれに修正を施したのです。ホイットニーが書いたものに，「憲法」第11条と第97条がありますが（もともとは一つの条文），ホイットニーは芸術的・歴史的記述を好んで使用していたことから，他の条文と比べてどことなく文体が異なっています。

　「日本国憲法」前文の評価については，「憲法の三大原理」（国民主権，基本的人権，平和主義）を世界に示したすばらしい文章であるとする意見と，全く理念的

で，しかも総司令部案と少しも変わらず，総司令部から押しつけられたものであるとする意見があります。

〈比較憲法〉

◆「アメリカ合衆国憲法」前文：
「我ら合衆国人民は，より完全な結合を形成し，正義を樹立し，国内の静穏を確保し，共同体の防衛に備え，一般的福祉を促進し，我らと我らの子孫のために自由の恵沢を確保する目的を持って，アメリカ合衆国のため，ここに憲法を制定し確立する。」

「アメリカ合衆国憲法」で使われている英文を見ますと，「日本国憲法」前文のハッシー文書とよく似ています。もしハッシー文書のみが前文として採用されていたのならば，リンカンの箇所と末尾を除けば，きっと「日本国憲法」前文と「合衆国憲法」前文とは見分けがつかないでしょう。

◆「フランス第四共和国憲法」前文：
「人類を奴隷として，堕落せしめようと試みた諸制度に対して，自由な人民が勝ち得た勝利の翌日において，フランス国民は，ここに改めて，およそ人間は人種，宗教，信条の差別なく譲り渡すことのできない人権及び市民の権利と自由並びに共和国の法律によって求められた諸々の基本的原理を厳粛に再認識する。」

フランス革命によって市民の権利を勝ち得た国家の特徴が，この前文からもうかがい知れます。

◆「朝鮮民主主義人民共和国憲法」前文（2012年4月改正）：
「朝鮮民主主義人民共和国は，偉大な領袖金日成同志と，偉大な指導者金正日同志の思想と指導を具現したチュチェ（主体）の社会主義祖国である。……金正日同志は，世界の社会主義制度の崩壊と帝国主義連合勢力による悪辣な反共和国圧殺攻勢の中で先軍政治に金日成同志の崇高な遺産である社会主義の獲得物である栄誉を深く守護し，我が祖国を不敗の政治思想強固，核保有国，無敵の軍事大国に転換させ，剛性国家建設への輝かしい道を開いてくださったのだ。……金日成・金正日憲法である。」

前文で個人崇拝や核の保有について明記するなど，他国の憲法とは異にしています。

◆「トルコ共和国憲法」前文:

「トルコ国民の利益やトルコの存続,国家と国土の不可分性の原則,トルコ民族の歴史的,精神的価値観,アタチュルクの国民主義と原則,改革,文明主義に反するいかなる思想も擁護されず,世俗(せぞく)主義の原則に準じて,神聖なる宗教的感情を国事行為及び政治に決して関わらせてはならない。」

　トルコは,イスラーム圏唯一の「政教分離」の国ですが,ユニークなのは前文の次に国家形態や共和国の性質,国家の全体性,公用語,国旗,国歌,及び首都という条文があって,「これらの規定は改正することはできない。また改正を提案することもできない」となっていることです。「改正の提案」すらできない普遍的でしかも重要な条文であるならば,憲法に明記することも面白いのではないかと思われます。

◆「ポルトガル憲法」前文:

「1974年4月25日,長年にわたる抵抗活動を結実させ,ポルトガル国民の最も深い感情を体現した国軍運動が,ファシスト政権を打倒した。ポルトガルを独裁,弾圧及び植民地支配から解放したことは革命的な変化であり,ポルトガル社会の歴史的な転機の始まりであった。この革命はポルトガルの国民に基本的人権と自由を取り戻した。それらの基本的人権と自由を実践するにあたり……憲法を作り出した。この憲法制定会議は,ポルトガル国民の意思と尊重と,より自由,公正及び友愛のある国家の建設に向けた……切り拓(ひら)くこととしたポルトガル国民の決断を確約する。1976年4月2日,憲法制定会議は,以下のとおりポルトガル共和国憲法を可決し,公布する。」

　ポルトガルは,1932年以来続いたサラザール独裁政権による恐怖(きょうふ)政治に対して,1974年,カーネーション革命によって民主化を果たした国です。前文には再び独裁政治が行われないよう肝に銘じて,革命の事実を刻みこんでいます。

　ヨーロッパの憲法前文の多くは,革命の経験のない日本の理念的な憲法前文とは大きく異なっていることがわかります。

◆「モナコ公国憲法」前文:

「モナコ国王,レーニエⅢ世は,神の慈悲により公国の諸制度が,国家の良き行政の必要性に応じ,かつその国民の社会的発展により創設された新しい必要性を充足するために,完成されるべきことを思い,国家に新憲法を付与することを決意した。爾後(じご),国王により,国家の基本法と見なされ,憲法で定めた条

件に従ってのみ改正されるものとする。」

　モナコのように，憲法前文で「神」について言及している国は世界では少数派です。アラブ首長国連邦やクウェート・インドネシアなどのイスラーム国のほか，フィリピンなどの憲法にも記載されています。

コラム　日本の国家主権と憲法

　日本人は国家主権についてどのように考えているのでしょうか。
「ロシア連邦憲法」第4条には「ロシア連邦の主権は，その全土に及ぶ」「ロシア連邦は，その領土の保全と不可侵性を保障する」とあり，その全土の中には北方四島も当然含まれています。2010年のメドベージェフ大統領（当時）の北方四島訪問も，ロシアの国家主権を世界に認めさせようとするものです。一方，民政局（GS）の運営委員会でハッシー中佐やケーディス大佐が作成した「日本国憲法」前文は「自国のことのみに専念して他国を無視してはならないのであつて，政治道徳の法則は，普遍的なものであり，この法則に従ふことは，自国の主権を維持し，他国と対等関係に立たうとする各国の責務であると信ずる」としているだけで，「国家主権」という言葉は条文のどこにもありません。政治家のなかには「国民主権は領土と人民が守られてはじめて存在するものであって，公正と信義に信頼できない国家によって領土が奪われ，人民が排除されることにもなれば，国民主権どころではなくなる」という人もいます。私の大学でも「尖閣諸島や竹島問題がテレビや新聞などで報道されているが，もし中国や韓国に尖閣諸島や竹島の領有権が奪われることになれば排他的経済水域は縮小する。日本の漁業や海底資源はどうなるのか，日本の経済に大きな影響をもたらすのではないか」と指摘している地理学科の学生がいます。「大韓民国憲法」第3条には「大韓民国の領土は，韓半島及びその附属島嶼とする」となっており，韓国では竹島も附属島嶼に入っていると主張しています。しかし「日本国憲法」には領土に関する条文はありません。私たちは，「日本国憲法」には「国家主権」という言葉が何故記載されていないのか，他国の憲法ではどうなっているのか，などを調べて，考えてみることが重要です。ちなみに「ポルトガル憲法」は次のようになっています。
「ポルトガル憲法」第5条
1. ポルトガルは，ポルトガル国として歴史的に定義されているヨーロッパの本土と，アゾーレス群島とマデイラ群島から成り立つ。
2. 法律はポルトガルの領海，排他的経済水域及び隣接した海底に対する権利の範囲と境界を規定する。
3. 国家は境界修正の影響を受けることなく，ポルトガルの領土または領土に行使する統治権のいかなる部分も，譲渡することはできない。

「日本国憲法」 第1章 天皇

【第1条～第8条までの解説】 当初，民政局の原案では，第1条に「戦争放棄」条項が掲げられていました。しかし，「戦争放棄」条項は第9条へ移行し，第1条には「天皇の地位と国民主権」が入りました。天皇制については，終戦後に行ったギャラップ社の世論調査では，アメリカ国民の70％以上が否定的でした。しかし，毎日新聞の世論調査では日本国民の85％以上が天皇制を支持していました。またアメリカ国務省内でも，天皇制は廃止すべきであるという強硬論と，国務次官ジョセフ＝クラーク＝グルーのように天皇制の廃止は日本の民主化にとってマイナスであるとする柔軟論とがありました。アメリカの上院では天皇を戦犯容疑で裁判にかけることを決議していましたが，それに対して，マッカーサー元帥は，アイゼンハワー統合参謀本部長あてに，天皇を戦犯裁判にかけないことを伝えました。

第1条 「天皇の地位・国民主権」
天皇は，日本国の象徴であり日本国民統合の象徴であつて，この地位は，主権の存する日本国民の総意に基く。

※ GS案（プール・ネルソンの原案）
象徴　抽象的なものを具体的なもので表すこと
総意　全員の意向

　天皇の章は，リチャード＝A＝プール海軍少尉とジョージ＝L＝ネルソン陸軍中尉の小委員会で立案されました。「憲法」第1条の「天皇の地位・国民主権」については，マッカーサーの三原則（メモ）にある "Emperor is at the head of the State" に基づいています。1946年2月6日の運営委員会の協議のなかで，プールは，マッカーサーの三原則の「at the head of the State」の意味は国の元首でなく，象徴という意味なのですが，どうも日本人は「at the head of State」の元首と同じ意味に訳してしまいます。それで誤解を避けるために "An Imperial Throne" shall be the symbol of the State Unity of the people, and an Emperor shall……（皇位は国の象徴であり，日本国民統合の象徴であって，天皇は……）にして天皇の役割を明確にした，と述べています。この第1条については2月12日の民政局運営委員会最終日になって，「"An Imperial Throne"（皇位）と "an Emperor"（天皇）という二つの言葉が並んで用いられているが，皇位は神秘主義的な語感をもっているのではないか」という疑問が発せられ，「An Imperial

Throne」は削除されました。一方, 天皇主権を求める日本側は "deriving his position from the sovereign will of the people"（その地位は, 主権を有する the people の総意に基づくものであって）という中の "sovereign" という言葉を使わず, 「この地位は日本国民の至高の総意に基づく」としました。また日本政府は "people" についても憂慮していました。民政局は, 民主的な政府を樹立させるには, 主権在民でなければならないと主張しましたが, 日本政府は, 主権が天皇から "the people" に移行することは国家の基本的な性格の変更につながる, として反対しました。

〈比較憲法〉

◆「タイ王国憲法」第1章第2条：
「タイ国は国王を元首とする民主主義制度統治をとる。」

◆「カナダ1867年憲法法」第2章第9条：
「カナダの行政府及び執行権は, 女王に引続き帰属することをここに宣言する。」

◆　同　　　　10条：
「総督に関連するこの法律の規定は, 現にその職にあるカナダの総督, その他いかなる職名を付与されているかに関わらず, 女王のために女王の名においてカナダ政府を運営し現にその職にあるその他の首席の執行官又は行政官に準用するものとする。」

なお「スペイン憲法」では「国王は国家元首であり, 国の象徴である」としています。カナダ・オーストラリア・ニュージランド・南アフリカ連邦などはイギリス連邦に加盟しており, イギリスのエリザベス女王が君主となっています。カナダの総督は, 女王の名代として任命されます。

第2条　[皇位の継承]
皇位は, 世襲のものであつて, 国会の議決した皇室典範の定めるところにより, これを継承する。

※ GS案（プール・ネルソンの原案）
世襲　子孫は親の財産や地位などを受け継ぐこと
皇室典範　皇位継承, 皇族の身分, 摂政などの皇室に関する事項を定めた法律

1946年（昭和21年）2月1日に毎日新聞に掲載された宮沢俊義試案といわれる第3条では,「皇位は皇室典範の定むる所に依り万世一系の皇男子孫之を継承す」となっていました。それが2月6日の民政局の小委員会では「皇位は, 世襲

のものであり，国会の制定する皇室典範に従って継承される」となりました。同年2月22日，松本烝治国務大臣は吉田茂・白洲次郎と連れ立って民政局のホイットニー将軍・ケーディス大佐・ハッシー中佐などと会談しています。その際，松本は民政局試案に対して「現行の大日本帝国憲法の下では，皇室典範は，皇室によって作られ，皇室は自立権をもっています。これは皇室典範が国会のコントロールのもとにあるという意味ですね」と「皇室典範」についての確認をしています。ケーディス大佐は「われわれは，イギリスの国王がそうであるように，天皇も法の下にあるものとしたいのです」と答えています。結局，この文言は修正されずに現在の第2条となっています。現在，天皇の地位の継承は世襲制で，皇位は皇統に属する男系の男子が継承することになっていますが，これは「皇室典範」で定められています。女帝についても憲法上は否定されていないと解釈されています。

〈比較憲法〉

◆「オランダ憲法」第2章第1節第24条：
「王位は，オラニエ＝ナッサウ公ウィレム1世の嫡子の子孫による世襲とする。」

　国王は，オランダ語でkoning（ケーニッヒ）といいますが，女性が王位に就くと，慣例上，女王はkoningin（コーニンゲン）とよばれています。

第3条　[天皇の国事行為に対する内閣の助言と承認]
天皇の国事に関するすべての行為には，内閣の助言と承認を必要とし，内閣が，その責任を負ふ。

※GS案（おもにケーディス原案）
国事行為　内閣の助言と承認のもとに，天皇が国家機関などが決定したことに儀礼的・形式的に参加すること

　天皇の国事行為には内閣の助言と承認が必要であることは，民政局の試案の中にもありましたが，松本国務大臣は，1946年2月22日の会談では質問しませんでした。しかし，3月4日の民政局との折衝においては，第3条の「The advice and consent of the Cabinet……」についてが紛糾しました。松本は「adviceを『補弼』と訳した。consent『協賛』については議会に対して使用している言葉なので削除した」といい，ケーディスは「adviceではなくconsentとなることが重要なんだ」といって譲りませんでした。

〈比較憲法〉

イギリスには成文憲法がありませんが，代わりに慣習や先例によって制約を受けます。元首である国王の大権は，「The king reigns and does not govern ＝君臨すれど統治せず」の伝統に基づき，内閣の助言と承認に従って行使されます。「カナダ憲法」も同様に立憲君主制をとっており，国王の地位は内閣の助言と承認に基づきます。

◆「イラン・イスラーム共和国憲法」第5条：

「イマーム・メヘディ師がいない場合には，社会の最高指導は，公正で信心深く，博識，勇敢，進取的であって，かつ大多数の国民によって彼らの比類なき指導者としての尊敬を勝ち得ている宗教法律学者に委ねられる。そのような人物が見出せない場合には，社会の指導は，資格のある宗教法律学者からなる最高指導者評議会に委ねられる。」

※イマーム…イスラーム教シーア派の最後の最高指導者で，突然姿を消し，救世主として再びあらわれるとされている。

イランでは，直接選挙で国民が選んだ大統領がいるのにもかかわらず，その上に最高指導者がいます。最高指導者は，行政権・立法権・司法権・軍隊の指揮権という強大な権力を掌握しています。このような大きな権限をもつ最高指導者になれるのは，イスラーム法学者のみです。

第4条　[天皇の権能の限界，天皇の国事行為の委任]

① 天皇は，この憲法の定める国事に関する行為のみを行ひ，国政に関する権能を有しない。

② 天皇は，法律の定めるところにより，その国事に関する行為を委任することができる。

※GS案（おもにケーディス原案）
権能　権限と能力のこと
委任　物事を他人にまかせること

民政局運営委員会は，「『大日本帝国憲法』の第3条『天皇ハ神聖ニシテ侵スヘカラス』，第55条『国務各大臣ハ天皇ヲ輔弼シ其ノ責ニ任ス』には，天皇の権力に対して制約がついていない。そのため内閣は天皇にのみ責任を負っていたことから軍の統帥権の独立を許し悲惨な戦争へと追いやった。また，松本試案でもこの制約がない。したがって，天皇に対して助言を与える軍のような行政機関が新たに生成することを防ぐために，天皇の国事に関するすべての行為には，内閣の『the advice and consent』が必要である」としました。天皇については，現在もなお，「君主である，準元首である，いやそうではない」といった解釈がありますが，第4条第1項で，天皇は「国政に関する権能を有しない」となっているこ

とから，天皇の国事行為は，単なる事務的・形式的・儀礼的・栄誉的行為であると一般的には解釈されています。

〈比較憲法〉

◆「タイ王国憲法」第10条：
「国王はタイ国軍の大元帥の地位にあられる。」

タイ国王は平時においては象徴的な存在ですが，クーデタなど危機的状況下では，国王の裁断が政治に強く影響をおよぼします。これまでもタイでは，時々の政府とそれに反対する大規模な抗議活動がたびたび起こっていますが，国王の裁断によって一定の解決がはかられてきています。

第5条　［摂政］
皇室典範の定めるところにより摂政を置くときは，摂政は，天皇の名でその国事に関する行為を行ふ。この場合には，前条第1項の規定を準用する。

※GS案（プール・ネルソン原案）
摂政　天皇に代わって，天皇の国事行為に関する政務事項を行うこと

摂政については，天皇の章の小委員会でも「国会の制定する皇室典範の定めるところに従って摂政が置かれたときは，天皇の任務は，摂政が天皇の名において行う。この憲法に定められた天皇の職務に対する制約は，摂政にも同じように適用される」となっていました。したがって，摂政も内閣の助言と承認が必要ですが，摂政の場合は象徴としての地位を有しないと解釈されています。

第6条　［天皇の任命権］
① 天皇は，国会の指名に基いて，内閣総理大臣を任命する。
② 天皇は，内閣の指名に基いて，最高裁判所の長たる裁判官を任命する。

※GS案（プール・ネルソン原案）
国会　国民から選挙された代表者からなる立法機関
任命　何らかの役を担当するように命ずること

第6条第1項は，1946年2月12日の総司令部案と同じですが，第2項については衆議院での審議の過程で新しく加えられました。最高裁判所の長官の罷免規定がないのは，公の弾劾や国民審査，定年などによるほかは，その地位を失うことはないとされているからです。

〈比較憲法〉

◆「オランダ憲法」第2章第2節第43条：
「首相及びその他の大臣は、勅令により任命され、解任される。」

◆ 同　　　　46条1.：
「勅令により副大臣を任命し、及び解任することができる。」

第7条 ［天皇の国事行為］

天皇は、内閣の助言と承認により、国民のために、左の国事に関する行為を行ふ。
1　憲法改正、法律、政令及び条約を公布すること。
2　国会を召集すること。
3　衆議院を解散すること。
4　国会議員の総選挙の施行を公示すること。
5　国務大臣及び法律の定めるその他の官吏の任免並びに全権委任状及び大使及び公使の信任状を認証すること。
6　大赦、特赦、減刑、刑の執行の免除及び復権を認証すること。
7　栄典を授与すること。
8　批准書及び法律の定めるその他の外交文書を認証すること。
9　外国の大使及び公使を接受すること。
10　儀式を行ふこと。

※GS・日本政府案（プール・外務省原案）

政令　憲法や法律の規定を実施したり、法律によって委任した事項を定めるために内閣が制定する命令

公示　法令によって広く大衆に示すことが義務づけられていること

全権委任　外交上、特定の事項に関する交渉や条約締結などの権限を与えること

信任状　外交官の正当な資格を証明する文書

認証　国家の一定の行為が、正当な手続きで行われたことを証明する行為

大赦　国家や皇室の慶事の際に、刑の執行を免除すること

特赦　特定の者に対して、刑の執行を免除すること

復権　刑の宣告により失われた資格や権利を回復すること

栄典　名誉のしるしとして与えられる位階・勲章など

批准書　条約を最終的に承認する手続き書

　天皇の国事行為については、下線部＿＿のように外務省の要望で付け加えられた第7条第5号「国務大臣及び法律の定めるその他の官吏の任免並びに全権委任状及び大使及び公使の信用状を認証すること」、第8号の「批准書及び法律の定め

るその他の外交文書を認証すること」以外は，総司令部の案とあまり変わりはありません。具体的には第4条第2号，第6条，第7条に列挙されていますが，下線部のように第7条第2号「国会を召集する」，第3号「衆議院を解散する」，第4号「総選挙の施行を公布する」，第7号「栄典を授与する」ことなどについては，憲法上実質的な決定権の所在が明記されていないことから他の国事行為と区別する，という考え方もあります。また国事行為には「内閣の助言と承認」とが必要で，内閣が責任を負うということは，天皇の国事行為には重大な国政行為を含むとする解釈もあります。

ところで，第7条第4号は，「国会議員の総選挙の施行を公示すること」となっていますが，この「総選挙」とは，衆議院議員の任期満了あるいは解散によって行われる選挙のことであり，参議院議員の任期満了によって行われる半数改選の通常選挙については，記載がありません。これについては，総司令部の憲法草案では一院制に基づいて第6条で「皇帝ハ内閣ノ輔弼協賛（助言と承認）ニ依リ……之ヲ公布ス」，「総選挙ヲ命ス」としていましたが，松本国務大臣が二院制に変更した際にこの条文に変更を加えなかったことが，その背景にあると考えられます。この「総選挙ヲ命ス」条文は，枢密院，衆議院，貴族院の審議でも検討がなされず，そのまま残されて現在のようになりました。なお，現在では，国会議員の総選挙に通常選挙も含むと解釈されるようになっています。

〈比較憲法〉

◆「ブータン王国憲法」第2条第16節：

「ブータン国王陛下は，次に掲げる国王大権を行使せられる。」

イ　爵位，褒章並びに大臣及びニ・ケルマに対する伝統及び慣習に基づくダルを下賜される。（以下，ロ〜ホ略）」

※ニ・ケルマ…高位の名誉を伴う地位，ダル…赤いスカーフのこと。

　ブータンは，国王と王妃が，2011年（平成23年）11月，東日本大震災後初の国賓として来日したことでも知られていますが，そのブータン王国の憲法は，中東を除くアジア各国の中で最後に制定された成文憲法です。国王の権限には，「大赦・減刑などや国賓の接受など」があり，基本的には「日本国憲法」と同じように形式的なものとされています。しかし，「議会に提出する法案及びその他の事項に対する指揮」，「この憲法又はその他の法律が規定していない案件に関する権限の行使」など，国王には立法，司法だけでなく行政においても一定程度の関与が認められています。

> **第 8 条　[皇室の財産授受]**
> 　皇室に財産を譲り渡し、又は皇室が、財産を譲り受け、若しくは賜与することは、国会の議決に基かなければならない。

※ GS 案（運営委員会案）
賜与　与えること

　天皇の章に入る前に、民政局（GS）の運営委員会は、確認事項として、天皇の有する一切の権限の制限についての厳しい申し合わせを行い、1946 年 2 月 12 日の天皇に関する小委員会案では、第 7 条に「国会の議決がない限り、皇位に対し金銭その他の財産を与え、または皇位が支出を行うことはできない」としました。この原案を見た芦田委員会の各党代表の多くは「皇室財産から生じる果実は、皇室の財産である」としましたが、結局その案は認められませんでした。しかし総司令部経済科学局（ESS）と天然資源局（NRS）では、江戸時代の初期から皇族の所有に属している京都周辺の皇室財産については例外的に国有財産としないほうがいいのでは、という意見もありました。なお皇室財産については、第 88 条にも、国会の議決を得なければならない、と記載されています。

〈比較憲法〉

◆「オランダ憲法」第 2 章第 1 節第 40 条 1.：
　「国王は、法律の定める規則に従い、毎年、国庫から給付金を受ける。当該法律は、給付金が支給される王室の他の構成員の範囲について定め、及び当該給付金について規律する。」

コラム　「the people」を「国民」と翻訳した政府

　イギリスとは異なって、アメリカは王政ではありません。しかも「マグナ・カルタ」（1215 年）や「権利請願」（1628 年）のように国王に対する人民の反抗という相互の敵対関係についての認識をもっていませんでした。したがって、民政局の人々は、日本政府関係者が感じている「人民」と「国民」との微妙な違いについては、とくに気にもしていませんでした。日本では、「人民」は社会主義革命などで用いられるある意味をもつ用語であり、それに対して「国民」には一般的・中立的な意味があると思われていたのです。
　戦前の我が国では、「the people」は「臣民（総攬者である天皇の下にあって政治を行う臣とその下に位置する民を合わせもつ）」と訳していました。しかし占領下では「the people」を「臣民」とすることはできません。困った日本政府は、「the people」を「人

民」ではなく「国民」と訳し，そのなかに天皇を含むとして，主権を天皇から切り離さないようにしました。こうして前文では「日本国民は……ここに国民の総意が至高なものであることを宣言し……」，第1条では「……この地位は，日本国民の至高の総意に基づく」としました。この「日本国民の至高の総意」については，衆議院本会議や帝国議会憲法改正案特別委員会，芦田小委員会などで何度も「日本国民の至高の総意に基づく」という言葉が不明瞭であるとして討議がなされました。しかし日本政府は，天皇が「国民」であることを論じることによって，日本の国体の基本的な性格が変化しないことを願っていました。

民政局側でも，前文，第1条において「主権」という言葉を使わずに「至高」という不明瞭な言葉を使用したことについて，「至高」ではなく「主権在民」という言葉をはっきりと述べるように圧力をかけてきました。諦めた日本政府は，前文，第1条の「至高」という言葉を除き，第1条では，「天皇は，日本国の象徴であり日本国民統合の象徴であつて，この地位は，主権の存する日本国民の総意に基く」としました。

判例1　プラカード事件

1946年（昭和21年）5月19日，東京で行われた食糧メーデー（飯米獲得人民大会）に約25万もの人々が参加して，演説が行われ，決議文も読み上げられました。やがて，参加者は思い思いにプラカードを持って歩きはじめましたが，その中の日本共産党員松島松太郎のプラカードが警察の目に留まりました。そのプラカードには，「詔書（ヒロヒト曰く）　国体はゴジされたぞ　朕はタラフク　食ってるぞ　ナンジ人民　飢えて死ね　ギョメイギョジ……日本共産党　田中精機細胞」と書いてありました。警察は松島を「旧刑法」74条に基づいて天皇に対する不敬罪として逮捕しました。

しかし，この事件は大きな反響をよび起こしました。当時マッカーサーは不敬罪関係者を指令として釈放しており，しかも昭和天皇がいわゆる人間宣言を行ったばかりだったからです。検察は不敬罪で起訴したものの，量刑は一般人の名誉毀損罪の範囲内としました。第一審の東京地裁はそのプラカードの文言が天皇制の批判ではなく，天皇一身に対する名誉毀損罪にあたるとして懲役8か月に処しました。これに対して弁護側は，無罪を主張し，検察側も名誉毀損罪ではなく不敬罪にあたるとして控訴しました。

第二審・東京高裁は，象徴天皇の地位は重いので不敬罪にあたるとしながら，「日本国憲法」の公布とともに不敬罪に対する大赦令も公布施行されたということで，免訴の判決を下しました。これに憤慨した被告人は上告しますが，最高裁大法廷判決では，上告は棄却されました。

「日本国憲法」 第2章 戦争放棄

【第9条の解説】

第9条 ［戦争の放棄，戦力及び交戦権の否認］
① 日本国民は，正義と秩序を基調とする国際平和を誠実に希求し，国権の発動たる戦争と，武力による威嚇又は武力の行使は，国際紛争を解決する手段としては，永久にこれを放棄する。
② 前項の目的を達するため，陸海空軍その他の戦力は，これを保持しない。国の交戦権は，これを認めない。

※ケーディス原案（芦田修正案）
基調　思想・行動の根底となるもの
威嚇　脅かすこと

「憲法」第9条については，1946年2月3日のマッカーサー・メモ（三原則）と2月12日の民政局試案，7月29日の第4回芦田小委員会での芦田均修正案とでは条文が異なっています。マッカーサーの三原則においては，「日本は，紛争解決のための手段としての戦争，さらに自己の安全を保持するための手段としての戦争に訴えることも許されない」としています。しかし，日本政府に渡された民政局試案第8条には「他ノ国民トノ紛争解決手段トシテノ武力ノ威嚇又ハ使用ハ永久ニ之ヲ放棄スル。陸軍，海軍，空軍又ハソノ他ノ戦力ハ決シテ許諾セラルコト無カルヘク又ハ交戦状態ノ権利ハ決シテ国家ニ授与セラルコト無カルヘシ」となっていて，マッカーサーの三原則の「自己の安全を保持するための手段としての戦争に訴えることも許されない」という文言は削除されています。これはケーディス大佐がこの条文を載せるのは現実的でない，として削除したからでした。しかし1946年4月22日からの枢密院での審議で幣原喜重郎総理大臣は，「戦争放棄と軍備の全廃」を主張し，「徒手空拳でも何ら恐れることはない」といっています。また吉田茂内閣も第9条に関して共産党の野坂参三が「自国を守るための戦争は正しい戦争である」といったことに対して，「国家正当防衛権に依る戦争は正当なりということを認めることは有害である。近年の戦争の多くは国家防衛権の名において行われている」としています。このことは，当時の政府が，「日本国憲法」は「自己の安全を保持するための戦争をも放棄している」と認識していたからだと考えられます。それは文部省（当時）が1947年（昭和22年）8月に，

「およそ戦争をするためのものは，いっさいもたない。……けっして戦争によって……じぶんのいいぶんをとおそうとしない」と記述した『あたらしい憲法のはなし』という冊子を発行したことからも明らかです。

　上記第9条下線部は，芦田修正がなされた部分です。しかし極東委員会は，これでは完全に戦争の放棄がなされなくなり，日本に陸・海軍大将の出現する恐れがあるとして，「文民（ぶんみん）条項」を掲げるように要求してきました。

　第9条の解釈は，アメリカの対日政策の変化とともに変質していきます。1948年1月，アメリカのロイヤル陸軍長官は，日本をアジアにおける「新たな全体主義的戦争の脅威（きょうい）に対する防波堤（ぼうはてい）にする」という演説を行いました。そして1950年元旦には「この憲法は，相手方からけしかけられた攻撃に対する自己防衛権を全面否定した訳ではない。銃剣によらない国際道義と国際正義の終局の勝利を固く信じていることを力強く示したにすぎない」という声明を発表しました。その後マッカーサー元帥は，極東における共産圏に対抗するために，警察予備隊の創設を決め，さらに自国の日本への経済的支援を抑えるためにも日本が独立国家になることを強く求めました。

　その後，日本政府による第9条の解釈は次のように変化し，現在に至っています。

・第3次吉田内閣…「警察予備隊の目的は治安維持にあり，軍隊ではない。」
　「憲法第9条は戦力を禁止しているが，アメリカの駐留軍は，アメリカの軍隊であるから憲法違反ではない。」
・鳩山（はとやま）一郎内閣…「直接又は間接の侵略に対しては，自衛権を持っている。兵力さえも持てないあいまいな規定は直したほうがいい。」
・岸信介（のぶすけ）内閣…「自衛のためなら，核兵器も保有できる。」
・田中角栄内閣…「戦力とは，自衛のための必要最低限度を超えるもの。」
・福田赳夫（たけお）内閣…「細菌（さいきん）兵器であろうと，核兵器であろうと自衛のための必要最小限度なら用いることができる。」
・海部俊樹（かいふとしき）内閣…「国連軍への関与の在り方として，参加は憲法上許されないが，協力は武力行使と一体でなければ許される。」
・村山富市（とみいち）内閣…「自衛隊は合憲，日米安保条約は保持，非武装中立は歴史的使命を終えた。」

〈比較憲法〉

◆「コスタリカ共和国憲法」第12条：
「1　恒久の制度としての軍隊は廃止する。
　2　公共秩序の監視と維持のためには，必要な警察隊を組織することができる。」

「コスタリカ共和国憲法」は，エクアドルやベネズエラ，ボリビアの憲法と同じように外国軍事基地の設置を禁じています。

◆「フィリピン共和国憲法」第2条第2節：
「フィリピンは，国策遂行の手段としての戦争を放棄し，一般に受諾された国際法の原則を国内法の一部として採用し，すべての諸国との平和・平等・正義・自由・協力，そして友好の政策を固く支持する。」

「フィリピン共和国憲法」は，また第8条で「一貫して国益共にあり，領土内において核兵器から自由となる政策を追究する」として核兵器の禁止を謳っています。

◆「パラオ共和国憲法」第13条第6節：
「戦争に使用することを目的とした核兵器，化学兵器，ガス兵器，または生物兵器，原子力発電所およびその施設から生じる廃棄物のような有害な物質は，この特別の問題について提示される国民投票において，投票者の4分の3以上の明示的な承認がなければ，パラオの管轄領域において，使用，実験，貯蔵，または処理をしてはならない。」

パラオ共和国は，世界初の非核憲法をもつ国として知られていますが，その他に非核憲法を定めた国としてミクロネシアがあります。

◆「フランス第五共和国憲法」第35条：
「1　宣戦は，国会により承認される。
　2　政府は，外国に軍事力を介入させる決定を，介入開始から3日以内に，国会に通知する。この通知は，追究する目的を明示する。この通知は討論に付すことができるが，いかなる表決も行わない。」

◆「ドイツ連邦共和国基本法」第26条：
「1　諸国民の平和的共同生活を妨害するおそれがあり，かつ，このような意図でなされた行為，特に侵略戦争の遂行を準備する行為は違憲である。このような行為は処罰されなければならない。
　2　戦争遂行用の武器は，連邦政府の許可を得ることによってのみ，これを

製造し，運搬し，商取引することが許される。詳細は，連邦法律でこれを定める。

3 何人も，その良心に反して，武器を持ってする戦争の役務を強制されてはならない。詳細は，連邦法律でこれを定める。」

「日本国憲法」の特徴は，恒久の平和と交戦権の禁止ですが，理念的で，第2項に「前項の目的を達するため」というような条件が付いています。しかし他国には，外国軍事基地の禁止，核兵器の禁止，侵略戦争を準備する者への処罰などのように具体的に述べている憲法があります。

コラム　大磯の吉田茂像と講和条約

吉田茂像

神奈川県大磯町の国道1号線沿いにある吉田邸の門を潜ると，内門にさしかかります。この茅葺き屋根のある門はサンフランシスコ講和条約の締結を記念して建てられたことから講和条約門とよばれていますが，形が兜に似ていることから兜門ともいわれます。また大磯海岸に面した丘の上には吉田茂像が，富士山を背にサンフランシスコに向かって威風堂々と立っています。講和会議は吉田茂にとって，日本の行く末をかけた大勝負でした。その思いが講和条約門や吉田茂像に表れています。当時，吉田は，「今の日本では再軍備しても自由党は崩壊するし，経済的な負担も大きい」「日本が自由主義諸国のみと講和を結ぶのならば，国交を回復しても西側の一員に組み込まれ，東西冷戦の渦中に押し込まれる。したがって日本は永世とはいわないが中立国としてソ連や中国とも講和をすべきである」と考えます。またアメリカからの圧力については「再軍備ほど経済の負担を大きくするものはなく，今の日本にはその力もない。アメリカの作った平和憲法草案を利用して，それを前面に押し立てて，小規模な自衛隊をつくって再軍備をストップさせよう」と考えていました。しかし独立国家となるにあたって，米ソ冷戦下では自衛隊だけでは心もとない，とも吉田は考えていました。

そこで1951年（昭和26年）9月のサンフランシスコ講和会議で48か国に対して平和条約を結ぶと，すぐさま日米安全保障条約も締結しました。日米安全保障条約によって吉田は「占領軍がそのまま日本に残ることは不平等条約を容認することにもなるが，日本に米軍が駐留しているかぎり，日本が他国から攻撃されれば米軍がその攻撃に対して攻撃する」と判断しました。吉田は決してアメリカに屈した訳ではありませんでした。「アメリカにいかに日本を守らせるか」について熟考し，米ソ冷戦下の外交の難しい時代を切

り抜けていきました。日米の調印式では，大蔵大臣の池田勇人などが出席していたにもかかわらず，自分だけが署名しました。また，吉田の講和会議での発言は，奄美大島・小笠原諸島その他国連の信託統治におかれる島々の主権を日本に残してくれた米英全権に対する感謝からはじまり，次は，千島列島・南樺太の地域を侵略したソ連を鋭く批判するなど，我が国の国家主権の主張についてでした。

　これまでの日本の政権は，弱腰外交と利権への執着が続き，せっかく世界で類をみない高度経済成長を遂げたにもかかわらず，その経済力が全く活かされていませんでした。それに対して現在の中国は，経済成長を利用して世界に向かって戦略的に動いています。今，もしも吉田茂が生きていたのなら，中国や北朝鮮，ロシアとの関係は現在とは異なった形になっていたかも知れません。

判例2　砂川事件

　1957年（昭和32年）7月8日，東京調達局は米軍基地拡張のために，内閣総理大臣の使用認定を得て，砂川（現，東京都立川市）米軍基地内の測量を開始しました。これに反対する全学連と地元住民や労働組合員などは，測量を阻止しようとし，投石を行い，基地内に侵入しました。一旦は柵外に戻ったものの，再び進入したことから米軍憲兵は彼らに警棒やガス銃をふるって柵外に追い出しました。その後，警視庁は「基地内の不法侵入」として捜査をはじめ，日米行政協定による刑事特別法違反容疑で23人を逮捕し，7人が起訴されました。

　こうして裁判が行われることになります。裁判の争点は，①米軍基地内の軍備は憲法第9条に禁止されている戦力の保持に該当するかどうか，②米軍施設へ立ち入った日本国民に対して，軽犯罪法の規定よりも重い刑罰である刑事特別法を科すことは違憲ではないか，ということでした。

　1959年（昭和34年）3月30日，東京地裁の伊達秋雄裁判長は，「米軍の存在は憲法上許すべからざるもの」，「第9条は，自衛のための戦争，自衛のための戦力の保持も許されない」，「刑特法は，適正な手続きによらなければ刑罰を科すことはできない」としました。

　これを不服とする検察側は，高裁への控訴を飛ばし，最高裁へ跳躍上告をしました。

　同1959年12月16日，最高裁大法廷は，「条約による外国軍隊の日本駐留は戦力にあたらない。戦力とは，日本側が指揮権と管理権をもつ戦力を指すものであり，外国軍隊は該当しない」，「第9条は自衛権を否定したものではない。刑特法を無効とした一審の判決は妥当ではない」と判決しました。

「日本国憲法」 第3章 国民の権利および義務

【第10条～第40条までの解説】第3章「国民の権利および義務」は，マイロ＝E＝ラウエル陸軍中佐が1945年（昭和20年）12月6日に総司令部に提出したレポート「日本の憲法についての準備的研究と提案」と，翌年1月1日に民政局行政部に提出された「私的グループによる憲法改正草案に対する所見」が民政局の原案の参考資料となっています。ここでいう私的グループとは，高野岩三郎・森戸辰男・室伏高信・鈴木安蔵などが結成した「憲法研究会」のことです。ラウエル中佐は，この憲法研究会の案をみて大変興味をもったといわれています。

第10条　［日本国民たる要件］
日本国民たる要件は，法律でこれを定める。

※日本政府案（「大日本帝国憲法」第18条）
法律→この場合は国籍法を指す

　当初，総司令部が第一生命ビルの6階で憲法草案を作成していたときには，民政局の人権条項を担当していたロウスト中佐やベアテ＝シロタ女史らは，「憲法」第14条第2項に「外国人は平等の法的扱いを享有する権利を有する」という条文をおいていました。しかしその条文は，日本政府に示された後に，内閣法制局の佐藤達夫などが日本の家族制度の崩壊を恐れて削除してしまいました。

　第10条「日本国民たる要件は，法律でこれを定める」という条文は，総司令部案にはなかったものです。1946年（昭和21年）6月25日，第1回衆議院の本会議で北昤吉議員が，「大日本帝国憲法」でも第2章「臣民権利義務」の最初の第18条に「日本臣民タルノ要件ハ法律ノ定ムル所ニ依ル」と条文化されており，何故「日本国憲法」においても条文化しないのか，と質問したことから，新たに付け加えられることになり，「日本国憲法」第10条として正式に条文化されました。

　この「日本国憲法」第10条の規定は，何ら重要な意味をもたないような気がしますが，実は，この条文が在日朝鮮人や占領軍兵士と日本女性との間に生まれた混血児などを差別する大きな要因となりました。この条文が後の国籍法や外国人登録法などの法的根拠となっていて，1984年（昭和59年）5月の参議院本会議で国籍法・戸籍法の改正が可決されるまで，国際結婚によって生まれた子どもは，父が日本人でなければ日本国籍を有することができなかったのです。また，

日本に1年以上の期間滞在する16歳以上の外国人については，1999年（平成11年）までは，氏名・国籍・生年月日の記載のほかに，特別に指紋の押捺が義務づけられていました。

〈比較憲法〉

◆「大韓民国憲法」第2条1：
「大韓民国の国民たる要件は，法律で定める。」
◆「スペイン憲法」第11条：
「1　スペイン国籍は，法の定めに従って，取得，保持，喪失する。
　2　生来のスペイン人は，誰もその国籍を奪われない。
　3　二重国籍に関する条約を結ぶことができる。……スペイン人は生来の国籍を失うことなく，帰化することができる。」

世界には，親の国籍によってその子どもの国籍が決まる国と，生まれた土地によってその子どもの国籍が決まる国とがあります。近年，生まれた場所によってその子が二重国籍になったり，無国籍になったりする弊害が国際問題化しています。

コラム 「日本国憲法」第10条と沢田美喜

　終戦当時の日本では，女性差別が公然と行われており，本妻の家に妾が同居していることも珍しくありませんでした。衆議院議員の三木武吉が「妾は5人いるようですが？」というマスコミのインタビューに「6人いるよ」と平然として述べることができた時代でもありました。そうした風潮のなかで，日本政府は，占領軍兵士によって一般女性が強姦されることを懸念して，太平洋戦争時代にアジアの各地に慰安所が設置されたように，特殊慰安施設協会（RAA）の設置を決め，占領軍兵士のための売春宿の公婦を募集しました。全国各地に設けられた売春宿は，赤線地帯，黒線地帯とよばれ，5万人をこえる女性が雇われることになりました。また東京など大都市には，ストリートガールやパンパンとよばれる外国人相手の女性が4万人以上いたといわれています。そうした女性のなかには，戦争で夫や父親・兄弟などを失い，生きるために身体を売って生活することを余儀なくされた女性が多く，また，米兵などとの恋に落ちた女性も多くいました。当然，多数の混血児が生まれることになりますが，当時の日本社会では，混血児を産み育てることは恥じるべきこととされており，生まれた子どもも法律的には日本人として認められていませんでした。混血児を産んだ日本女性は，我が子を思う気持ちと，日本社会に充満していた差別意識のなかで苦悩の日々を送ることになりました。
　こうした女性や混血児に救いの手を差しのべたのが神奈川県大磯町の沢田美喜でした。

沢田美喜

沢田美喜は，1901年（明治34年），岩崎財閥3代目社長岩崎久弥の大豪邸（現在の旧岩崎庭園）で生まれ，お姫様のように育てられましたが，自由奔放な性格で何度も見合いを断り両親を困らせたこともありました。お茶の水の東京女子高等師範学校の幼稚園に入り，女子高等学校に進んだものの中退して津田梅子に英語を学びます。

1922年（大正11年）7月1日，美喜は20歳になって外交官であった沢田廉三と結婚しますが，その頃にクリスチャンとなっています。結婚後は廉三に連れられてスペイン・アメリカなど世界各国をまわり，外交官夫人として欧米の上流社会を満喫しました。そうしたなかで，ロンドン勤務に随行したある日，夫に誘われて訪問した孤児院「ドクター・バーナードス・ホーム」で生き生きと生活をしている子どもたちやボランティアの人々と会って，美喜は感銘を受けます。

戦後，財閥解体が行われ，美喜の父親の家屋（本郷茅町）だけでなく，麹町にあった自分たちの家屋も接収されました。巷では貧困と餓えで苦しんでいる人々が路上にあふれ，黒い肌，白い肌の嬰児たちが母親に置き去りにされ，彼らの死骸が至るところで発見されるようになりました。日本に進駐した占領軍兵士と日本女性との間に生まれた混血児でした。こうした混血孤児を護るために，美喜は養護施設（エリザベス・サンダース・ホーム）を立ちあげ，生涯彼らのために命を捧げることになります。しかし世間の偏見と差別意識はいっこうになくなりませんでした。黒い肌の子どもは大磯の海水浴場に入ることさえも禁止されていました。そのため美喜は，子どもたちがエリザベス・サンダース・ホームを巣立った後，社会での偏見と差別に堪えうるだけの力を培わせようと，厳しい躾を行うようになります。こうしてエリザベス・サンダース・ホームから巣立った混血児は2000人を超える，といわれています。

沢田美喜の「思いやる心，気持ち」は，現在も養護施設にいる職員はもちろんのこと，そこで学ぶ子どもたち，卒業生にも引き継がれています。

第11条 ［基本的人権の享有］

国民は，すべての基本的人権の享有を妨げられない。この憲法が国民に保障する基本的人権は，侵すことのできない永久の権利として，現在及び将来の国民に与へられる。

※GSホイットニー案
基本的人権　人間として当然に有し，たとえ国家であっても侵すことのできない権利
享有　生まれながらにもっていること

「日本国憲法」第3章　国民の権利および義務　131

　ピーター＝K＝ロウスト陸軍中佐など人権に関する小委員会は，総則として次のような条文をおいていました。下段は民政局長ホイットニー将軍の案です。
・「日本国民は，すべての基本的人権を，<u>他人による基本的人権の平等な享有と矛盾しない限り</u>，干渉を受けることなく享有する権利を有する。」
・「以下この憲法によって<u>日本国民に与えられ</u>，保障される基本的人権は，<u>人類の多年にわたる自由獲得の努力の成果である。これらの権利は，時と経験のるつぼの中でその永続性について苛烈な試練を受け，それに耐え残ったものであって</u>，現在および将来の<u>世代に対し</u>，永久に侵すべからざるものとする義務を課する神聖な信託として，与えられるものである。」

　この小委員会案は，運営委員会で審議され多少修正されて第9条，第10条となりました。改正草案を受けとった法制局の佐藤達夫は，上記下線_部分を削除・簡潔にして一つにまとめ，3月4日の折衝の際に民政局に提出しました。その際，佐藤はケーディス大佐に対して，下段改正案のような「歴史的・芸術的な表現は，日本の法制に例がなく，その体裁にも合わないので削除・訂正しました」と述べ，了解を取りました。しかし，ケーディス大佐はホイットニー将軍に報告に行くやいなや，慌てて戻ってきて，「総司令部案第10条はホイットニー将軍自身が書いた文章なので外すことはできない。どこかにおいてくれ」といってきました。結局この第10条で削除された条文は，「日本国憲法」の「第10章　最高法規」第97条におかれることになりました。占領下だったといえども，ホイットニー将軍が民政局長であることで，こうした条文が「日本国憲法」の「最高法規」におかれたことには疑問が残ります。

〈比較憲法〉
◆「インド憲法」第3編　基本権　第132条第2項：
「国は，この編によって与えられる権利を奪い，又は制限する法律を制定してはならず，この項に違反して制定される法律は，その違反の限度において無効とする。」

　イギリスからの独立をめざしたインドのガンディーは「非暴力・不服従」を提唱し，その後の世界の民衆運動に大きな影響を与えました。インドは，半世紀以上におよぶ民族運動を経て1947年に独立を果たし，1949年には民主的な憲法を制定しました。国民の約8割がヒンドゥー教徒のインドには，かつて「カースト制度」という厳しい身分制度があり，職業や結婚は制限されてきました。そんな差別的な制

限を，はっきりと否定し，すべての人の人権を護ろうとする「インド憲法」は，国民に意識改革を迫る画期的な憲法といえます。しかし，現実には社会的な差別がまだ残っていると指摘されています。

◆「カナダ1982年憲法法」第2条第1章：
「何人も，次の各号に掲げる基本的自由を有する。
　(a)　良心及び信教の自由
　(b)　出版その他のコミュニケーション・メディアの自由を含む思想，信条，意見及び表現の自由
　(c)　平穏に集会する自由
　(d)　結社の自由」

カナダでは，1960年代に州で人権法を定めていましたが，憲法で人権が規定されるようになったのは，1982年の「憲法法」が最初です。

第12条　［自由・権利の保持の責任とその濫用の禁止］
この憲法が国民に保障する自由及び権利は，国民の不断の努力によって，これを保持しなければならない。又，国民は，これを濫用してはならないのであつて，常に公共の福祉のためにこれを利用する責任を負ふ。

※GS案
不断　絶え間ないこと
濫用　むやみやたらと使うこと
公共の福祉　すべての国民や社会全体の利益・幸福のこと

この条項は，多少の文言の修正がありましたが，人権に関する小委員会の案がそのまま生かされています。第12条は「アメリカの独立宣言」に基づいて，天賦の権利として自由及び権利が付与されているとしています。しかしこのためには不断の努力が必要であり「権利の濫用」は認められないとしています。また国民の権利については無制限に認められるものではなく「公共の福祉」のためには制限されるとしています。

〈比較憲法〉
アメリカはもともと，各州による連合規約の下での国家連合でした。各州の独自性が強く反映され，連邦国家になってからも統一的な権利章典を欠いていました。やがて，「合衆国憲法」に修正条項（修正14条）として人民の権利保障を規定しますが，平等原則についての規定はなされていませんでした。人種差別撤廃について

は南部諸州の反対にあい、撤廃の動きが本格化したのは1950年代以降のことでした。また、女性差別についてはそれよりも遅れて修正（修正19条）されました。憲法による平等原則の導入は、「日本国憲法」の原案を作成したアメリカよりも日本のほうが早かったのです。

第13条　[個人の尊重と公共の福祉]
　すべて国民は、個人として尊重される。生命、自由及び幸福追求に対する国民の権利については、公共の福祉に反しない限り、立法その他の国政の上で、最大の尊重を必要とする。

※ GS案
国政　国の政治のこと

　この条文は、小委員会案では、最初に「日本の封建制度は、廃止されるべきである」という文言を用い、そして「すべての日本人は、人間であるが故に個人として尊重される」と続きました。さらに「アメリカ独立宣言」の中の「生命、自由、幸福の追求」という言葉を用いて、文末には国民の権利は、「一定の福祉の範囲内で、……最大の尊重を受ける」としました。解釈論的には、個人の尊厳と公共の福祉では、どちらが優先されるのかが問題となりますが、今日の学説では、具体的な性質・内容の検討に従って答えを導き出すことになっています。そして、公共の福祉については、第13条と第22条、第29条の財産権を分けて考え、それらには「二重の基準」を認めたり、両者を「比較衡量」して判断しています。しかし、制定過程から考えますと、何故「アメリカ独立宣言」なのか、他に表現することができないものか、考える余地が残ります。

　基本的人権の尊重は、17～18世紀の個人主義を基調とする自然法に基づく自然権をよりどころにしていますが、現代のように経済が高度に発達し、情報化が進展してきますと、それに即応した新しい人権が求められるようになります。環境権、プライバシーの権利、知る権利、肖像権などです。ラウエル中佐の「日本の憲法についての準備的研究と提案」のレポートには、プライバシーの権利、知る権利についての記載がありました。しかし、プライバシーの権利は、とくに警官による盗聴と私宅の頻繁な訪問を禁ずるために、知る権利については中学校以上の教育機関では、その教科課程と教育内容について政府の規制を受けないようにするために必要である、とされていましたが、必ずしも憲法に入れなければならない、とはしていませんでした。したがって、「憲法」では、第13条の「幸福

追求権」の規定を基本的人権の総則的権利としてとらえ，この条項を人権侵害の救済条項としています。例えば，「環境権」は本来，「憲法」第25条の「生存権」の理念にそって解決すべきですが，対処できないものについては幸福追求権に根拠を求めるということです。

〈比較憲法〉

◆「アフガニスタン憲法」第15条：

「アフガニスタンは，森林と環境の保護に必要な措置を講じる責任を負う。」

2004年に制定された「アフガニスタン憲法」は，それまでの国王の権限が強い憲法ではなく，大統領に権限を委譲した憲法です。民族対立を解消するものでなく，アメリカの影響下にあることなど，批判もありますが，環境権のみならず，「世界人権宣言の尊重」を掲げるなど，斬新な条項をもつ憲法です。

◆「ポーランド共和国憲法」第2部基本的権利及び義務第2章第31条3：

「憲法上の自由及び権利の享受に対する制限は，法律により定められなければならず，しかも民主国家における，国家の安全と公共秩序のため，環境・健康及び公共道徳の保護のため，もしくは他の者の自由と権利のため，不可欠な場合のみ，制限することができる。この制限は，自由と権利の本質を侵してはならない。」

◆ 同 第2章第51条：

「1. 何人も法律に基づかなければ自らに関する情報の公開を強制されない。
2. 公権力は，民主的法治国家において不可欠なものを除き，市民に関するその他の情報を取得，収集し，閲覧に供してはならない。
3. 何人も自らに係わる公的文書及び資料を閲覧する権利を有する。
4. 何人も虚偽もしくは不完全な情報，又は違法に収集された情報の訂正もしくは削除を要求する権利を有する。」

日本には，法律的には「個人情報保護法」がありますが，「日本国憲法」には「プライバシーの権利」という条文はありません。しかし世界では，多くの国がこの権利を憲法で規定しています。ポーランドでは憲法で個人情報に関して詳細な規定を明記し，ロシア・ウクライナなどでも，この権利を規定しています。

判例3　「宴のあと」事件（プライバシーの権利）

【事件の概要】　雑誌「中央公論」1960年1月～10月号に連載した三島由紀夫（1925

〜70）の小説「宴のあと」は，衆議院議員でもあった都知事候補の野口雄賢と彼を助ける料亭の女将福沢かづを主人公として描いた小説で，野口の経歴，職業のみならず，女将への暴行に対する具体的な描写などがあったことから，野口のモデルとされる有田八郎は，単行本刊行前にその発行中止を中央公論社に申し入れました。しかし，中央公論社は新潮社と単行本の出版契約を結んで，「宴のあと」を新潮社から出版したため，有田はプライバシーの侵害であるとして両出版社を相手取り，謝罪広告と慰謝料を請求して訴えました。

□東京地裁判決（1964年〔昭和39年〕9月28日）
　原告のプライバシー侵害を認め，被告人に80万円の損害賠償の支払いを命じた。被告は控訴したものの，原告が死亡し，遺族との和解が成立したため，取り下げられた。

【解説】　この裁判で，表現の自由といえどもプライバシーの権利は守られなければならないことがはじめて認められました。この判決の後，1988年（昭和63年）には「個人情報保護法」が1999年（平成11年）には「改正住民基本台帳法」や「通信傍受法」が制定されることになります。

判例4 　**大阪空港公害訴訟事件（環境権と人格権）**

【事件の概要】　1969年（昭和44年）12月15日，大阪空港周辺の住民が，大型ジェット機などの離着陸にともなう航空機騒音にさらされているとして，人格権と環境権に基づき訴訟を起こしました。住民側は，夜間9時から翌朝7時まで，空港を一切の航空機の発着に使用してはいけないこと，昼間の航空機騒音が居住地域で65ホン以下になるまで損害賠償することを要求しました。

□大阪地裁判決（1974年〔昭和49年〕2月27日）
　住民側の要求する人格権に基づく飛行差し止めを容認し，10時から翌朝の午前7時まで，空港の離着陸の使用禁止を言い渡した。また損害賠償法第1条1項に基づき，4ランクに分けて13万〜57万円の支払いを命じた。原告と被告ともに控訴。

□大阪高裁判決（1975年〔昭和50年〕11月27日）
　住民の人格権を承認し，夜9時以降の飛行機離着陸を差し止め，将来に渡る損害賠償を認める。

□最高裁判決（1981年〔昭和56年〕12月16日）
　本件空港における航空機の離着陸については，運輸大臣の権限に属し，民事訴訟法上の請求としては不適法とし，原判決を破棄し，訴えを却下する。

【解説】　環境権の訴訟として代表的な事例ですが，この他に厚木基地訴訟事件や名古屋新幹線訴訟事件などがあります。

コラム 「教育基本法」の改正と「日本国憲法」第13条

「教育基本法」が2006年（平成18年）12月に改正・公布されました。(旧)「教育基本法」の前文には，「われらは，さきに，日本国憲法を確定し，民主的で文化的な国家を建設……する決意を示した。この理想の実現は，根本において教育の力にまつべきものである。われらは，個人の尊厳を重んじ，真理と平和を希求する人間の育成を期するとともに……個性豊かな文化の創造をめざす教育を普及徹底しなければならない。ここに，日本国憲法の精神に則（のっと）り，教育の目的を明示して，新しい日本の教育の基本を確立するため，この法律を制定する」とありましたが，新しい「教育基本法」は，全体的な内容には変化はないものの「個人の尊厳」と並んで「公共の精神を尊び」とか「伝統を継承し」などという言葉を新しく加えています。このことは「個人の尊厳を重んじる」ことが絶対的なものではなく，「公共の精神」及び「伝統の継承」のためには制限しうるということを意味しているといわれています。また (新)「教育基本法」には新たに「教育の目標」という項目を設け，「公共の精神」「伝統と文化」だけでなく「我が国と郷土を愛する」という言葉を加え，さらに「教育の目標」の中に多くの徳目，態度を組み込んでいます。

しかし，「教育基本法」は前文に「日本国憲法の精神に則り」とあるように，「日本国憲法」前文および第13条などを意識して作成されています。したがって学者の中には「憲法」が改正されていないのに，「憲法」に基づいて作成された「教育基本法」を改正することがあっていいのか，と批判する人もいます。

ところで「憲法」前文の一部及び第13条の「個人の尊厳」，「生命・自由・幸福追求」という文言は，民政局 (GS) 運営委員のハッシー中佐が「アメリカ独立宣言」からとって，それを「日本国憲法」に残したものです。

「すべての人間は平等につくられ，造物主によって一定のゆずりわたすことのできない権利をあたえられていること，これらの権利のうちには生命・自由および幸福の追求が含まれている」とは「アメリカ独立宣言」(1776年7月4日，大陸会議で採択) の一節です。

16世紀にアメリカ大陸への西洋人の進出が開始されました。北アメリカでは，イギリス人が先住民ネイティブ・アメリカン (インディアン) の土地を暴力と殺戮（さつりく）によって奪い取り，植民地化政策を推し進めました。18世紀には，イギリスが七年戦争でフランスを北アメリカ大陸から追い出して植民地を一挙に拡大し，その人口も200万をこえました。イギリス本国は，七年戦争で膨（ふく）らんだ財政赤字を改善しようと，アメリカ植民地への課税強化策を打ちだしました。これに反発した植民地側は「代表なくして課税なし」と訴え，独立戦争をおこしましたが，その最中の1776年に出されたのが，「アメリカ独立宣言」です。これには，独立革命を正当化し，基本的人権を公に宣言して，政治体制は国民の同意に基づくべきとする理念などの内容が盛り込まれています。

「アメリカ独立宣言」は，アメリカ植民地をイギリスの圧政から解放する意味で，歴史

的な宣言ですが,「全人類の『個人の尊厳』『生命・自由・幸福の追求』を掲げたものではない。この宣言はアメリカ人のための,アメリカ人だけの宣言であり,原住民は独立宣言後も土地や権利を剝奪され,黒人は奴隷として差別されていた」と主張する人もいます。また,憲法学者には,「日本国憲法」が掲げる理想は,先住民の殺戮と黒人差別を顧みないで発せられた「アメリカ独立宣言」の言葉を引用すべきではなく,日本国民が自ら考え,自らの責任と反省のうえで考えられた言葉で綴られるべきであった,とする人もいます。

第14条 〔法の下の平等,貴族の禁止,栄典〕

① すべて国民は,法の下に平等であつて,人種,信条,性別,社会的身分又は門地により,政治的,経済的又は社会的関係において,差別されない。
② 華族その他の貴族の制度は,これを認めない。
③ 栄誉,勲章その他の栄典の授与は,いかなる特権も伴はない。栄典の授与は,現にこれを有し,又は将来これを受ける者の一代に限り,その効力を有する。

※ BS案
信条　その人が固く信じている考え
社会的身分　社会的地位とか階級
門地　家柄,生まれ
華族　身分の高い家柄。明治時代の爵位(公,侯,伯,子,男)を受けた人やその家族をさす
栄誉　すぐれていると認められ,ほめられること

　この条項は,GHQの人権に関する小委員会のロウスト中佐らが作成した試案に基づいています。その冒頭では,「すべて自然人は法の下に平等である」という表現を用いていますが,この「自然人」という言葉は,民族や国によって束縛されないとする国際人の感覚からくるものでありましたが,結局,「国民」という言葉になりました。その次に「人種,信条,性別,カーストまたは出身国により,政治的関係,経済的関係,教育的関係および家族関係……」と続いていました。わが国は,江戸時代に「士農工商えた非人」という身分制度がありましたが,彼らはインドのカースト制度と同じものが日本にも存在していると思っていたのかも知れません。結局,「カースト」は「社会的身分」,「出身国」は「門地」,「教育的関係および家族関係」は「社会的関係」となりました。なお,「門地」とは「家柄」を意味しますが,日本政府が「出身国＝国籍」を「門地」に変えたことは,外国人差別の要因となったといわれています。

〈比較憲法〉

◆「ネパール王国憲法」(1990年制定) 総則第2条:

「共通の目的をもち,ネパール国民としての独立と統合への忠誠の絆によって

結ばれているネパール人民は，宗教，人種，カーストまたは部族にかかわりなく，共同して国民を構成する。」

「ネパール王国憲法」は，カースト制を禁じていますが，社会慣行としてバラモン，クシャトリア，ヴァイシャ，シュードラの4階級とヴァルナ・ジャーティ制という身分階級があり，それが人々の思考や判断の基準となっています。

◆「マレーシア連邦憲法」第153条2：
「……公務（州公務員は除く）職，また連邦政府が与える奨学金，学校給食費，その他教育上あるいは訓練場の特権，あるいは特別の施設など，また連邦法律により何らかの取り引きまたは事業の運営に許可あるいはライセンスが必要な場合は，同法および本条の諸規定を条件として，かかる許可あるいはライセンスなどにつき，最高元首自らが，合理的と見なす割合の留保を，マレー人およびサバ州と，サラワク州の原住民のために保障すること。」

マレーシア連邦は13の加盟国（国は州とよぶ）からなる多民族国家で，6割を占めるマレー人と華人，インド人がその中心となっています（シンガポールは1965年に分離独立）。19世紀に錫鉱の開発とゴム樹栽培で脚光を浴びると，中国やインドから大量の移民が流れ込んできたことから，マレーシアでは「ブミプトラ」というマレー人や土着の少数民族を優遇する政策が採られてきました。その法的根拠が連邦憲法第153条です。マレー系住民には公務員の採用だけでなく租税の軽減，国立大学への優先的入学など，さまざまな優遇措置があります。

◆「南アフリカ共和国憲法」第9条3：
「人種，ジェンダー，性別，妊娠，結婚歴，民族あるいは出身地の社会，肌の色，性的指向，年齢，障害，宗教，良心，信条，文化，言語，出自のうちのいずれかによって，国家が直接的にあるいは間接的に不当な差別をしてはならない。」

17世紀以降，南アフリカに入植を始めた白人たちは，先住民である黒人や「カラード」とよばれた混血児を差別していました。肌の色からはじまった南アフリカの人種差別は，20世紀には「アパルトヘイト」とよばれる人種隔離政策にまで発展しました。しかし1980年代になるとネルソン＝マンデラに同調する人々の黒人解放運動の抵抗は激しさを増し，やがて人種差別法案が全廃に至ると，南アフリカのアパルトヘイトは終焉を迎えました。その後，全人種の国民が参加する制憲会議も開かれ，1996年に新憲法が成立しました。新憲法では平等な権利を保障するとともに，不当な差別禁止についても具体的に明記しました。

第15条 [公務員の選定罷免権，公務員の本質，普通選挙の保障，秘密投票の保障]

① 公務員を選定し，及びこれを罷免することは，国民固有の権利である。
② すべて公務員は，全体の奉仕者であつて，一部の奉仕者ではない。
③ 公務員の選挙については，成年者による普通選挙を保障する。
④ すべて選挙における投票の秘密は，これを侵してはならない。選挙人は，その選択に関し公的にも私的にも責任を問はれない。

※第1項，2項，4項はGS案，3項は極東委員会案

公務員 国家公務員や地方公務員など地方公共団体の公的な仕事を行う労働者
罷免 職務を辞めさせること
奉仕 他人のためにほねをおること
成年者 一人前のおとなとみなされる年齢の者。わが国では20歳以上の者
普通選挙 一定の年齢に達したすべての者に選挙権・非選挙権を与えること

　この条文の第1項，2項，4項は，民政局の人権に関する小委員会案では，一つの条文でできており，また冒頭には「国民は，政治および皇位の最終的判定者である」となっていました。しかし，日本側は，GSとの折衝のなかで「皇位」という文言については削除しましたが，主権を完全に国民に委ねることについては反対しました。ここにも当時の日本政府側の国体護持に対する執着心が感じられます。また，第3項は，芦田修正がなされたことに対して，極東委員会の要請で加わったものです。

〈比較憲法〉

◆「ブラジル連邦憲法」第14条：
「選挙人登録と投票は，以下の通りとする。
　Ⅰ　18歳以上の者に対しては義務とする。
　Ⅱ　次の者は，任意とする。
　a) 文字の読めない者　　b) 70歳以上の者　　c) 16歳以上及び18歳以下の者」

　選挙権が20歳以上の国民に与えられている国は，シンガポール（21歳），アゼルバイジャン（21歳），台湾（20歳），日本（20歳）などですが，アメリカ・イギリスなどは18歳以上です。なかにはオーストリアのように16歳以上に与えられている国もあります。また，選挙で投票に行かない者に対して罰則や罰金を科してい

る国が多くあります。

第16条　[請願権]
何人も，損害の救済，公務員の罷免，法律，命令又は規則の制定，廃止又は改正その他の事項に関し，平穏に請願する権利を有し，何人も，かかる請願をしたためにいかなる差別待遇も受けない。

※GS案
請願　国民が，国や地方公共団体に対して，希望することを願い出ること
罷免　職を辞めさせること

ラウエル中佐の総司令部へのレポートによると，憲法改正案には諸権利を保障するための「権利章典」が含まれていなければならないとしており，プライバシーの権利も掲げていました。民政局は，それについては，必ずしも条文に入れなければならないものではないとして取りあげませんでした。現在の条文は，3月4日，5日の日本政府とGSとの折衝のなかで用いられた「損害の救済」と「その他の事項に関し」という文言が加わってできています。

〈比較憲法〉

◆「ベルギー王国憲法」（1993年改正）第28条1：
「何人も，1名又は複数名により署名された請願を公権力に提出する権限を有する。」

　日本では公権力に対する請願は，それを取り上げるのには何万人の署名が必要となります。しかし，ベルギー王国では1名の署名であっても権限を有していることを憲法で規定しています。ベルギー王国が国民の一人ひとりの意志（請願）をも大切にしていることがよく分かります。

第17条　[国及び公共団体の賠償責任]
何人も，公務員の不法行為により，損害を受けたときは，法律の定めるところにより，国又は公共団体に，その賠償を求めることができる。

※日本政府案
不法行為　故意，過失によって他人の権利を侵害し，他人に損害を与えること

　当初，「すべての市民は，官憲（行政官庁，特に警察関係）の行為で不法な損害を受けまたは損失を蒙ったときは，その補償を求める権利を有する」という条文がありました。
　しかし，運営委員会は，下線部のように「官憲の行為」とすること自体，損

害を被ることがありうることを前提としている，としてこの条文を削除しました。しかし，この条文は，日本政府とGSとの折衝のなかで復活し，「何人も，公務員の不法行為により」という言葉が加わって現在のようになりました。

> **第18条　[奴隷的拘束及び苦役からの自由]**
> 何人も，いかなる奴隷的拘束も受けない。又，犯罪に因る処罰の場合を除いては，その意に反する苦役に服させられない。
>
> ※GS案
> 苦役　苦しい肉体労働のこと
> 犯罪　罪を犯す行為

　この条文は，南北戦争を終えた後に修正された「アメリカ合衆国憲法」第13条を参考にして作られたものであるといわれています。基本的人権は，自由権的基本権，参政権的自由権，社会権的基本権に分かれますが，この条文（第18条）から第23条までと第29条は自由権的基本権とよばれています。

> **第19条　[思想および良心の自由]**
> 思想及び良心の自由は，これを侵してはならない。
>
> ※GS案
> 良心　道徳的な善意をわきまえて，悪い行いをしないという心のはたらき

　ラウエル中佐は，「『大日本帝国憲法』では，行政府が憲法に保障した権利を制限し，剥奪する命令も発することができた。信教の自由，思想，言論，出版および集会の自由は，占領軍の安全に反しない限り，保障されるべき」であると考えていました。小委員会案ではそれに「良心」が加わり，現在のようになりました。

〈比較憲法〉

◆「大韓民国憲法」第19条：

「すべて国民は，良心の自由を有する。」

　韓国の憲法は，「日本国憲法」の条文によく似ていますが，徴兵制があり，思想，信条の自由が記載されていないところに特徴があります。

第20条 [信教(しんきょう)の自由]

① 信教の自由は、何人(なんびと)に対してもこれを保障する。いかなる宗教団体も、国から特権を受け、又は政治上の権力を行使してはならない。
② 何人も、宗教上の行為、祝典(しゅくてん)、儀式(ぎしき)又は行事に参加することを強制(きょうせい)されない。
③ 国及びその機関は、宗教教育その他いかなる宗教的活動もしてはならない。

※ GS案
信教　宗教を信ずること
特権　特定の人や身分・階級に与えられた特別の権利
祝典　お祝いのための儀式
儀式　祭り・祝い・弔(とむら)いなどのために、一定の決まりに従って行う作法

この条文は、小委員会の一次試案と全く変わらず、運営委員会、日本政府との折衝でも問題視されませんでした。小委員会では、ある宗教が「special privileges＝特別の特権」とならないように、配慮がなされました。それは、信教の自由を認めていた「大日本帝国憲法」の下でも、天皇の祖先を神々として崇(あが)める神道(神社)に対して、その伝統的な意義を理由に宗教と切り離して国家の祭祀(さいし)とし、神社参拝などを国民に強要してきた過去の事実があるからでした。その結果、いわゆる政教一致(祭政一致)の原則が「大日本帝国憲法」の建前(たてまえ)となり、太平洋戦争前には、国家主義・ファシズム体制の精神的支柱となりました。民政局では、神道(神社)が「特別の特権」にならないようにこの条文を作成しました。

〈比較憲法〉

◆「トルコ共和国憲法」第24条：
「すべての個人は、宗教上の信仰及び見解の自由を有する。本憲法第14条の規定に反しない限りにおいて、礼拝(れいはい)、宗教上の儀礼及び儀式は自由である。何人も、礼拝、宗教上の儀礼及び儀式の参加や、宗教上の信仰及び見解の表明を強制されず、宗教上の信仰及び見解を理由として非難されてはならない。……何人も、国家の社会、経済、政治、または法的基本秩序を部分的であっても、宗教原則に依拠させ、又は個人的な利益或いは影響を保全するために、いかなる方法であっても、宗教又は宗教的感情、或いは宗教上神聖とされるものを濫(らん)用し、悪用してはならない。」

トルコは、ケマル＝アタチュルクの革命によって、1928年に憲法を制定してイスラーム圏では唯一の政教分離の国となりました。しかし近年、イスラーム系政党が政権を握り、政教分離を推進する力が弱まっています。

第21条 [集会・結社・表現の自由，検閲の禁止，通信の秘密]

① 集会，結社及び言論，出版その他一切の表現の自由は，これを保障する。
② 検閲は，これをしてはならない。通信の秘密は，これを侵してはならない。

※ GS案
結社 何人かの人が集まって，特定の目的のために団体を結成すること
検閲 信書・出版物・映画などの内容を，公の機関が強制的に取り調べること

小委員会の一次試案がそのまま現在の条文となっていますが，この条文には，次のような詳細な説明がありました。
「公務員，公の機関もしくは公の慣行を批判する権利，または法律を制定，改正もしくは廃止を提唱する権利が含まれる」。また「言論および出版以外の一切の形式における表現の自由も，同様の本質的自由を与えられるが，青少年の保護および公衆（道徳）の高い水準の維持のために，卑猥で下品な文学，演劇，映画，放送および展示を抑制するための法的措置をとることは許される」。

運営委員会が，日本統治の必要性から「表現の自由」を著しく制限していたことからこのような案になっていましたが，性犯罪が多発している現状を考えると，「青少年の保護や公衆の道徳」の観点からの小委員会の説明文も一考を要するかも知れません。

〈比較憲法〉

◆「ドイツ連邦共和国基本法」第8条1：
「すべてのドイツ人は，平穏で，武器を持たないのならば，届出または許可なくして集会する権限を有する。」

ドイツでは集会の自由を保障していますが，あえて「武器を持たないのならば」という条件付けの文言になっています。

◆「ポーランド共和国憲法」第1章第13条：
「その綱領において，全体主義的なナチズムやファシズム及び共産主義の活動方法や行動に訴える政党，また，その政党の綱領もしくは活動が，人種的もしくは民族的憎悪，もしくは，政権の獲得もしくは国家の政策への影響のために行使することを想定もしくは許容しているもの，あるいはその組織や構成員の秘匿を定める政党並びにその他の組織の存在は，禁ずる。」

◆「ギリシャ憲法」第9A条：

「何人も，法律の定めるところにより，とりわけ電子的な手段によるその個人情報の収集，処理及び使用に対する保護を受ける権利を有する。個人情報の保護は，法律の定めるところにより設置かつ運営される独立機関により保障される。」

◆ 同　　　第14条7：

「報道機関及び他のメディアの民事責任及び刑事責任並びに関連する事件の迅速な裁判については法律で定める。」

これまでの我が国の「情報教育」は，パソコンや携帯電話などの操作や技術の取得をおもな目的としたもので，メディアがもたらす弊害としての情報の氾濫やビジネス主義，大衆操作などを批判的に知らしめる面に欠けていました。欧米では，かなり以前からメディアの利用や発信する情報は批判的に分析し，憲法にも記載するなど，さまざまな取り組みを行っています。

判例5　「チャタレー夫人の恋人」事件

【事件の概要】　1950年（昭和25年）4，5月，出版社社長Aの依頼により，BはD＝H＝ローレンスの「チャタレー夫人の恋人」（上・下巻）を翻訳し，出版しました。社長Aは，その内容に露骨な性描写があることを知りながら相当部数を売りました。同年9月13日，AとBは刑法175条の定める猥褻文書販売罪に当たるとして起訴されました。

□東京地裁判決（1952年〔昭和27年〕1月18日）
　刺激的な広告方法等の理由で，一般読者には低俗な愛欲小説として受け取られるとして，社長Aを有罪，Bを無罪とした。

□東京高裁判決（1952年〔昭和27年〕12月10日）
　翻訳書自体端的に卑猥文書に当たるとして，社長AおよびBをも有罪とした。

□最高裁判決（1957年〔昭和32年〕3月13日）
　公共の福祉に違反，原判決は正当として，社長AおよびBの上告を棄却した。

第22条　[居住・移転及び職業選択の自由，外国移住及び国籍離脱の自由]

① 何人も，公共の福祉に反しない限り，居住，移転及び職業選択の自由を有する。

② 何人も，外国に移住し，又は国籍を離脱する自由を侵されない。

※ GS案
国籍　国の構成員としての資格
離脱　離れて抜け出ること

人権に関する小委員会の一次試案には，「移転および本居の選択の自由は，一

般の福祉に反しない限り、全ての人に保障される……何人も、自らの希望で他国に移住する自由……他国に移住した者がその国籍を変更することは許される」という条文と「大学における教育および研究の自由並びに職業選択の自由は、すべての成年者に保障される」という条文とで一つの条文となっていました。その後、この条文は1項、2項に分けられ、「大学における教育および研究の自由は」は第23条に移されました。第22条の「職業選択の自由」は、単に職業を選ぶ自由だけでなく、転職の自由や職業に従事しない自由、営業の自由なども含みますが、「職業に従事しない自由」は、第27条の「勤労の義務」違反となり、国からの生存権の保障を受けられないと解釈されています。

〈比較憲法〉

◆「ドイツ連邦共和国基本法」第11条：

「(1) すべてドイツ人は、連邦の全領域内における移転の自由を享有する。

(2) この権利は、法律によって、または法律の根拠に基づいてのみ、かつ、十分な生活基盤がなく、その結果公衆に特別の負担が生ずる場合、または、連邦もしくはラント（州）の存在もしくは自由で民主的な基本秩序に対する差し迫った危険を防止するために必要な場合、伝染病の危険、自然災害もしくは特に重大な災害事故に対処するために必要な場合、少年が放置されないように保護し、もしくは犯罪行為を防止するために必要な場合のみ、これを制限することが許される。」

「ドイツ連邦共和国基本法」では、連邦全領域内の移転の自由だけでなく、「日本国憲法」第22条第1項の「公共の福祉」にあたる制限の範囲について、第2項で具体的に述べています。

第23条　［学問の自由］　　　　　　　　　　　　　　　　※GS案
学問の自由は、これを保障する。

当初、ラウエル中佐の「準備的研究と提案」の中には、「中学校以上の教育機関は、その教科課程と教育内容について、政府の規制を受けないこと。大学と学問に関する事項については、文部省その他政府の行政機関が干渉しないこと」とあり、当然、憲法改正草案の作成においても、この条文を参考にしていました。この条項は、戦前のわが国が、森戸事件（1921年〔大正10年〕）、滝川事件（1933年〔昭和8年〕）、天皇機関説事件（1935年〔昭和10年〕）などのように、政府

が大学などの研究機関や学者に対してたびたび干渉していたことを懸念して，作成されました。

〈比較憲法〉

◆「ドイツ連邦共和国基本法」第5条3：
「芸術及び学問，研究及び教授は自由である。教授の自由は，憲法に対する忠誠を免除するものではない。」

「学問の自由」については，韓国にも「日本国憲法」と同じような条文がありますが，世界では憲法の条文で独立して「学問の自由」を明記している国は少ないようです。

判例6　家永教科書検定訴訟事件

【事件の概要】　東京教育大学教授で高等学校用教科書『新日本史』の著者であった家永三郎は，1962年（昭和37年）に『新日本史改訂版』の検定申請を当時の文部省に行ったところ，翌年，文部大臣によって検定不合格の判定を受けました。そこで，若干の修正を行った後に，再び検定申請をしたところ，今度は，翌1964年，300項目におよぶ修正意見を付した条件付き合格処分がなされました。

家永は，翌1965年（昭和40年）6月12日，この検定を違憲・違法として国家賠償請求を起こしました。この訴訟は，第三次訴訟まで行われましたが，1997年（平成9年）に終結するまでに32年間を要しました。

【第一次訴訟】
□東京地裁判決（1974年〔昭和49年〕7月16日）
　教科書検定は，表現の自由に対する公共の福祉による制限で，検閲には当たらない。検定意見の一部は国の裁量権濫用であるとした。これに原告が控訴した。
□東京高裁判決（1986年〔昭和61年〕3月19日）
　国の主張を全面的に採用，裁量権濫用もないとした。原告側の全面敗訴。
□最高裁判決（1993年〔平成5年〕3月16日）
　原告側の上告棄却。原告全面的敗訴。

【第二次訴訟】（1966年〔昭和41年〕の『新日本史』の検定不合格処分取消を求める）
□東京地裁判決（1970年〔昭和45年〕7月17日）
　教科書の記述に対する検定は，教育基本法に違反し，憲法第21条第2項に禁止する検閲に当たるとして，不合格処分を取り消した。原告側の全面勝訴。
□東京高裁判決（1975年〔昭和50年〕12月20日）

検定は行政としての一貫性を欠く,という理由で国側の控訴を棄却。
□最高裁判決（1982年〔昭和57年〕4月8日）
　不合格処分当時の学習指導要領はすでに改訂されており,原告には訴えの利益があるか否か,として高裁に差し戻した。
□差戻審・東京高裁判決（1989年〔平成元年〕6月27日）
　原告は,学習指導要領改訂で訴えの利益を失ったとして,第一審判決を破棄,訴えを棄却した。

【第三次訴訟】

□東京地裁判決（1989年〔平成元年〕10月3日）
　検定制度は合憲としながら,国の検定における裁量権の逸脱を一部認める。国に10万円の賠償金を命じる。
□東京高裁判決（1993年〔平成5年〕10月20日）
　一審と同じ。国に30万円の賠償金を命じる。
□最高裁判決（1997年〔平成9年〕8月29日）
　二審と内容は同じであるが,裁量権を逸脱したものが,7件中4件あるとして,国に40万円の賠償金を命ずる。

第24条　[家族生活における個人の尊厳と両性の平等]

① 婚姻は,両性の合意のみに基いて成立し,夫婦が同等の権利を有することを基本として,相互の協力により,維持されなければならない。

② 配偶者の選択,財産権,相続,住居の選定,離婚並びに婚姻及び家族に関するその他の事項に関しては,法律は,個人の尊厳と両性の本質的平等に立脚して,制定されなければならない。

※ GS案（ベアテ原案）
婚姻　結婚すること
両性　男性と女性
配偶者　夫婦の関係にある者の一方からみた他方
相続　人の死亡によって,その人の財産を受け継ぐこと
立脚　ある立場にもとづいていること

　この条項は,当時22歳のベアテ＝シロタ女史が書いたものです。彼女は5歳のときから東京の乃木坂に住んでいたことから,日本では,本妻と妾が同居していたり,一方的に妻が離縁されるなどの性差別を見てきました。とくに,彼女は「生きていく人間にとっていちばん大切なものは家庭であり,その家庭の中で男女は平等でなければならない」としています。彼女の一次試案は長文でしたが,運営委員の責任者ケーディス大佐や日本政府によって削除・修正され,現在のよ

うになりました。

〈比較憲法〉

◆「中華人民共和国憲法」第48条：

「中華人民共和国の婦人は，政治，経済，文化，社会及び家庭生活等各方面において，男子と平等の権利を享有する。

　国家は，婦人の権利及び利益を保護し，男女の同一労働同一報酬を実行し，女性幹部を養成し，選抜・登用する。」

日本では，しばしば男女同一賃金や女性幹部の登用についての問題が指摘されてきましたが，中国は，憲法で男女の同一報酬や女性幹部の登用などを明記しています。

◆「イタリア共和国憲法」第29条：

「①　共和国は婚姻に基づく自然共同体としての家族の権利を認める。

②　婚姻は，家族の一体性を保障するために法律で定める制限の下に，配偶者相互の倫理的および法的平等に基づき，規律される。」

「日本国憲法」には，「家族」についての規定はありません。世界の国々では社会を構成する組織の最小単位として家族を憲法に規定し，その権利を保障しています。世界的に上昇し続ける離婚率や同性愛者同志による結婚の是非など，今，家族の在り方についてもう一度見つめ直す時期が来ています。

第25条　[生存権，国の社会的使命]

①　すべて国民は，健康で文化的な最低限度の生活を営む権利を有する。

②　国は，すべての生活部面について，社会福祉，社会保障及び公衆衛生の向上及び増進に努めなければならない。

※日本政府案（憲法研究会案）
社会福祉　老人や障害者などの社会生活上ハンディキャップをもつ人たちに対する保護やサービスの提供

この条文は，1946年（昭和21年）6月27日の衆議院本会議において，憲法研究会の一員でもある社会党の森戸辰男議員が，「人間に値する健全なる生活を得ることを目的として……経済生活の原則規定を設ける」ことを主張したことに端を発しています。憲法研究会は，「ワイマール憲法」の「人間に値する生存」という条文をまねて，自らの憲法改正草案の中に「健康にして文化的水準の生活を営む権利を有する」という条文をおいて，それをラウエル中佐に提出していまし

た。こうしたことから，この条文は，「ワイマール憲法」を土台にしたラウエル中佐と憲法研究会の合作といえます。

〈比較憲法〉

◆「ポルトガル憲法」第64条：

「1. 誰しもが，健康を維持する権利を有しており，健康を守り，促進する義務を負う。

2. 健康を維持する権利は以下の条件，状況によって満たされていなければならない。

   a) 普遍的かつ一般的で，とりわけ利用する市民の経済的，社会的条件に配慮した国の健康事業は，無料とするよう努力すること。

   b) 特に子供，青年，高齢者の健康保持を保障するよう，経済的，社会的，文化的，環境的条件を創り出すことにより，生活や働く条件の計画性のある改善と学校や一般社会で肉体的な健康やスポーツを促進することにより，人々の健康と衛生教育と，健康的な生活実感とを共に発展させること。

3. 健康保持の権利を享受できるよう確固たるものにするために，国は基本的な義務を負う。

   a) 経済的境遇如何を問わず，予防，治療，リハビリなどの医療治療を全ての市民が利用できるように保障すること。

   b) 健康管理ユニットや人的資源に関し，国規模で合理的，効果的に保障すること。

   c) 医学的な治療や医薬品の費用を公的基金化に向かって働きかけること。

   d) 企業及び個人の医薬品事業を規制，監視し，それらを国家の健康事業と関連させるため，公立，私立の両者の健康管理施設にてその有効性と適切な標準化を推し進めること。

   e) 化学的，生物学的，薬学的な製品と手術用の医療機器，診断機器その他の機器の製造，配送，市場調査，営業販売，その利用について規制し，且つ管理すること。

   f) 麻薬の防止策と取り扱いの方針を確立すること。

4. 国家の健康事業は地方分散した，参加型運営方式を持つべきである。」

「ポルトガル憲法」は，国が国民の健康維持促進を図ることを義務としているところに特徴があります。「日本国憲法」第25条の「健康で，文化的な……」に相当する「健康と文化」の条文は，第64条から72条まであって，「住宅と都市計画」「生活の環境と質」などというように詳細に記されていて，それは「日本国憲法」のすべての条文とほぼ同じ長さになります。

◆「メキシコ憲法」：

1910年のメキシコ革命によって，ポルフィリオ=ディアス独裁政権が崩壊しましたが，1917年に社会改革派は，農民や労働者の諸権利を保障するために憲法を改正して社会権に関する細則規定をおくことにしました。社会権を取り入れた憲法としては，1919年の「ワイマール憲法」がありますが，「メキシコ憲法」はそれより2年前に採用しています。しかし，「メキシコ憲法」は社会権を保障するための十分な担保制度をもっていなかったことから，憲法規範としての脆弱性や質的欠陥が問題となり，頻繁に改正がなされてきました。

コラム　憲法研究会

1945年（昭和20年）12月26日，憲法研究会が「憲法草案要綱」をGHQに提出しました。憲法研究会は，同年10月に高野岩三郎を中心に鈴木安蔵・馬場恒吾・森戸辰男・岩淵辰雄・杉森孝次郎などが結成した研究団体です。当時は，日本政府だけでなく，民間団体によっても新憲法草案づくりが行われていたのです。この要綱は，当時，「大日本帝国憲法」について調査していた民政局のラウエル中佐の新憲法構想に影響を与えたとされています。

ところで，憲法研究会の「草案要綱」は，おもに鈴木安蔵がまとめたもので，国民主権の原理や社会権，生存権などが盛り込まれていましたが，儀礼的ではあるものの天皇制を認めていました。高野岩三郎はその天皇制の条項に不満をもっていたと言われています。高野の「改正憲法私案要綱」には，「日本国ノ主権ハ日本国民ニ属スル」，「日本国ノ元首ハ国民ノ選挙スル大統領トスル」，「土地ハ国有トス」などと記されていました。

判例7　朝日訴訟

【事件の概要】　太平洋戦争前に肺結核を発症し，国立岡山療養所に入院していた朝日茂さんは，単身で無収入のため十数年の間，「生活保護法」にもとづく生活扶助基準の最高月額600円と入院費免除の生活保護を受けていました。ところが，1956年（昭和31年）7月，長い間，音信不通であった実の兄がみつかり，民法上の扶養義務にもとづいた仕送りを受けることになりました。津山市社会福祉事務所長は，朝日さんの兄から月額1,500円の送金を受けることを知って生活扶助を打ち切り，同年8月以降，送金額か

ら600円を控除した残高900円を医療費の一部として朝日さんに自己負担させる保護変更決定をしました。

朝日さんは，知事および厚生大臣に不服申し立てをしましたが，却下されたため，厚生大臣を相手取り，生活扶助基準600円は，「憲法」25条に違反するとして，1957年（昭和32年）8月15日，不服申し立て却下裁決の取り消しを求める訴訟をおこしました。

□東京地裁判決（1960年〔昭和35年〕10月19日）

国が具体的基準を履行していないので，違法，しかも「憲法」第25条の理念を満たしていない。

□東京高裁判決（1963年〔昭和38年〕11月4日）

生活保護基準は低すぎるが，違法とまではいえないとし，原告の請求を棄却。

□最高裁判決（1964年〔昭和39年〕5月24）

1964年2月14日，朝日さんが死亡したため，養子夫妻が訴訟を継続したが，保護受給権（生活保護を受ける権利）は相続の対象にならないとして，終了。「憲法」第25条の規定は，国の責務として宣言しただけであり，国民に対して具体的権利を賦与したわけではないとして，生活保護基準に関する厚生大臣の裁量権行使は違法ではないとした。

【解説】　わが国の判例や学説では，この権利は，具体的な請求権ではなく，国家にその政治的・道義的義務を課しただけであって，国民が「憲法」第25条を根拠に，法律が違憲であるとして裁判所に提訴することはできないとされています。これをプログラム規定説といい，第25条は単なる宣言を載せているだけである，という解釈が一般的です。

しかし近年，このプログラム規定説を克服しようとする学説があります。その一つに抽象的権利説があります。これは生存権が資本主義経済の矛盾から生じた貧困などへの対応として生まれた国民の権利であること，また生存権が憲法上の権利であり政府の予算（法律）に制約されるべきではないこと，さらに第25条第1項だけでなく「憲法」の規定が程度の違いがあるにしてもおよそすべて抽象的であることなどです。学説としては，その他に具体的権利説というのがありますが，これも抽象的権利説とあまり違いがないといわれています。

第26条　[教育を受ける権利，教育の義務]

① すべて国民は，法律の定めるところにより，その能力に応じて，ひとしく教育を受ける権利を有する。

※1項GS案，2項GS案と日本政府案合作
法律→ここでは教育基本法，学校教育法

> ② すべて国民は，法律の定めるところにより，その保護する子女に普通教育を受けさせる義務を負ふ。義務教育は，これを無償とする。

義務教育 国民が受けなければならないとされる基本的な教育。日本の場合，9年間の義務教育

小委員会第一次試案では，「憲法」第25条以外の社会権についての詳細な規定がありました。これについては運営委員会と小委員会とでは意見がまとまらず，民政局長ホイットニー将軍は，一般的な規定についてのみ条文化するようにとしたことから，現在の第26条〜28条のようになりました。第26条については，ベアテ＝シロタ女史が「当時の日本では，農村の子どもたちは子守や丁稚奉公などで学校に行けなかった」と嘆き，人権小委員会の責任者ロウスト中佐も「そうした子どもたちは，行ったとしても途中で学校を止めさせられたり，丁稚奉公に行っても賃金はほとんどもらっていなかった。飢饉にもなれば娘身売りが頻繁に起こる」として教育を受ける権利が必要であるとしました。なお義務教育については，芦田小委員会で「児童に対してのみ無償教育」という文言について異議が出されました。これについては，当時，委員会の大勢は義務教育の無償の範囲は大学を含むという認識でしたが，戦後で財政難でもあることから，原則のみが条文化されました。

〈比較憲法〉

◆「フィンランド憲法」第13条：

「すべての国民は無償の義務教育を受ける権利を有する。義務教育は法律の定めるところによる。行政は法律に則って，すべての国民が，義務教育だけでなく能力と必要に応じた教育を平等に受けられる機会を保障し，経済状況を問わず，自己を発展させる機会を保障しなければならない。学術，芸術，高等教育の自由は保障される。」

フィンランドでは，小学校から大学まで入学金や授業料は無料で，高校までは教科書だけでなく給食費や筆記用具，通学費などあらゆる教育費が無料です。また，教師は最高の職業として尊重されています。2000年から4年ごとに行われたPISA調査（学習到達度調査）でフィンランドは高得点を得ましたが，それは我が国の学習指導要領の改訂に影響を与えました。

「日本国憲法」第3章　国民の権利および義務　153

> **コラム　現在の学校教育**
>
> 　憲法改正のための芦田小委員会の会議でも，義務教育の範囲については，小・中学校のみならず高等学校・大学を含むなど広範囲でした。また未来を切り開く青年は大切であり，彼等を将来困らせないようにすることが委員の一致した考えでした。現在の我が国は，児童・生徒の学習への意欲・関心が低いことや学生の就職難が問題となっていますが，当時の委員においては，こうした問題のあること自体が許し難いことであったのでしょう。
>
> 　最近では，児童・生徒・学生だけでなく，教師の方も劣悪な環境に苦しんでいます。かつては各学校に事務職員がたくさんいて，教師による子どもたちの教育に支障がないように，事務的処理を代行してきました。しかし現在では，財政難という理由から学校事務職員の削減を行っている都道府県も多くなっています。そこでは教師が，自分たちで出張・年休などのコンピュータへの入力，消耗品や備品の購入，また個人情報などの書類の作成を行っています。それに文部科学省や都道府県教育委員会からのアンケート調査，そして保護者への対応などもあって，教師は，一日のほとんどの時間が費やされて，本を読むことさえできないといわれています。小学校では，それらに加えて学童の交通安全指導，給食指導などがあります。しかも学習指導要領の改訂によって，中学校・高等学校だけでなく小学校の教育にも外国語学習が導入されるなど，教師の負担がますます増大しています。そのため指導内容の精選と仕事の効率化が教師たちに求められていますが，現実には教師たちにはそのような時間的余裕がほとんどないのが実情です。教師たちは朝早くに出勤し，1日5〜6コマの授業を終えたあと，すぐに職員会議や打ち合わせなどを行い，さらに各教師に割り当てられている校務分掌に関わる仕事，学校行事，学級事務などに時間をとられ，休憩時間もなくトイレも時間に追われる，といった状態にあるといわれています。
>
> 　経済協力開発機構（OECD）の生徒の学習到達度（ピサ）調査以来，しばしばフィンランドの教育と日本の教育とが比較されますが，フィンランドでは，人の生涯を扱う教職は最高の職業として認められ，給料も高額で，しかも小人数制で複数教師による授業が行われるなど，日本とはとても比べようがないほどに，教育環境が充実しているのです。

第27条　[勤労の権利及び義務，勤労条件の基準，児童酷使の禁止]

① すべて国民は，勤労の権利を有し，義務を負ふ。
② 賃金，就業時間，休息その他の勤労条件に関する基準は，法律でこれを定める。
③ 児童は，これを酷使してはならない。

※日本政府案・GS案
勤労　心身をつかって働くこと
法律→労働基準法（1947.4.7.交付）
酷使　休息も与えず働かせること

この条項は，小委員会の一次試案では，「児童の搾取を禁ずる」，「勤労条件，賃金および就業時間について適切な基準を定め」，「すべての成人は，生産的な勤労により生計をたてる権利を有する。その人間に適切な職業がみつけられないときは，その生計の維持に欠くことのできぬものの給付がなされるべきである」という条文がありました。それが２月12日の民政局案では上段二つはそのまま残されたものの，下段を簡潔にして「すべての人は，勤労の権利を有する」としました。その後，日本政府は，民政局の憲法改正試案が権利ばかりが多く義務に対する扱いが少ないとして，現在の第１項のように「すべて国民は，勤労の権利を有し，義務を負ふ」としました。現在，第27条は，生存権的基本権に属すると解釈されていますが，勤労権は国が労働の機会を与えるということだけで，具体的な法律上の権利ではないとしています。したがって，その条文を根拠に国が国民に職を与えるという意味ではないと解釈されています。

〈比較憲法〉

◆「カンボジア憲法」第48条１項：
「国家は子どもの権利条約に定められている子どもの権利，とくに生命，教育，戦時における保護，ならびに経済的，性的搾取からの権利を保護する。」
「コロンビア憲法」，「インド憲法」などにもこれと同じような規定があります。

◆「イタリア共和国憲法」第36条③：
「労働者は毎週の休息及び年次有給休暇に対する権利を有し，この権利は放棄することはできない。」

イタリアの年次有給休暇は30日ですが，この権利を放棄してはいけないことを憲法で明記しています。我が国では，「労働基準法」第39条で年次有給休暇を10日と定めていますが，「放棄してはならない」とはなっていません。オーストリア・ポルトガルは年35日，ドイツは年34日，フランスも年31日となっています。フランスの場合，労働者のほとんど全員が年次有給休暇を残らず消化し，多くは長期のバカンスを楽しんでいます。

第28条　[勤労者の団結権]
勤労者の団結する権利及び団体交渉その他の団体行動をする権利は，これを保障する。

※ GS案
団体交渉　労働者団体の代表が，労働条件などについて使用者と話し合うこと

この条文には団結権，団体交渉権，団体行動権の労働三権が保障されていますが，当初，小委員会案では「すべての職業においてストライキをする権利を確立する立法」「知的労働並びに内国人たると外国人たるとを問わず，著述家，芸術家，科学者および発明家の権利を保護する立法」という条文が掲げられていました。運営委員会は，これではストライキが奨励されているようにとられやすい，として削除しました。

> **第29条　[財産権]**
> ① 財産権は，これを侵してはならない。
> ② 財産権の内容は，公共の福祉に適合するやうに，法律でこれを定める。
> ③ 私有財産は，正当な補償の下に，これを公共のために用ひることができる。
>
> ※ GS案
> **財産権**　財産的価値を有する権利。所有権や債権（利益を受ける権利）など
> **私有財産**　個人として所有する財産

　2月12日の総司令部案では，第27条に「財産を所有する権利は，不可侵とするが，財産権の内容は，公共の福祉に適合するように，法律でこれを定める」，28条に「土地および一切の天然資源に対する終局的権原は，国民全体の代表としての資格での国に存する。土地その他の天然資源は，国が，正当な補償を支払い，その保存，開発，利用および規制を確保し増進するために，これを収用する場合には，このような国の権利に服せしめられるものとする」，第29条に「財産の所有は，義務を課する。財産権の行使は，公共の利益にならなければならない。国は，正当な補償の下に，私有財産を公共のために用いることができる」という条文がありました。2月13日，外務省官邸でこの条文を見て，松本烝治国務大臣は驚きました。総司令部案第28条には，社会主義国家のように土地・天然資源の国有化が定められていたからでした。3月4日の民政局の折衝で，この条文の削除を要求し，それが了承されたことに対して松本国務大臣は，「わが国は革命的変革を回避できた」と喜びました。この第28条については，「eminent domain=公用・補償」を条件とする国の土地収用の権能を定めたものにすぎない」という解釈もあります。「財産権の不可侵」については，「大日本帝国憲法」でも国民に認められていましたが，「日本国憲法」では物件や債権，著作権などの財産権については，とくに「公共の福祉」による制約が課せられています。その点において，「公共の福祉による制約はできない」とする精神的自由権とは異なり

〈比較憲法〉

シンガポールは，マレーシア連邦から独立した都市国家ですが，憲法には「日本国憲法」にあるような「財産権の保障」はありません。政府は「土地収用法」などを規定して，現在のような近代的な都市や公園を作りました。

第30条　[納税の義務]
　国民は，法律の定めるところにより，納税の義務を負ふ。

※日本政府案
法律→国税徴収法
（1959.4.20. 交付）

　この条文は，GSによる草案にはなかったものです。ラウエル中佐の「準備的研究と提案」においては，「軍国主義者が政治を支配し，これを彼等の目的遂行に利用できたのは権限の濫用があったからである。日本において民主主義的な傾向を伸長するためには，個々の市民の権利が実効性を持って保障されなければならない。このままの『大日本帝国憲法』の下では市民の諸権利を天皇の明示の意思であるとして，将来，軍国主義的または極端な国家主義者グループが出現して自由を制限してしまう」としていました。したがって「大日本帝国憲法」の第2章「臣民権利義務」の条文を無視しました。しかし，日本政府は，「市民の権利ばかりが多く目立ち義務に対しては乏しい」として，衆議院本会議で「大日本帝国憲法」第21条の「納税の義務」を条文化しました。この条文と第84条の「課税」の規定によって，国は国民に対して納税の義務を課すことができるとされています。

> **コラム　最初の非武装憲法の国**
>
> 　オーストリアとスイスに挟まれて，面積160km^2，南北24.6km，東西12.4km，人口約3万7千の小さな国，リヒテンシュタイン公国があります。この国はタックス・ヘイブン（租税回避地）の国として知られ，金融・サービス等の活動から生じる所得は無税であるために，免税目的の外国企業が集中し，法人税は国全体の40%にもなっています。その結果，国民には所得税・相続税・贈与税などの直接税の徴収がありません。またこの国は，最初に非武装憲法をつくった国としても知られてきました（隣国のスイスがこの国の外交と防衛の任にあたっていた）。しかし近年，この憲法は改正され，有事の際には徴兵制を施行して軍も組織できることになりました。

第31条 [法定手続きの保障]

何人も、法律の定める手続によらなければ、その生命若しくは自由を奪はれ、又はその他の刑罰を科せられない。

※ GS案
法律→刑事訴訟法
（1948.7.10. 交付）
刑罰 犯罪を犯した者に加えられる法律上の処分

民政局小委員会試案では、「戦前のわが国では、特高警察による拷問で死亡したり、裁判によって有罪判決を受けた多くの罪のない人がいた」として、「何人も、国会の定める手続きによらず、その生命、自由または財産を奪われることはない。また何人も、裁判所に出訴する権利を奪われない」としていました。その後、運営委員会で、この条文の「特高警察」という文言が除かれ、「またはいかなる刑罰をも科せられることはない」という文言が加わり、現在のような第31条と第32条とに分けられました。

第32条 [裁判を受ける権利]

何人も、裁判所において裁判を受ける権利を奪はれない。

※ GS案

この条文は、民政局案の「司法上の権利」の中にある「裁判所に出訴する権利」に当たります。裁判の対象は法律上の訴訟ですので、裁判の請求には具体的な権利保護を有していることが前提にあり、訴え自体に正当な利益が存在しなければなりません。それゆえ、裁判所は、高度に政治上の問題のある行為については、司法審査の対象とならず、判断を下せないとしています（統治行為論）。

第33条 [逮捕の要件]

何人も、現行犯として逮捕される場合を除いては、権限を有する司法官憲が発し、且つ理由となつてゐる犯罪を明示する令状によらなければ、逮捕されない。

※ GS案
現行犯 犯行中の、または犯行が終わった際に発覚した犯罪
司法官憲 司法上の権限を有する公務員。ここでは裁判官
令状 逮捕状。広くは命令を書いた文章

この条項は、人権に関する小委員会の一次試案とほとんど同じで、戦前のように検察官や司法警察職員がいつでも逮捕することがないように、「何人も現行犯で逮捕される場合を除き、裁判所の一員で権限を有する者でなければ令状を発し、

逮捕することはできない」としていました。日本政府は，この条項については，「裁判所の一員で権限を有する者」に「検察官」も含めたいとして，「権限を有する司法官憲」と修正しました。しかし，実際には「司法官憲」とは，裁判所または裁判官のことをさし，検察官や司法警察職員は含まれないと，解釈されています。

〈比較憲法〉

◆「ギリシャ憲法」第6条1：
「何人も，逮捕又は拘禁の時に示される理由を付した裁判所の令状によらなければ，逮捕又は投獄されない。ただし，現行犯の場合においては，この限りではない。」

　ギリシャは，日本と同じように令状主義の原則を掲げています。

第34条 ［抑留・拘禁の要件，不法拘禁に対する保障］

何人も，理由を直ちに告げられ，且つ，直ちに弁護人に依頼する権利を与へられなければ，抑留又は拘禁されない。又，何人も，正当な理由がなければ，拘禁されず，要求があれば，その理由は，直ちに本人及びその弁護人の出席する公開の法廷で示されなければならない。

※ GS案
抑留　強制的に体の自由を一時拘束すること。逮捕後の一時的な留置などをいう
拘禁　刑務所，留置所などに留置し，一定期間身体の自由を拘束すること

　この条項も小委員会試案とほとんど同じです。この場合の「抑留」とは，身体を一時的に拘束することを意味し，「拘禁」とは継続的に身体を拘束することをいいます。警察官や検察官が被疑者の身体を拘束するには，ただちに理由を告げ，犯罪の名称や詳しい犯罪事実を示さなければなりませんし，被疑者を抑留・拘禁するには，ただちに弁護人を依頼する権利を被疑者に与えなければなりません（弁護人依頼権）。

〈比較憲法〉

◆「中華人民共和国憲法」第37条：
「1．中華人民共和国公民の自由は侵されない。
　2．いかなる公民も，人民検察院の承諾若しくは決定又は人民法院の決定のいずれかを経て，公安機関が執行するのでなければ，逮捕されない。
　3．不法拘禁その他の方法による公民の人身の自由に対する不法な剥奪又は

制限は、これを禁止する。公民の身体に対する不法な検索は、これを禁止する。」

　中国の憲法の条文には、「中華人民共和国」とか「国家」という語が主語になっている文章が続くことが多く、人権の章についても「中華人民共和国公民」から始まっています。「日本国憲法」の条文に「日本国」「国家」の語がないのとは対照的です。

第35条　[住居の不可侵]

① 何人も、その住居、書類及び所持品について、侵入、捜索及び押収を受けることのない権利は、第33条の場合を除いては、正当な理由に基いて発せられ、且つ捜索する場所及び押収する物を明示する令状がなければ、侵されない。

② 捜索又は押収は、権限を有する司法官憲が発する各別の令状により、これを行ふ。

※ GS案
不可侵　侵害を許さないこと
捜索　探し求めること。裁判所や捜査機関が強制的に取り調べること
押収　裁判所が証拠となるものなどを差し押さえ、取り上げること

　小委員会では、司法上の人権として「何人も、その身体、住居、書類および所持品について、不合理な捜索および拘置または押収を受けることがないという権利は、侵害されることはない。また令状は、犯罪成立の蓋然性の認められるような理由に基づき、かつ捜査する場所および拘置または押収される人または物を明示していなければ、発せられてはならない。捜査または拘置もしくは押収は、裁判所の一員で権限を有する者により、そのために格別に発せられた令状により、行われなければならない」となっていました。この条文は、不合理な住居侵入や捜索を禁止しているだけでなく、「大日本帝国憲法」のような「法律の留保」規定も認めていません。捜索するには「捜索令状」が、押収には「押収令状」が必要となります。しかし、この条文の例外として第33条の「現行犯逮捕」と「逮捕令状による逮捕」があります。この場合は、本条による令状がなくても侵入、捜索および押収ができます。なお、日本政府は、令状を発する「裁判所の一員」に検察官や司法警察職員を含めようとして「司法官憲」としましたが、現在は、「司法官憲」とは事件を管轄する裁判所の裁判官を意味しています（第33条の解説も参考）。

第36条 ［拷問及び残虐刑の禁止］
公務員による拷問及び残虐な刑罰は、絶対にこれを禁ずる。

※ GS案
拷問　無理に犯罪を自白させるために、肉体的苦痛を与えること

民政局小委員会案には、「物理的なものであれ精神的なものであれ、公務員が拷問を用いることは、絶対にこれを禁じる。このような悪事について有罪とされた公務員には、厳罰が科せられるべきである。過大な保釈金を要求してはならない。また、残虐または異常な刑罰を科してはならない」とありました。糾問主義の時代は、自白が絶対的な証拠とされていた（法定証拠主義）ために、肉体的・精神的な苦痛を与えることがなされてきた、という反省から条文化されました。また「残虐な刑罰」とは、火あぶりやさらし首、釜ゆでなどをさします。こうした「残虐な刑罰」は、江戸時代ならともかく、現実にはありえないことですが、GSが憲法で条文化したことは不思議です。なお、日本で現在執行されている絞首刑は「残虐な刑罰」にあたらないとされています。

〈比較憲法〉
◆「ギリシャ憲法」第7条2：
「拷問、あらゆる肉体的虐待、健康への侵害又は精神的な暴力の行使及び人間の尊厳に対するその他の一切の侵害は、これを禁止し、法律の定めるところにより処罰する。」

第37条 ［刑事被告人の権利］
① すべて刑事事件においては、被告人は、公平な裁判所の迅速な公開裁判を受ける権利を有する。
② 刑事被告人は、すべての証人に対して審問する機会を充分に与へられ、又、公費で自己のために強制的手続により証人を求める権利を有する。

※ GS案
刑事事件　刑法が適用される事件
被告人　刑事事件で訴えられ、裁判がまだ確定していない者
審問　詳しく問いただすこと

> ③ 刑事被告人は，いかなる場合にも，資格を有する弁護人を依頼することができる。被告人が自らこれを依頼することができないときは，国でこれを附する。

　この条文は，小委員会案に多少の修正を施して現在のようになりました。第1項の「公平な……裁判」に基づいて，「刑事訴訟法」第2章では，裁判の公平を保障するために裁判所の職員に対する除斥，忌避の制度を認めるとともに，裁判官は第1回の公判期日までは，まったく白紙の状態で法廷に臨むことが要求されています。

第38条　[自己に不利益な供述，自白の証拠能力]

> ① 何人も，自己に不利益な供述を強要されない。
> ② 強制，拷問若しくは脅迫による自白又は不当に長く抑留若しくは拘禁された後の自白は，これを証拠とすることができない。
> ③ 何人も，自己に不利益な唯一の証拠が本人の自白である場合には，有罪とされ，又は刑罰を科せられない。

※GS案
供述　審問に答えて，事実や意見を述べること
自白　自ら自分の犯した犯罪事実を告白すること
脅迫　脅して迫ること
証拠　あかしのこと

　この条項は，小委員会案がそのまま活かされて，第38条となりました。第1項の「何人」というのは，被疑者，被告人および証人などをさし，また，「自己に不利益な供述」とは，量刑上不利益となる事実など，刑事事件に関する供述をいい，単なる財政上の不利益や名誉・信用に関する不利益ではありません。第2項の「拷問」とは肉体的強制で，「脅迫」とは精神的強制をさします。また不当に長い抑留または拘禁による自白は，任意性を失わせるとして証拠として認められないとされています。第3項は，本人の自白だけでは刑罰を科すことができないという意味になっています。したがって補強証拠がなければ被告人を有罪と認定することはできません。

第39条 [遡及処罰の禁止・一事不再理]

何人も、実行の時に適法であった行為又は既に無罪とされた行為については、刑事上の責任を問はれない。又、同一の犯罪について、重ねて刑事上の責任を問はれない。

※GS案と日本政府案
遡及　過去にさかのぼること
一事不再理　一度判決が確定した事件については、同じ罪状で裁判をしてはならないという原則

人権に関する小委員会案では「事後処罰法を制定してはならない。また、実行の時に適法であった行為については、刑事上の責任を問われない」という条文がありました。これは「法律なくして刑罰なし」という罪刑法定主義の原則からくるものですが、この条文で罪刑法定主義の原則と遡及処罰の禁止を定めています。また、日本政府はこの条文に一事不再理の原則と二重処罰の禁止についても付け加えました。

〈比較憲法〉
◆「ドイツ連邦共和国基本法」第103条：
「(2) いかなる行為も、行為が行われる前に、法律で処罰できると規定されているものでなければ処罰することができない。
(3) 何人も、同一の行為について、一般的刑法の根拠に基づいて重ねて処罰されることはない。」

第40条 [刑事補償]

何人も、抑留又は拘禁された後、無罪の裁判を受けたときは、法律の定めるところにより、国にその補償を求めることができる。

※日本政府案
法律→この場合は刑事補償法
補償　補い償うこと

刑事補償については、総司令部案の段階で「官憲の行為で不法な損害を受けたときの補償」という条文が削除されたことから、衆議院本会議で第17条とともに新たに加わったものです。第17条の「国又は公共団体」の賠償責任とは、公務員の故意や重大な過失がある場合に適用されます。

〈比較憲法〉
◆「スイス連邦憲法」123a条：
「1　性犯罪者又は暴力犯罪者が裁判所の判決のために必要とされる鑑定書に

おいて，極度に危険と判断され，かつ，治療が不可能であると評価された場合には，再犯の危険性の高さを理由として終身刑に処しなければならない。早期の釈放及び仮釈放は，認められない。」

◆ 同　　第123b条：

「思春期前の子どもに対する性犯罪又はポルノ犯罪の訴訟及びそれらの犯罪に対する刑は，時効の対象とはならない。」

◆ 同　　第124条：

「連邦及び州は，犯罪行為により身体的，精神的又は性的な不可侵性を侵害された者が援助を受け，犯罪行為により経済的困難に陥った場合には，適正な補償を受けるように配慮する。」

　スイスでは，思春期前の子どもへの性的犯罪やポルノ犯罪の再犯の危険性のある者の終身刑（なお，犯罪者の再犯は，終身刑を取り消した官庁が責任を負う）や時効の対象外についても明記し，しかも憲法のなかで被害者についての精神的・経済的補償も定めています。近年日本では，未成年者に対する性的犯罪が多発しています。「日本国憲法」では，公務員による刑事補償についてのみ規定していますが，スイスのように未成年者を守るための条文があっても良いのかも知れません。

「日本国憲法」 第4章 国会

【第41条～第64条までの解説】当初，マッカーサー元帥は一院制を主張していましたが，松本烝治国務大臣が二院制を主張したことにより，参議院が誕生しました。憲法改正案の審議の際，北昤吉議員が衆議院本会議で二院制の問題点について指摘したことにより，「憲法」の中に両院協議会の設置が記載されることになりました。しかし安倍政権以前の国会では，衆参の意見がまとまらない場合においても両院協議会が開かれることは少なく，しかも衆議院と参議院とで多数派が異なる，いわゆる「ねじれ国会」の要因にもなりました。

第41条　[国会の地位・立法権]
国会は，国権の最高機関であつて，国の唯一の立法機関である。

※ GS案
国権　国家の権力

この条文は「ソヴィエト連邦憲法」にならって「国会は，国権の最高機関」となりました。ケーディス大佐などニューディーラーの人々は，アメリカのような大統領制ではなく社会主義政権の誕生を願っていたことから，「国会中心主義」の条文となっています。一方，第7条「天皇の国事行為」第3号では，内閣の助言と承認に基づいて「衆議院を解散すること」も可能となっており，立法権に対して内閣の優位性が述べられています。また第81条でも「違憲立法審査権」があり，立法権に対する司法権の優位が述べられています。これらは「アメリカ合衆国憲法」のように三権が分立していて「チェック・アンド・バランス」の役割を果たすと言われていますが，「最高機関」という文言は，この第41条にあるだけで，内閣の章，司法の章にはないことから矛盾を指摘する学者もいます。

〈比較憲法〉

「大韓民国憲法」第40条では，「立法機関は国会に属する」となっています。「日本国憲法」も三権が対等に分立していると考えるのならば，第41条の「国会は，国権の最高機関」ではなく「大韓民国憲法」と同じような文言でもよかったのではないかと思われますが，当時の民政局は，行政権・司法権よりも立法権を優位にしたいと考えていました。

◆「ベトナム社会主義共和国憲法」第83条：
「国会は人民を代表する最高の組織であり，かつベトナム社会主義共和国の国

権の最高組織である。立憲・立法力をもつのは国会が唯一の組織である。」

　ベトナムは社会主義国家ですが、その憲法第83条は「日本国憲法」の第41条とよく似ています。日本の「憲法」も、社会主義国家のように国会を国権の最高機関としながら、一方では、第81条でアメリカのように「違憲立法審査権」を取り入れています。しかし、ベトナムでは、近年中に憲法を改正し、国名を「ベトナム社会主義共和国」から「ベトナム民主共和国」に変更しようとする動きもあります。もし実現されればこの第83条にも影響を与えるかも知れません。

◆「アイルランド憲法」第15条2.1：
「国家のために法律を制定する唯一の排他的(はいたてき)権限は、ここに国民議会に付与される。他のいかなる立法機関も国家のために法律を制定する権限を有しない。」
◆「ロシア連邦憲法」第94条：
「ロシア連邦議会たる連邦議会は、ロシア連邦の代表かつ立法機関である。」

　ソヴィエト連邦が崩壊した後作成されたロシアの憲法では、ロシア連邦大統領が国家元首（第80条）となり、以前のような「国会は国権の最高機関」という文言は憲法から削除されました。

第42条　［両院制］
　国会は、衆議院及び参議院の両議院でこれを構成する。　※日本政府案

　総司令部は、当初から一院制と二院制について検討していましたが、もし日本側が二院制を主張してきたのなら他の条文を通すために、その主張を利用しようと考えて、原案では一院制にしました。しかし松本烝治国務大臣が二院制を民政局（GS）に強く要求したことから、二院制が採用され、この条文が新たに加わりました。

　現在、中国・スウェーデン・エジプトなど、世界の約110か国で一院制を採用しています。一院制は、国民の意思が迅速(じんそく)に反映され、議員数が少なく政治にお金がかからないなどの理由から、おもに新興国で採用されています。これに対して、二院制は、議案を別々に審議することで公正な判断ができ、二院それぞれお互いにチェックできるなどのメリットがありますが、非効率という問題も指摘されています。

　日本では、参議院も衆議院と同じように政党の思惑(おもわく)や党派・党略に影響され、

二院制本来の役割を果たしていませんでした。また,「ねじれ国会」という経緯もあって,国民新党やみんなの党・日本維新の会などは,一院制にすべきであると主張していますが,自民党や民主党などは,二院制を堅持すべきであるとしています。

〈比較憲法〉

◆「バチカン憲法」:

　世界で一番小さい独立国家は,ローマ市内にあるバチカン市国ですが,法王(教皇)の制定した基本法(不文憲法)もあります。ローマにある市国と世界のカトリック教会を総称してバチカンといいます。バチカンでは世界中の司教の代表者が集まって議会を開いています。なお,不文憲法国には,バチカンの他に,イギリス・ニュージーランド・オマーン・イスラエル・リビア・サウジアラビア・サンマリノがあります(2011年現在)。

第43条　[両議院の組織・定数]
① 両議院は,全国民を代表する選挙された議員でこれを組織する。
② 両議院の議員の定数は,法律でこれを定める。

※日本政府案
定数　規則で決められた一定の人数のこと
法律→この場合は公職選挙法

民政局試案では「国会は,選挙された議員による一院で構成され,議員の定数は300人以上500人以下とする」となっていました。日本側の主張で参議院が加わったことで,「国会」は「両議院」となり,「一院」は削除され,議員の定数も具体的に明記しないで「法律でこれを定める」となりました。

〈比較憲法〉

◆「ミャンマー連邦共和国憲法」第109条:

「人民院は,次のように,最大定数440名の人民院議員により構成される。
(a) 郡及び人口に基づいて,又は郡が330名を超える場合は新設の郡を近接する適切な郡と結合させて,法律に従い規定された有権者によって選出される330名を超えない人民院議員
(b) 法律に従い,国軍最高司令官によって指名された国軍の軍人である110名を超えない人民院議員

　住民の約90%が仏教徒であるミャンマー(旧ビルマ)では,古くから幾多の王朝が興亡を繰り広げてきました。11世紀半ばにビルマ族による統一王朝が成立し,18世紀後半には広大な版図を築きました。しかし19世紀になってイギリスとの戦

争に敗れ，王朝はイギリス領インドに組み込まれました。その後1948年にビルマは連邦共和国として独立を達成しますが，1962年，国軍のネ＝ウィン将軍がクーデタを決行し，憲法を改正して社会主義政権を誕生させました。しかし，一党支配体制にともなう弊害や経済の停滞は，全国的な民主化デモへと発展していきました。軍部は治安回復を理由に政権を奪い，戒厳令を敷いて，国家法秩序回復評議会を設置しました。ここに26年間続いたネ＝ウィン体制は崩壊し，「1974年憲法」も停止しました。軍事政権は複数政党制に基づく議会制民主主義の復活と経済改革に着手しましたが（1989年ビルマはミャンマーに国名が改められる），1990年の総選挙でアウン＝サン＝スー＝チー女史の率いる国民民主連盟が圧勝したにもかかわらず政権委譲に応ぜず，民主化運動を弾圧し，スー＝チー女史を自宅軟禁しました。「新憲法」（前文と457条からなる2008年憲法）に基づく総選挙が2010年に実地され，翌年テイン＝セイン大統領が就任したことから政治犯の釈放や民主化，開放経済が進みました。しかし「新憲法」は連邦議会の4分の1を軍人議員が占めること，そして大統領の資格要件として軍事知識が求められ，非常事態には国軍司令官に対して全権が委任されること，憲法改正には，連邦議会の4分の3の賛成が必要なことなどを規定しています。

　ミャンマーにおいて国軍の統治が続く限り，本質的な民主化の実現は難しいと思われます。

第44条　[議員及び選挙人の資格]
　両議院の議員及びその選挙人の資格は，法律でこれを定める。但し，人種，信条，性別，社会的身分，門地，教育，財産又は収入によつて差別してはならない。

※ GS案
法律→この場合は公職選挙法
門地　家柄，生まれ

　この条項の小委員会案では，「国会議員の選挙の選挙人および候補者の資格」という文言になっていましたが，日本側が二院制にしたことから「両議院の議員及びその選挙人の資格」となりました。また平等原則の規定には「体色」という言葉もありましたが，これは「人種」の中に含まれるとして削除され，新たに「門地，教育，財産又は収入」が加えられました。

〈比較憲法〉
◆「オーストリア共和国連邦憲法」第26条1：
「国民議会は，投票日までに16歳となっている男女の連邦国民により，平等，直接，個人，自由及び秘密の選挙権に基づいて，比例代表の原則により選挙さ

れる。」

　オーストリア共和国は，九つの州で構成され，これらの州に国家性をもたせていることから単一の憲法法典はもっていません。憲法に関する法律には，「憲法法律」や「憲法規定」という名称のものがありますが，「連邦憲法」もその法律に含まれているとされています。

　しかし，「連邦憲法」は基本原則や国家体制および国家機関についての規定がなされていることから，憲法規範の中核となっています。なお，連邦の立法機関は国民議会と連邦参議院に分かれますが，国民議会は連邦参議院よりも強い権限を有しています。

第45条　[衆議院議員の任期]
　衆議院議員の任期は，4年とする。但し，衆議院解散の場合には，その期間満了前に終了する。

※ GS案
期間満了　決められた期間を終えること。この場合は4年間の任期

　衆議院議員の任期については，日本政府の会合でも民政局案がそのまま活かされました。

〈比較憲法〉

◆「アメリカ合衆国憲法」第1条第2節①：
「下院は，2年ごとに各州の人民により選出される議員でこれを組織する。……」

　アメリカの下院議員の任期は2年ですが，イギリスの庶民院（下院），フランスの下院は5年となっています。

第46条　[参議院議員の任期]
　参議院議員の任期は，6年とし，3年ごとに議員の半数を改選する。

※日本政府案
改選　任期が終了して，その役職につく人を改めて選挙により選出すること

　日本側は参議院を誕生させたことから，参議院の性格づけをどのようにすべきか検討しましたが，参議院議員の任期については，アメリカの連邦議会の上院をまねて6年とし，解散はなく，3年ごとの半数改選としました。

〈比較憲法〉

◆「オーストラリア連邦憲法」第13条（抜粋）：
「……最初のクラスの上院議員の任期は，任期の開始から3年をもって，また，第2のクラスの上院議員の任期は，6年をもって，満了する。」

オーストラリアの上院の任期は、日本の参議院と同じ6年で、半数改選されます。また、フランスの上院は9年と長く、イギリスの貴族院については終身議員となっています。

> **第47条　[選挙に関する事項]**
> 選挙区、投票の方法その他両議院の議員の選挙に関する事項は、法律でこれを定める。

※ GS案
法律→この場合は公職選挙法

小委員会案に若干の文言の変更がありましたが、日本政府はその内容をそのまま採用しました。

〈比較憲法〉

◆「アイルランド憲法」第18条：
「1. 上院は、60名の議員で構成されるものとし、そのうちの11名は、任命議員、49名は、選挙議員とする。」

◆　同　　　　　　　4.1：
「上院の選挙議員は、次の各号に掲げるとおりに選挙される。
　i 3名は、国立アイルランド大学により選挙される。
　ii 3名は、ダブリン大学により選挙される。
　iii 43名は、次節以降の規定により構成される候補者名簿から選挙される。」

アイルランドの上院の特徴は、特定の大学が議員資格49名のうちの6議席を有していることです。また残りの43議席も5名は文化および教育選出団から、11名は農業選出団、7名は公務選出団というように割り当てられています。

> **第48条　[両議院議員兼職の禁止]**
> 何人も、同時に両議院の議員たることはできない。

※日本政府案

この条文は、被選挙人が当選確実と予想される議院があるにもかかわらず、落選を恐れて両方の議院に立候補することを防ぐために条文化されました。

第49条 [議員の歳費]

両議院の議員は，法律の定めるところにより，国庫から相当額の歳費を受ける。

※ GS案
法律→国会議員の歳費，旅費および手当に関する法
国庫　国家が所有する財産の収入支出を扱う機関
歳費　国会議員が1年間に議員の仕事に対して受けとる報酬

日本政府が二院制を主張したことにより「国会議員」が「両議院の議員」と修正され，現在のようになりました。

〈比較憲法〉

日本の国会議員の歳費は，世界一高いといわれ，それに諸手当などを含めると考えられない額になるといわれています。ちなみに各国の国会議員のおおよその歳費（日本円に換算）は，日本 2,200 万円，アメリカ 1,750 万円，カナダ 1,260 万円，ドイツ 1,130 万円，イギリス 970 万円，韓国 800 万円です。

第50条 [議員の不逮捕特権]

両議院の議員は，法律の定める場合を除いては，国会の会期中逮捕されず，会期前に逮捕された議員は，その議院の要求があれば，会期中これを釈放しなければならない。

※ GS案
法律→この場合は国会法

この条文は，当初「国会議員は，……国会の会議に出席中または国会の会議に出席の往き来もしくは帰りの旅行中，逮捕されることはない。国会での演説，討論または表決について，国会以外で法律上の責任を問われることはない」となっていましたが，それに「会期前に逮捕された議員は，……釈放しなければならない」という文言を加えました。

〈比較憲法〉

◆「大韓民国憲法」第46条：

「1. 国会議員は，清廉の義務がある。
 2. 国会議員は，国家利益を優先し，良心に従い，その職務を行う。
 3. 国会議員は，その地位を乱用して，国，公共団体又は企業体との契約，又はその処分により，財産上の権利，利益又は職位を取得し，若しくは他

人のためにその取得を斡旋することはできない。」
このように韓国では, 憲法で国会議員の汚職や職権濫用を厳しく禁止しています。

> **第51条　[議員の発言・表決の無責任]**
> 　両議院の議員は, 議院で行った演説, 討論又は表決について, 院外で責任を問はれない。
>
> ※ GS案
> 表決　議案に対する賛否の意思表示
> 院外　国会の外

民政局案では, 現在の第50条と第51条は一つの条文でしたが, 第50条の後段を第51条として独立させました。

〈比較憲法〉
◆「スイス連邦憲法」第162条：
「連邦議会及び連邦参事会の構成員並びに連邦参事会事務総長は, 議院及び議院の機関における発言について, いかなる法的責任も問われない。」

> **第52条　[常会]**
> 　国会の常会は, 毎年1回これを召集する。
>
> ※ GS案
> 常会　国会の一つで, 通常国会のこと

民政局小委員会案では「国会は, 法律の定めるところにより, 年次会を開く」となっていましたが, 運営委員会との折衝の過程で「国会は, 少なくても年1回集会する」となり, 日本政府の審議では「少なくても」が「常会」となって, 第52条となりました。

〈比較憲法〉
◆「フランス第五共和国憲法」第28条：
「国会は単一の通常会期に, 当然に集会する。会期は, 10月の最初の開会可能日（平日）に始まり, 翌年6月の最後の開会可能日に終了する。」
　フランスの会期は, もともとは10月第1火曜日から12月第3金曜日まで, 4月最終火曜日から3か月間以内となっていましたが, 1963年, 国会が夏のヴァカンス時期にかかるということで, この条文に改正されました。

第53条　[臨時会]

内閣は，国会の臨時会の召集を決定することができる。いづれかの議院の総議員の4分の1以上の要求があれば，内閣は，その召集を決定しなければならない。

※ GS案
臨時会　国会の一つで，臨時国会のこと。必要に応じて召集される

当初，民政局案では，「国会議員の20%以上の要求があれば，臨時会を召集すること」となっていましたが，日本政府は「いづれかの議院の総議員の4分の1以上」に改めました。

第54条　[衆議院の解散・特別会，参議院の緊急集会]

① 衆議院が解散されたときは，解散の日から40日以内に，衆議院議員の総選挙を行ひ，その選挙の日から30日以内に，国会を召集しなければならない。
② 衆議院が解散されたときは，参議院は，同時に閉会となる。但し，内閣は，国に緊急の必要があるときは，参議院の緊急集会を求めることができる。
③ 前項但書の緊急集会において採られた措置は，臨時のものであつて，次の国会開会の後10日以内に，衆議院の同意がない場合には，その効力を失ふ。

※ GS案と佐藤達夫案
総選挙　衆議院のメンバー全員を代える選挙のことで，参議院の場合は半数ずつ「通常選挙」となる
閉会　会を終了すること
緊急　事が重大でその対応に急を有すること
但書　「但し」という言葉を用いて，その前文の条件，補足などを示したもの

ガイ＝J＝スウォウブ海軍中佐などの小委員会案では，「憲法」第54条と第66条は，もともと一つの条文でなっていました。しかし運営委員会で，内閣の不信任案と信任案の決議については，内閣の章の第69条に回されました。また参議院の緊急集会については，内閣法制局の佐藤達夫が，「衆議院の解散で生じた政治的空白中に，緊急事態が発生した場合には対応できない」として，民政局との折衝のうえ条文化したものです。

〈比較憲法〉

◆「スイス連邦憲法」第151条2：
「いずれかの議院の4分の1の構成員又は連邦理事会は，両議院の特別な会期の召集を要求することができる。」

◆「インドネシア共和国憲法」第22条：
「1　緊急事態の場合，大統領は法律の替わりとなる法令を制定する権利を有する。
2　上項で制定された法令は，次期国会の会期中に国会の承認を得なければならない。
3　上項の法令が，同国会の承認を得ることができない場合，廃止されるものとする。」

　インドネシアは，17世紀以降，350年におよんでオランダの植民地でした。第二次世界大戦中は日本軍の支配をうけましたが，1945年8月17日に独立宣言を行い，翌日に「インドネシア共和国憲法」を公布しました。「インドネシア共和国憲法」の特徴は，世界の憲法でもめずらしい前文と37条からなる極めて簡単な憲法であることです。

第55条　［資格争訟の裁判］
　両議院は，各々その議員の資格に関する争訟を裁判する。但し，議員の議席を失はせるには，出席議員の3分の2以上の多数による議決を必要とする。

※ GS案
争訟　訴訟を起こして争うこと。意味としては訴訟より広い
議席　議場内の議員の席という意味から，議員としての資格をさす

　この条文は，もともと「国会は，その議員の選挙および資格についての唯一の判定者である。……」となっていましたが，松本国務大臣が二院制を主張したことから，「国会」は「両議院」に改められ，「唯一の判定者である」については削除されました。また，議員の選挙違反などは裁判所で裁かれますが，資格裁判は国会で行われます。

第56条 [定足数，表決]　　　　　　　　　※GS案

① 両議院は，各々その総議員の3分の1以上の出席がなければ，議事を開き議決することができない。
② 両議院の議事は，この憲法に特別の定のある場合を除いては，出席議員の過半数でこれを決し，可否同数のときは，議長の決するところによる。

　この条文は，総司令部案を2項に分離しただけでほとんど修正されませんでした。両議院の開催の定足数は3分の1ですが，総議員というのはこの定足数をいいます。

第57条 [会議の公開，会議録，表決の記載]

※第1項GS案，2項は日本政府案
頒布　配布。広くいきわたらせること

① 両議院の会議は，公開とする。但し，出席議員の3分の2以上の多数で議決したときは，秘密会を開くことができる。
② 両議院は，各々その会議の記録を保存し，秘密会の記録の中で特に秘密を要すると認められるもの以外は，これを公表し，且つ一般に頒布しなければならない。
③ 出席議員の5分の1以上の要求があれば，各議員の表決は，これを会議録に記載しなければならない。

　民政局は，戦前の日本の軍部が秘密裏に会議を開き権利を濫用していたことから，秘密会を禁止すべきであるとしていました。しかし日本政府は，プライバシーの保護や秘密を要する国際機関の議事などのことも考えて，出席議員の3分2以上の多数があれば，秘密会とすることができる，としました。

〈比較憲法〉
◆「オランダ憲法」第3章2節第66条：
「1. 議会の会議は，公開とする。

2. 出席議員の10分の1が要求したとき、または議長が必要と認めるときは、会議は非公開とする。
3. その後、議院または両院合同会議における両議院により、審議及び議決を非公開とするべきか否かについて決定される。」

　オランダはヨーロッパにおける代表的な立憲君主国家で、正式国名は、ネーデルラント王国です。二院制を採用しており、第一院の定数は75名、第二院の定数は150名です。出席議員の10分の1の要求で会議を公開することができるため、日本と比べ条件がゆるやかといえます。

第58条　[役員の選任，議院規則・懲罰]

① 両議院は、各々その議長その他の役員を選任する。

② 両議院は、各々その会議その他の手続及び内部の規律に関する規則を定め、又、院内の秩序をみだした議員を懲罰することができる。但し、議員を除名するには、出席議員の3分の2以上の多数による議決を必要とする。

※ GS案
懲罰　不正や不当行為に対し、懲らしめのために罰を与えること。戒告・陳謝・登院停止、除名の四つがある
除名　名簿から名前を消すこと。この場合は議員の資格を奪うこと

　小委員会の一次試案では、「国会は、議長その他の役員を選任する。国会は、その手続きに関する規則を定める……」となっていました。ところが日本政府が二院制を要求したことから、「国会」は「両議院」となりました。

〈比較憲法〉

◆「ギリシャ憲法」第63条3：
「議会議員が正当な理由なく1か月に5回を超えて議会の会議を欠席したときは、その欠席ごとに、歳費月額の30分の1の減額を受ける。」

　ギリシャでは、議会を理由なくして欠席すると歳費の減額が憲法で明記されています。日本でも検討に値するのではないでしょうか。

第59条　[法律案の議決，衆議院の優越]

① 法律案は，この憲法に特別の定のある場合を除いては，両議院で可決したとき法律となる。

② 衆議院で可決し，参議院でこれと異なつた議決をした法律案は，衆議院で出席議員の3分の2以上の多数で再び可決したときは，法律となる。

③ 前項の規定は，法律の定めるところにより，衆議院が，両議院の協議会を開くことを求めることを妨げない。

④ 参議院が，衆議院の可決した法律案を受け取つた後，国会休会中の期間を除いて60日以内に，議決しないときは，衆議院は，参議院がその法律案を否決したものとみなすことができる。

※ GS案と日本政府案の合作

法律→この場合は国会法
両議院協議会　意見調整のための会議で，衆参それぞれ10名ずつ出席する
休会　議院が議事の審議を休むこと

総司令部が一院制を主張していたことに対して，松本烝治国務大臣は，イギリス議会を参考に「衆議院ニ於テ引続キ3回可決シテ参議院ニ移シタル法律案ハ衆議院ニ於テ之ニ関スル最初ノ議事ヲ開キタル日ヨリ2年ヲ経過シタルトキハ参議院ノ議決アルト否トヲ問ハズ法律トシテ成立ス」という案を作成して総司令部に提出しました。総司令部は，さらに自由党が「アメリカ合衆国憲法」からヒントを得て発表した案を参考にして，現在の第59条第2項，第4項を付け加えました。なお第3項の「両議院の協議会」という文言は，北昤吉議員が衆議院本会議でその必要性を説いたことにより加わったものですが，第4項についても，北は60日以内の議決は長すぎるとしています。

〈比較憲法〉

◆「デンマーク王国憲法」第42条：

「法律案が国会によって可決された場合，国会議員の3分の1をもって，その法律案の最終的可決から週日3日以内に，議長に対し，その法律案を人民投票に付するよう要求することができる。このような要求は，文書によりなされ，かつその要求をなす議員によって署名されていなければならない。」

デンマークの憲法は，これまで1849年，1866年，1915年，1953年と4度の改

正がなされています。1953年以降，50年以上も憲法が改正されていないことから度々「日本国憲法」との共通点が指摘されます。特にデンマーク憲法が硬性憲法であること，条文が89条と少なく，しかも簡潔に条文が書かれ，時代が進むにつれ拡大解釈の必要性があったこと，などが「日本国憲法」との類似点とされています。しかし，「日本国憲法」との大きな違いは，「デンマーク王国憲法では上院を廃止し，一院制（179人の国会議員を超えない＝第28条）を採用しているところです。しかも多数派の専制を防ぐために，立法手続きにおいて，議会少数派に対し第3読会（議会が立法を行う場合に，3回の読会とよばれる段階をおいて法案の審議と採決をすること）を延期させる権限を与え，上記条文のように法案を人民投票に付託する権限なども保障しています。「日本国憲法」も参議院の無用論がしばしば述べられていますが，合わせて国民投票の活用方法などについても真剣に討議する必要があるのではないでしょうか。

第60条　[衆議院の予算先議，予算議決に関する衆議院の優越]

① 予算は，さきに衆議院に提出しなければならない。

② 予算について，参議院で衆議院と異なつた議決をした場合に，法律の定めるところにより，両議院の協議会を開いても意見が一致しないとき，又は参議院が，衆議院の可決した予算を受け取つた後，国会休会中の期間を除いて30日以内に，議決しないときは，衆議院の議決を国会の議決とする。

※日本政府案
予算　国家の1年間における収入と支出の見積もり

　松本国務大臣が二院制を主張し，二院を衆議院と参議院としたことから，日本政府によって条文化されました。予算の審議については，まず衆議院に送られ，参議院で意見が異なった場合は，両院協議会が開かれます。それでも合意にいたらなかった場合には，最終的には衆議院での議決が国会の議決となります。

　ところで，この条文で「予算」とありますが，これは「予算案」ではないか，と指摘する人もいます。「予算案」が国会で議決されれば「予算」となるので，この条文では「予算案」となるはずではないか，というのです。では何故，「予算」としたのでしょうか。当初，総司令部の憲法草案では，第79条で「内閣ハ……

予算ヲ作成シ之ヲ国会ニ提出スヘシ」，第80条では，「国会ハ予算ノ項目ヲ不承認，減額……追加スルコトヲ得，国会ハ如何ナル……同年度ノ予算歳入ヲ超過スル金銭ヲ支出スヘカラス」となっていて，「予算案」という文言はどこにもありませんでした。松本国務大臣の二院制の主張で，条文は変えられましたが，「予算」という文言はそのまま残されました。これは「憲法」第7条第4号の「国会議員の総選挙の施行を告示」と同じ用例だと考えられます。

〈比較憲法〉

◆「イギリス国会法」第1条：

「金銭法案が庶民院により可決されて少なくとも会期終了1か月前に貴族院に送付され，貴族院に送付された後1か月以内に修正なしで可決されない場合は，貴族院がその法案に同意していないにもかかわらず，同法案は，庶民院が反対の指示をしない限り，陛下に提出され，陛下が署名する裁可を受けて，国会制定法となるものとする。」

金銭法案とは，租税を賦課，廃止，免除，変更，または規制するための法案をいいます。

第61条　[条約の承認に関する衆議院の優越]

条約の締結に必要な国会の承認については，前条第2項の規定を準用する。

※ GS案
条約　文書による国家間の取り決め
締結　条約を取り結ぶこと
準用　あるものを基準とし，類似するものに対して類推適用すること

条約の締結権は内閣にありますが，条約の締結に際しては，事前か事後に国会の承認が必要です。これは，小委員会がアメリカの上院の条約承認制度をまねて作成したものであるとされています。もし，条約の承認について参議院と衆議院とで意見が一致しないときは，衆議院の優越が認められています。また，この条文は第73条の「内閣の職務」第3号にも明記されています。

第62条　[議院の国政調査権]

両議院は，各々国政に関する調査を行ひ，これに関して，証人の出頭及び証言並びに記録の提出を要求することができる。

※ GS案
出頭　指定された場所におもむくこと

民政局の試案は，当初「国会は，調査を行い，証人の出頭および証言並びに記録の提出を求めることができ，これに応じない者を処罰することができる」となっていました。しかし日本政府は，国会による処罰の権限については，反対意見が出されたことから削除しました。現在，国会による国政調査権は，事態を正確に判断するためには欠くことのできないものとされており，それは「国会法」第104条にも詳しく定められています。しかし，1948年（昭和23年）の浦和事件（埼玉県下での親子心中・殺人事件）では，参議院法務委員会による国政調査権といえども，「司法権の独立」を侵すことができないとしました。このことは，国会が「国権の最高機関」であると明示されている「憲法」第41条への疑問点となりました。

〈比較憲法〉
◆「オランダ憲法」第4章第78a条：
「1. 全国オンブズマンは，申し立てにより又は自発的に，国の行政機関及び法律により又は法律に基づき指定された他の行政機関の行為を調査する。」
　オンブズマン制度は，1809年にスウェーデンで最初に導入されました。オランダやギリシャなどヨーロッパ諸国では，憲法や法律でオンブズマンによる調査を保障し，行政の公正化・適正化を図っています。我が国では，地方公共団体の一部で実施されているものの国レベルではその制度がありません。

第63条　[閣僚の議院出席の権利と義務]
内閣総理大臣その他の国務大臣は，両議院の一に議席を有すると有しないとにかかはらず，何時でも議案について発言するため議院に出席することができる。又，答弁又は説明のため出席を求められたときは，出席しなければならない。

※ GS案
答弁　質問に応じて回答すること

　この条文は，運営委員会だけでなく日本政府でも修正されず，現在の条文になりました。この条文によって，内閣総理大臣及び国務大臣は，「国会は国権の最高機関」であることから，国会からの要求あれば常に出席しなければなりませんし，答弁や質問を求められれば発言しなければなりません。

第64条　[弾劾裁判所]

① 国会は，罷免の訴追を受けた裁判官を裁判するため，両議院の議員で組織する弾劾裁判所を設ける。
② 弾劾に関する事項は，法律でこれを定める。

※ GS案
罷免の訴追　職務をやめさせる訴えを起こすこと
弾劾　裁判官などの犯罪や不正を調べて明るみにだし，一定の方法によって審判し罷免させる手続き
法律→この場合は裁判官弾劾法

小委員会案では，「国会は，法律の定めに従い，弾劾の訴追を受けた裁判官を裁判するため，その議院のなかから選んだ者で弾劾裁判所を組織するものとする」となっていました。日本政府は，それを第1項，2項に分けて現在のようにしました。

〈比較憲法〉

◆「アメリカ合衆国憲法」第1条第3節7：
「弾劾事件の判決は，免官，及び合衆国政府の下に名誉，信任又は報酬を伴う官職に就任，在職する資格を剥奪すること以上に及んではならない。ただし，有罪の判決を受けた者でも，なお法律の規定に従って，起訴，審理，判決，処罰を受けることを免れない。」

　アメリカの議会は連邦最高裁判所の裁判官と大統領に対し弾劾する権利を有しています。また，議会に対しては大統領に拒否権を，連邦裁判所には違憲立法審査権をそれぞれ認めています。アメリカが厳格な三権分立制をとっているのは，建国時，イギリス政府に苦しめられたように，州が連邦政府に苦しめられないようにという思いが強かったためといわれています。

「日本国憲法」 第5章　内閣

【第65条から第75条までの解説】　小委員会では，リーダーのサイラス=H=ピーク博士やジェイコブ=I=ミラーとミルトン=J=エスマン陸軍中尉との意見の相違がありました。ピークとミラーは，「行政権は内閣に属する」という提案をしましたが，エスマンは，「行政権は内閣総理大臣に属する」としたほうがよい，としました。しかし，運営委員のハッシー中佐が「内閣総理大臣であれ天皇であれ，一人の行政府の長によって支配される統治制度ではなく，国会に対して連帯責任を負う内閣制度を樹立すべき」といいだし，エスマンと対立しました。食い下がるエスマンに対して，運営委員会は，日光への旅行と称して彼を追放しました。しかし，行政権の所在について定める条文は，内閣の章以外にも見られます。「内閣の助言と承認」に基づく第7条第3号の天皇の「衆議院の解散権」や同条第6号の「恩赦権」，第81条の「違憲立法審査権」の対象とならない「統治行為」などがそれです。なお，「解散権」や「恩赦権」は残余権，「統治行為」は高い段階の行政権とよばれています。

第65条　［行政権］
行政権は，内閣に属する。

※ GS案

〈比較憲法〉

◆「大日本帝国憲法」第55条：
「①　国務各大臣ハ天皇ヲ輔弼シ其ノ責ニ任ス
②　凡テ法律勅令其ノ他国務ニ関ル詔勅ハ国務大臣ノ副署ヲ要ス」

◆「アメリカ合衆国憲法」第2条第1節1：
「行政権は，アメリカ合衆国大統領に帰属する。大統領の任期は4年とし，同一任期で選任される副大統領とともに，以下の方法で選挙される。」

　アメリカ大統領の選挙は，まず，各州で上院・下院の議員の合計数と同数の選挙人が決められます。そして，その州がどの大統領候補を選ぶかを決めるための投票を行います。その結果，多数の支持を得た候補がその州の選挙人をすべて獲得します。その後，各州の選挙人がもう一度投票して大統領を決めます。

第66条　[内閣の組織，国会に対する連帯責任]

① 内閣は，法律の定めるところにより，その首長たる内閣総理大臣及びその他の国務大臣でこれを組織する。

② 内閣総理大臣その他の国務大臣は，文民でなければならない。

③ 内閣は，行政権の行使について，国会に対し，連帯して責任を負ふ。

※①，③はGS案，②は極東委員会案
連帯責任　複数の者が一緒になって行ったことの結果に，共同で責任をもつこと
法律→この場合は内閣法
首長　集団の長。かしら
文民　軍人でなかった人で，現在も軍人でない人

　この条項は，当初，現在の第65条と第66条第1項および第3項とが一つの条文でできていました。極東委員会が「文民条項」を要求してきたことから，第65条と第66条の二つに分け，第66条第2項に「文民条項」を加え，第66条としました。

　「文民条項」については，これまで田中角栄内閣・三木武夫内閣・羽田孜内閣の下で元軍人が国務大臣になったこともあり，「文民」の解釈が問われたことがあります。また「文民」という言葉が，日常ではほとんど用いられていないことから，明確化する必要がある，と指摘する人もいます。

〈比較憲法〉

　イギリスは，日本と同じように議院内閣制を採用していますが，二大政党制が早くから発達してきたことから，野党は予算をもらっていつでも政権交代ができるように影の内閣（シャドー・キャビネット）を組織しています。したがって内閣は，国民から常に政治責任を求められる仕組みになっています。

第67条　[内閣総理大臣の指名，衆議院の優越]

① 内閣総理大臣は，国会議員の中から国会の議決で，これを指名する。この指名は，他のすべての案件に先だつて，これを行ふ。

② 衆議院と参議院とが異なつた指名の議決をした場合に，法律の定めるところにより，両議院の協議会を開いても意見が一致しないとき，又は衆議院が指名の議決をした後，国会休会中の

※GS案と日本政府案との合作
法律→この場合は国会法

> 期間を除いて10日以内に，参議院が，指名の議決をしないときは，衆議院の議決を国会の議決とする。

　第65条でも述べたように，エスマン中尉は，国会が小党分裂し，明確な多数を確保できないことがありうるので，内閣総理大臣は政党政治の上に立つ天皇によって任命されるべきである，と主張していました。しかしケーディス大佐は，「国会が内閣総理大臣の任命を行うことは非能率になりやすいが，大日本帝国憲法下のように天皇とその助言者に裁量権を与えることは危険である」と反論しました。結局，現在のような「内閣総理大臣は，……国会の議決で，これを指名」（第67条第1項）し，「天皇は，国会の指名に基いて，内閣総理大臣を任命する」（第6条）となりました。これは内閣がアメリカ型ではなく，イギリス型に近いものになったことを意味します。マッカーサー元帥は，これは極東委員会の要請があったからだと述べています。また，第2項の「両院協議会」は，衆議院本会議で自由党の北昤吉議員がその必要性を述べたことに応えて，新たに付け加えられたものです。

　また現行の憲法には，政党について明記されていませんが，最近，活動の公正確保などの理由から，明文改憲の必要性について自民党や民主党などが主張しています。

〈比較憲法〉
◆「フランス第五共和国憲法」第6条：
「① 共和国大統領は，任期5年で直接普通選挙により選出する。」
　フランスは，首相と大統領の両方がいる国です。首相はおもに国の政治を，大統領はおもに対外的な政治を担当します。大統領制と議院内閣制の両方の性格をもっていることから，「半大統領制」ともいわれます。フランスの大統領は日本と違って議会の多数派の党首がなるのではありません。また直接普通選挙で選ぶのでアメリカの大統領選挙とも異なります。

第68条　［国務大臣の任命及び罷免］
　① 内閣総理大臣は，国務大臣を任命する。但し，その過半数は，国会議員の中から選ばれなけれ

※極東委員会及びGS案
国務　国家の政務
任意　心のまま

> ばならない。
> ② 内閣総理大臣は，任意に国務大臣を罷免することができる。

　民政局の小委員会案では「国会の法律および行政府の命令には，主任の国務大臣が署名し，内閣総理大臣が連署するものとする」となっていましたが，日本政府においてもあまり修正は施されることはありませんでした。また主任の国務大臣の署名や内閣総理大臣の連署は，憲法の改正や条約の締結についても同様に取り扱うことになっています。

〈比較憲法〉

◆「ドイツ連邦共和国基本法」第64条：
「(1) 連邦大臣は，連邦首相の推薦に基づき，連邦大統領によって任命及び罷免される。」

　ドイツの連邦首相や連邦大臣を任命するのは連邦大統領です。大統領は，連邦議会などによって選出された連邦集会が選びます。ドイツの大統領は立法にも行政にも関わらない存在で，連邦首相より権限は大きくありません。このように大統領の権限が制限されているのは，第二次世界大戦前の「ワイマール憲法」で，大統領に大きな権限を認めていたことが，ヒトラーの台頭につながったためです。

◆「ネパール王国憲法」第37条：
「1　陛下は，首相の勧告に基づき国会議員の中から国務大臣を任命する。
　2　陛下は，首相の勧告に基づき国会議員の中から大臣の職務を補佐する副大臣を任命する。」
※この場合の国務大臣は，State Minister で無任所大臣。

　ネパールはアーリア系の王による君主国です。5世紀にインドの王族が王朝を築いてビルマ系の諸民族を支配したことが国の始まりです。その後，いくつかの盛衰があったものの中世末期にシャハ王がネパールを統一しました。ネパールでは以後シャハ家がネパールの王として君臨しています。国王の権限は原則として内閣の助言と承認の下に行使される，としていますが，首相の任命だけでなく国務大臣や副大臣の任命権，軍隊の統帥権も国王がもっています。しかし，近年，二大政党制が活発に機能し，国王派の望む現行憲法の維持が難しくなってきている，といわれています。

第69条　[内閣不信任決議の効果]

内閣は，衆議院で不信任の決議案を可決し，又は信任の決議案を否決したときは，10日以内に衆議院が解散されない限り，総辞職をしなければならない。

※GS案
総辞職　内閣総理大臣を含む全員の国務大臣が自分から職を辞めること

すでに第54条において述べましたが，民政局小委員会案では，もともと第54条と69条は一つの条文でした。エスマン中尉はアメリカの大統領制のように強力で安定した内閣を強調していましたが，ケーディス大佐は，「内閣が総辞職するか，国会を解散させるか，どちらかを二者選択できるので内閣の権威は十分に失われていない」として，エスマンの主張を打ち消しました。

内閣不信任案は，参議院においては提出できませんが，代わりに問責決議案としてたびたび提出されてきました。問責決議には，第69条のような規定がないことから，内閣はそれに責任を負うことはありません。しかし，参議院も衆議院と同じように政党に拘束されており，法律案や予算案などに際して内閣に揺さぶりをかけることもできるため，内閣もこの決議を無視することはできず，国会の停滞をもたらす一つの要因となっています。

〈比較憲法〉

◆「ギリシャ憲法」第84条4：
「信任又は不信任の決議案についての審議は，不信任の決議案について政府が直ちに開始するよう求めた場合を除き，その提出日から2日後に開始され，その開始日から3日を超えてはならない。」

第70条　[内閣総理大臣の欠缺・新国会の召集と内閣の総辞職]

内閣総理大臣が欠けたとき，又は衆議院議員総選挙の後に初めて国会の召集があつたときは，内閣は，総辞職をしなければならない。

※GS案
欠缺　ある要件が欠けること

「内閣総理大臣が欠けたとき」というのは，内閣総理大臣の死亡，あるいは辞職，資格争訟による失格（第55条），除名（第58条）をいい，その場合，内閣は総

辞職しなければなりません。

〈比較憲法〉
◆「ドイツ連邦共和国基本法」第136条2：
「最初の連邦大統領が選挙されるまでは，連邦大統領の権限は，連邦参議院の議長が行使する。連邦参議院議長は連邦議会の解散権を有しない。」

第71条　[総辞職後の内閣]　　　※GS案
前2条の場合には，内閣は，あらたに内閣総理大臣が任命されるまで引き続きその職務を行ふ。

この条文は，当初，第70条を含めた一つの条文でありましたが，それが二つに分かれて現在の第70条と第71条になりました。内閣が総辞職した場合に国の政治が一時的に空白になることを避けるために，現内閣が引き続きその職務を行うことを定めたものです。

〈比較憲法〉
◆「アメリカ合衆国憲法」第2条第1節6：
「大統領が免職，死亡，辞任し，又はその権限及び義務を遂行する能力を失った場合は，その職務権限は副大統領に帰属する。連邦議会は，大統領及び副大統領が共に，免職，死亡，辞任し，又は能力を喪失した場合について法律で規定し，その場合に大統領の職務を行うべき公務員を定めることができる。この公務員は，これにより，上記のような障害が除去されるか，又は大統領が選任されるまで，その職務を行う。」

アメリカの大統領は，現在のオバマ大統領まで第44代，43人がその職務に就いています。その中で事件が起因して任期中に辞任したのは1人，在職中に死亡したのが8人（暗殺されたのは4人）です。いずれの9回とも，その当時の副大統領が大統領に昇格しています。

第72条　[内閣総理大臣の職務]　　　※GS案
内閣総理大臣は，内閣を代表して議案を国会に提出し，一般国務及び外交関係について国会に報告し，並びに行政各部を指揮監督する。

当初，行政の小委員会では，エスマン中尉のように「内閣総理大臣には内閣の長として強い権限を与えるべきである」という意見と，ピーク博士のように「内閣総理大臣の優位的立場が強調されるよりも，内閣の連帯性が強調されるべきだ」という意見に分かれていました。結局，内閣総理大臣の権限の濫用を防止するということで，「内閣に代わって」（後に日本政府は「内閣を代表して」と修正した）という文言を挿入しました。この条文の「議案」というのは，国会で審議される法律案や予算案，信任の決議案，条約の承認案などのことをいいます。「法律案の国会への提出は内閣の国会に対する干渉である」との意見もありますが，議院内閣制を採用しているわが国では総理大臣はもともと国会議員であることなどから容認されています。

〈比較憲法〉

◆「イタリア共和国憲法」第95条①：
「内閣総理大臣は政府の一般政策を指揮し，それにつき責任を負う。内閣総理大臣は，各大臣の活動を推進・調整し，政治的及び行政的指針の統一を保持する。」

第73条　[内閣の職務]

内閣は，他の一般行政事務の外，左の事務を行ふ。

1. 法律を誠実に執行し，国務を総理すること。
2. 外交関係を処理すること。
3. 条約を締結すること。但し，事前に，時宜によつては事後に，国会の承認を経ることを必要とする。
4. 法律の定める基準に従ひ，官吏に関する事務を掌理すること。
5. 予算を作成して国会に提出すること。
6. この憲法及び法律の規定を実施するために，政令を制定すること。但し，政令には，特にその法律の委任がある場合を除いては，罰則を設けることができない。

※ GS案
執行　法律などの内容を実際に執り行うこと
総理　全体を管理すること
時宜　時期や状況が適していること
法律→この場合は国家公務員法
官吏　国家公務員のこと
掌理　担当して処理すること
政令　憲法や法律の内容を実施するために，内閣が決める命令
復権　一時失った権利を回復すること

> 7　大赦，特赦，減刑，刑の執行の免除及び復権を決定すること。

内閣の職務については，2月13日での総司令部案の文言を多少整理しただけで，ほとんど同じでした。

〈比較憲法〉

◆「インドネシア共和国憲法」第9条1：

「大統領（副大統領）の宣誓　神の御名において，インドネシア大統領（副大統領）の職務を可能な限り公正に，最善を尽くして遂行すること，憲法を遵守し，それに忠誠をもって法律と規制を施行すること，そして，国家と国民に我が身を捧げることを，誓います。」

インドネシアの大統領や副大統領は，就任するに先立ち，国民協議会や国会において，宗教に則った宣誓，誓約を行います。

◆「ギリシャ憲法」第85条：

「内閣の構成員及び政務次官は，政府の全体的な政策について連帯責任を負うとともに，大臣の責任に関する法律の規定に従い，その権限の範囲内における作為又は不作為について個別に責任を負う。いかなる場合においても，書面又は口頭による共和国大統領の命令が存在することにより，大臣及び政務次官がその責任を免れることはない。」

ギリシャでは，内閣や政務次官の職務は法律で規定されており，憲法には大臣の責任についてのみ記載されています。

第74条　[法律・政令の署名]

> 法律及び政令には，すべて主任の国務大臣が署名し，内閣総理大臣が連署することを必要とする。

※ GS案
署名　姓名を書き記すこと
連署　同一の書面に複数の者が氏名を列記し，連判すること

この条文は，総司令部案として呈示されてからもあまり修正されずに，「憲法」の条文となりました。内閣は，各省庁を指揮監督する責任者であることから，法律および政令を発する場合は自ら署名しなければなりません。ただし無任所大臣の場合，署名は必要ありません。

第75条　[国務大臣の特典]

国務大臣は、その在任中、内閣総理大臣の同意がなければ、訴追されない。但し、これがため、訴追の権利は、害されない。

※ GS案
訴追　検察官が刑事事件について公訴を提起すること

　ピーク博士などの小委員会案では、「閣僚は、その在任中、内閣総理大臣の同意がなければ、司法手続きに服せしめることはない。ただし、このことを理由に、訴訟を提起する権利を害さない」となっていました。だいたい現在の条文と同じような内容です。これは「内閣が行政の最高機関であるから、その責任者がみだりに検察当局から訴えられてはならない」として条文化されたものです。しかし国務大臣への訴追に対して、同意するか、しないかは、内閣総理大臣に任されています。

〈比較憲法〉

◆「大韓民国憲法」第84条：

「大統領は、内乱または外患の罪を犯した場合を除いては、在職中、刑事上の訴追を受けない。」

　韓国大統領には、その職務に就いている間は大きな権限とともに訴追についての特典も認められていますが、退任後に在任中の不正貯蓄や収賄疑惑について訴追されるケースがいくつかあります。

「日本国憲法」 第6章 司 法

【第76条から第82条までの解説】司法に関する小委員会は，マイロ＝E＝ラウエル陸軍中佐，アルフレッド＝R＝ハッシー海軍中佐，マーガレット＝ストウン女史が担当しました。司法については，「SWNCC-228」には記載はありませんでした。しかしラウエル中佐は，民政局で憲法草案を作成する以前から「大日本帝国憲法」を検討し，独自の意見をレポートにして，連合国最高司令部及び民政局行政部に提出していました。彼の1945年（昭和25年）12月6日の連合国軍最高司令部宛の「日本の憲法についての準備的研究と提案」の附属文書Bでは，「最高裁判所」や「検察官」についても触れています。また憲法研究会の高野岩三郎や森戸辰男などが作成した憲法草案についても，ラウエルは，詳細に分析して所見を述べています（1946年1月11日の民政局行政部宛のレポート）。それによると，彼は違憲立法審査権の裁判官と検事については，公選制が望ましいと主張しています。なお，委員のストウン女史は，憲法改正の極秘情報を日本の官僚に漏らしたとして解任されました。

ところで，「日本国憲法」では第4章が「国会」，第5章が「内閣」，第6章が「司法」となっています。三権分立の観点からみれば「立法権」「行政権」「司法権」であり，それらを司る機関でみれば「国会」「内閣」「裁判所」となり，整合性がとれないとする意見があります。

第76条 「司法権・裁判所，特別裁判所の禁止，裁判官の独立」
① すべて司法権は，最高裁判所及び法律の定めるところにより設置する下級裁判所に属する。
② 特別裁判所は，これを設置することができない。行政機関は，終審として裁判を行ふことができない。
③ すべて裁判官は，その良心に従ひ独立してその職権を行ひ，この憲法及び法律にのみ拘束される。

※ GS案
下級裁判所 高等裁判所・地方裁判所・家庭裁判所・簡易裁判所のこと
特別裁判所 特殊の事件・人のみを対象にする裁判所。司法権の系列からはずれる。戦前の軍法会議や皇室裁判所などがこの例
終審 最終の裁判所の判断

小委員会案では，現在の第76条と第77条，第78条とが一つになっていまし

たが，上部半分が第76条となり，下部半分が第78条と第79条に分かれました。

〈比較憲法〉

◆「アメリカ合衆国憲法」第1条第8節9：
「最高裁判所の下に，下級裁判所を組織すること。」

◆「オーストラリア連邦憲法」第71条：
「連邦の司法権は，オーストラリア高等法院憲法と呼ばれる連邦最高裁判所及び議会が設置するその他の連邦裁判所，ならびに連邦の裁判権を付与されたその他の裁判所に属する。高等法院は，長官および議会が定める2人以上の員数のその他の裁判官で構成する。」

「連邦憲法」に基づく司法権は，高等法院，その他の連邦裁判所および権限を付与された州裁判所にありますが，高等法院は違憲立法審査権をもち，オーストラリアの最高裁判所となっています。

◆「トルコ共和国憲法」第145条：
「軍事裁判は，軍事裁判所および規律裁判所により実施される。これらの裁判所は，軍人が，軍に関する罪と，軍人に対して，または軍管轄地において，あるいは軍事上の役務および任務に関連して犯した罪に関する裁判を取り扱う……。」

「トルコ共和国憲法」はクーデタを起こした「軍の憲法」として誕生しました。そのため軍法会議があって「司法」は完全に独立した機関ではありませんでした。しかし2010年に憲法改正のための国民投票が行われ，58％の賛成を得て司法権の独立が認められるようになりました。

◆「ドイツ連邦共和国基本法」第97条：
「(1) 裁判官は独立であって，法律にのみ従う。」

第77条　[最高裁判所の規則制定権]

① 最高裁判所は，訴訟に関する手続，弁護士，裁判所の内部規律及び司法事務処理に関する事項について，規則を定める権限を有する。

② 検察官は，最高裁判所の定める規則に従はなければならない。

※ GS案
検察官　犯罪の捜査，刑事事件の公訴を行い，裁判の執行などを監督する国家公務員

> ③ 最高裁判所は，下級裁判所に関する規則を定める権限を，下級裁判所に委任することができる。

運営委員会と小委員会との会合のなかで，ケーディス大佐は，裁判所の規則制定権と国会の立法権について問題があるとしました。彼によると，最高裁判所の規則制定権が司法的寡頭制をもたらすのではないか，ということでした。また彼は，司法権の独立の建前からも，裁判所自ら規定すべきものであるが，少なくとも国民の権利・義務に関する重要事項については，立法で規定されるべきである，と主張しました。つまり，裁判所の定める規則は，むしろ法律の施行細則を定めるとか，または法律の欠陥を補うものでなければならないとし，裁判所の規則は法律の限界内において効力を有するものであり，裁判所の規則制定権をもって国会の立法権を侵すことは許されない，としたのです。しかし，最終的には訴訟手続き，弁護士，裁判所の内部規律などの事項については，法律の委任によって裁判所においても規則をつくることができると解釈されています。

> **第78条　［裁判官の身分の保障］**
> 裁判官は，裁判により，心身の故障のために職務を執ることができないと決定された場合を除いては，公の弾劾によらなければ罷免されない。裁判官の懲戒処分は，行政機関がこれを行ふことはできない。
>
> ※ GS案
> **心身の故障**　精神的または肉体的に問題が起こって執務できない状態
> **懲戒処分**　職務上の不正・不当行為について戒めること。戒告，過料（罰金）などがある

罷免の要件とされる公の弾劾とは，「裁判官弾劾法」第2条によると，職務上の義務に著しく違反した場合や職務をはなはだしく怠った場合，裁判官としての威信を著しく失う非行があった場合をいいます。

1976年（昭和51年）のロッキード事件に際し，京都地方裁判所の鬼頭史郎判事補が検事総長であると偽って，三木武夫首相に電話をかけ，検察官の捜査を妨害しようとした事件がありましたが，その翌年，鬼頭判事補は，裁判官弾劾裁判所に提訴され，罷免判決が下されて法曹資格を失っています。

「日本国憲法」第6章　司　法　193

〈比較憲法〉

◆「サモア独立国憲法」第68条5：

「最高裁判所の裁判官は、罷免されない。ただし、国会議員の総数（欠員を含む）の3分の2以上の多数の賛成によって通過した罷免請求に基づいて、国家元首が、当該罷免請求に示された非行又は身体的もしくは精神的欠陥を理由に、その職からの罷免を求める場合は、この限りではない。」

　サモア独立国は、南太平洋の人口約17万の小さな国です。19世紀にサモア諸島はイギリス、アメリカ、ドイツの勢力争いに巻き込まれて東西に二分され、東半分をアメリカが領有（現在のアメリカン・サモア）し、西半分をドイツが領有しました。西サモアは第一次世界大戦後、国際連合の委任統治領としてニュージーランドの施政下に入りましたが、1961年の国連総会で信託統治終了が決議されると、翌年ポリネシア最初の独立国となりました。サモア独立国における法の源は、西洋的な議会制民主主義や基本的人権の尊重にありますが、一方では古来の制度や慣習を存続させているところに特徴があります。またサモア独立国の裁判所は、独自の裁判所とその判例があるにもかかわらず、裁判に際してはニュージーランドやオーストラリア・イギリスなどの裁判所の判例を考慮して判決しています。

第79条　[最高裁判所の裁判官、国民審査、定年、報酬]

① 最高裁判所は、その長たる裁判官及び法律の定める員数のその他の裁判官でこれを構成し、その長たる裁判官以外の裁判官は、内閣でこれを任命する。

② 最高裁判所の裁判官の任命は、その任命後初めて行はれる衆議院議員総選挙の際国民の審査に付し、その後10年を経過した後初めて行はれる衆議院議員総選挙の際更に審査に付し、その後も同様とする。

③ 前項の場合において、投票者の多数が裁判官の罷免を可とするときは、その裁判官は、罷免される。

④ 審査に関する事項は、法律でこれを定める。

※ GS案
法律→裁判所法（1947.4.16.公布）・最高裁判所裁判官国民審査法（1947.11.20.公布）
退官　官職をやめること。最高裁・簡易裁判所の裁判官の定年は70歳、その他は65歳

> ⑤ 最高裁判所の裁判官は、法律の定める年齢に達した時に退官する。
> ⑥ 最高裁判所の裁判官は、すべて定期に相当額の報酬を受ける。この報酬は、在任中、これを減額することができない。

小委員会では、「最高裁判所は、首席裁判官および国会の定める員数の陪席裁判官で構成される」となっていましたが、日本政府は、「首席裁判官」を「その長たる裁判官」に、「国会の定める員数の陪席裁判官」は、「法律の定める員数のその他の裁判官」としました。なお、最高裁判所裁判官の任命における国民審査は、アメリカのミズリー州などの制度をまねたものでした。

第80条 [下級裁判所の裁判官・任期・定年、報酬]

> ① 下級裁判所の裁判官は、最高裁判所の指名した者の名簿によつて、内閣でこれを任命する。その裁判官は、任期を10年とし、再任されることができる。但し、法律の定める年齢に達した時には退官する。
> ② 下級裁判所の裁判官は、すべて定期に相当額の報酬を受ける。この報酬は、在任中、これを減額することができない。

※ GS案
再任 任期終了後、もう一度同じ役職に就くこと

当初、一次試案では、裁判官の任期は終身となっていましたが、運営委員会では、「このような規定は司法部の寡頭制をもたらす」として疑問が出され、任期は10年となり、65歳という定年制についても盛り込まれました。なお、「憲法」には明記されていませんが、裁判官の定年については、「裁判所法」で最高裁判所と簡易裁判所の裁判官は70歳、その他の裁判官は65歳と定められています。下級裁判官の報酬については、日本政府は、第80条に新たに第2項を設けて規定しました。なお、裁判官の報酬額は「裁判官の報酬等に関する法律」で定められています。

第81条 ［法令審査権と最高裁判所］　※GS案
最高裁判所は，一切の法律，命令，規則又は処分が憲法に適合するかしないかを決定する権限を有する終審裁判所である。

　小委員会案について，運営委員会ではケーディス大佐が「他の機関同様，最高裁であっても立法措置に対して拒否する権限は与えられない」とし，ハッシー中佐は「最高裁が立法を違憲として拒否する権限については否定的でありつつも，具体的事件において憲法の解釈問題が生じたときはさしつかえないのではないか」と述べて対立しました。結局，最高裁で違憲とされた場合は，国会の審査に付すということで決着がつきました。しかし，この「違憲後の国会審査」について，日本側から疑問視する意見が出され，現在のようになりました。裁判所に違憲立法審査権が与えられたのですが，「憲法」第41条に「国会は，国権の最高機関」とあることから，最高裁が国会と同等の権限をもつと解釈することには無理があります。こうした不整合な条文がある理由は，「日本国憲法」にイギリス型の立法中心主義とアメリカ型の三権分立主義が混在しているからです。

　法令が憲法に違反しているかどうかについては，アメリカや日本のような通常裁判型とフランスやドイツ・イタリアなどの憲法裁判型があります。通常裁判型は事件が起こったときに最高裁判所が違憲審査しますが，憲法裁判所型は，事件がなくとも違憲と思われるものに対しては違憲審査をすることができます。

　なお日本の最高裁でこれまでに違憲とされた判決は，「尊属殺人事件判決」「衆議院議員定数不均衡事件」など9例にすぎません。

〈比較憲法〉
◆「オランダ憲法」第6章第120条：
「裁判官は，法律及び条約の基本法との適合性を判断しない。」
　オランダは，憲法で司法による違憲審査を禁じているめずらしい国です。

第82条 ［裁判の公開］　※GS案
① 裁判の対審及び判決は，公開法廷でこれを行ふ。

対審　原告と被告を対立させて行う取り調べ
善良の風俗　社会一般の好ましい習わし・風習

> ② 裁判所が，裁判官の全員一致で，公(おおやけ)の秩序又は善良(ぜんりょう)の風俗(ふうぞく)を害する虞(おそれ)があると決(けっ)した場合には，対審は，公開しないでこれを行ふことができる。但し，政治犯罪，出版に関する犯罪又はこの憲法第3章で保障する国民の権利が問題となつてゐる事件の対審は，常にこれを公開しなければならない。

　ラウエル中佐などが作成した一次試案が，そのまま総司令部案となり，日本政府に提示されてからも，ほとんど修正されないままに第82条となりました。この条文は第37条第1項とともに，公正な裁判を主権者である国民の監視によって保障しようとするものです。裁判は，訴訟の審判を誰もが聴取できるように「公開主義の原則」に立っていますが，裁判官の全員一致で，公の秩序または善良の風俗を害する恐れがあるとされる場合には，非公開が認められています。ただし，政治犯罪，出版に関する犯罪または国民の権利が問題となる対審は，常に公開になっています。これは，太平洋戦争前の我が国では，しばしば秘密裁判によって政治犯罪に対する処罰がなされてきたという事実があるからです。またとくに出版の自由は，民主主義を成立させるために守らねばならない重要なものとしていますが，その一方で，総司令部（GHQ）は，1951年（昭和26年）のサンフランシスコ平和条約締結まで，プレス・コード（新聞報道規制など）によって日本人に対する表現の自由を制限していました。

「日本国憲法」第7章　財政

【第83条～第91条までの解説】　財政に関する小委員会は，フランク＝リゾー陸軍大尉一人でした。責任者ケーディス大佐の信望が厚く，運営委員会との折衝でも修正はあまりなく短時間で終えました。リゾー大尉が起草した試案は，「予算はイギリスの制度にならう」というマッカーサーの三原則と「国会中心主義を採用する」という「SWNNCC-228」の指針に従ったものでした。それに「大日本帝国憲法」第6章の「会計」規定を土台にして全体が書きあげられています。

第83条　「財政処理の基本原則」
国の財政を処理する権限は，国会の議決に基いて，これを行使しなければならない。

※GS案および日本政府案

リゾー大尉案には，「租税を賦課し，金銭の借入れをなし，公金の支出を認め，並びに貨幣および紙幣を発行し，その価値を定める国の権限は，国会を通じて行使されるものとする」とする条文がありましたが，日本政府はこれを削除，修正して改め，「日本国憲法」第83条としました。なお，リゾーは，ケーディス大佐の帰国後に民政局次長，マッカーサー元帥解任後には民政局長になっています。

第84条　［課税］
あらたに租税を課し，又は現行の租税を変更するには，法律又は法律の定める条件によることを必要とする。

※GS案
租税　税金のこと
現行　現在施行されているという意味

この条文は，リゾー大尉の「あらたな課税または税率の変更は，法律によって定められなければならない」と「現在賦課されている租税は，法律によって変更されない限り，従前のとおり徴収される」などの条文からきています。基本的には，「大日本帝国憲法」第62条と第63条に準じて作られていますが，第二次試案で「法律の定める条件」という文言が加わりました。これは，イギリスの議会制民主主義の原則である「代表なくして課税なし」からくるもので，租税法定主義といわれています。

〈比較憲法〉

◆「大日本帝国憲法」62条：
「① 新ニ租税ヲ課シ及税率ヲ変更スルハ法律ヲ以テ之ヲ定ムヘシ」

◆ 同　　63条：
「現行ノ租税ハ更ニ法律ヲ以テ之ヲ改メサル限ハ旧ニ依リ之ヲ徴収ス」

◆「スイス連邦憲法」第128条：
「1　連邦は，次の各号に掲げる直接税を課すことができる。
　　a. 自然人の所得に対する最高11.5％の税率の直接税
　　b. 法人の純収入に対する最高8.5％の税率の直接税」

◆ 同　　第131条：
「1　連邦は，次の各号に掲げる物品に特別消費税を課すことができる。
　　a. たばこ及びたばこ製品
　　b. 蒸留酒
　　c. ビール
　　d. 自動車及びその部品
　　e. 石油，その他の鉱油，天然ガス及びこれらの資源を原料とする加工品並びにエンジン用燃料」

スイスでは，直接税や特別消費税について憲法で明記しています。

第85条　[国費の支出及び国の債務負担]
　国費を支出し，又は国が債務を負担するには，国会の議決に基くことを必要とする。

※ GS案
国費　国の支払うべき経費
債務　借金を返済する義務

　この条文は，最初はリゾー大尉が「大日本帝国憲法」第62条第3項の「国債ヲ起シ及予算ニ定メタルモノヲ除ク外国庫ノ負担トナルヘキ契約ヲ為スハ帝国議会ノ協賛ヲ経ヘシ」を活用して，「国債を発行し，および国庫の負担となるべき契約をなすには，国会の同意を要する」としていました。それが2月12日の総司令部案では「国債」及び「国庫」という規定が除かれ，幅広く契約と国の債務負担について規定するという意味から，「予算によって支出が認められる」となりました。その後，日本政府とのやりとりのなかで現在の条文となりました。

> **第 86 条　[予算]**
> 　内閣は，毎会計年度の予算を作成し，国会に提出して，その審議を受け議決を経なければならない。

※ GS案
会計年度　4月1日から翌年3月31日まで

　この条文は，「大日本帝国憲法」第64条第1項に準じて作られていますが，これに「国会に提出して審議を経る」という文言が加わってできあがっています。また運営委員会試案では「国会は，その年度について見込まれた歳入を超える額の歳出を認めてはならない」とあり，「均衡財政」を条文化していましたが，当時の日本政府がこれを削除しました。もしこの条文を削除していなければ，無駄な財政支出は抑制され，現在問題になっているような借金財政はなかったことでしょう。

〈比較憲法〉

◆「スイス連邦憲法」第126条1：
　「連邦は，歳出および歳入を長期的にわたり均衡させる。」
　スイスの場合，仮に支出が予算の上限を超す場合でも，次年度には補塡しなければなりません。今日，「均衡財政」を憲法で規定している国には，スイスのほかにドイツ・フランスがあります。

> **第 87 条　[予備費]**
> ①　予見し難い予算の不足に充てるため，国会の議決に基いて予備費を設け，内閣の責任でこれを支出することができる。
> ②　すべて予備費の支出については，内閣は，事後に国会の承諾を得なければならない。

※ GS案
予見　あらかじめ予想すること

　予備費については，「大日本帝国憲法」第69条と変わらず，第一試案では「避けることのできない予算の不足を補うため，または予算の外に生じた必要な費用に充てるため，予算の中に予備費を設けることができる」となっていました。それが日本政府に提出されたときは，「予見し難い予算の不足に充てるため，予備費を設け，内閣の直接の監督のもとにこれを支出することができる。すべて予備費からの支出については，内閣が国会に対して責任を負うものとする」となり，それが日本政府との折衝の過程で二つの項に分かれました。

〈比較憲法〉
◆「大日本帝国憲法」第69条：
「避クヘカラサル予算ノ不足ヲ補フ為ニ又ハ予算ノ外ニ生シタル必要ノ費用ニ充ツル為ニ予備費ヲ設クヘシ」

第88条　[皇室財産・皇室の費用]
すべて皇室財産は，国に属する。すべて皇室の費用は，予算に計上して国会の議決を経なければならない。

※ GS案
計上　計算のなかに含めること

当初，人権に関する小委員会では，第82条に「すべて皇室財産は，世襲のものを除き，国に属する。一切の皇室財産からの収入は，国庫に納入されなければならない。法律の定める皇室の手当および費用は，毎年の予算に計上して国会の議決を経なければならない」とありました。皇室財産については，「SWNNCC-228」の「一切の皇室収入は，国庫に繰り入れられ，皇室費は，毎年予算の中で，立法部によって承認されるべきものとする」という指針を厳守しています。日本政府は，この条文について衆議院本会議での審議過程でかなり抵抗を示しましたが，総司令部が強く求めたことから，現行のようになりました。

第89条　[公の財産の支出又は利用の制限]
公金その他の公の財産は，宗教上の組織若しくは団体の使用，便益若しくは維持のため，又は公の支配に属しない慈善，教育若しくは博愛の事業に対し，これを支出し，又はその利用に供してはならない。

※ GS案
公金　公のお金。国や地方公共団体のもつお金
便益　都合がいいこと。利益があること
博愛　あまねく愛すること

この条文は，若干文言が修正されたものの，ほとんどが民政局の小委員会案通りになっています。

〈比較憲法〉
◆「中華人民共和国憲法」第10条：
「1　都市の土地は，国家の所有に属する……。」

中華人民共和国は，憲法第12条で「社会主義の公共財産は，神聖不可侵である」とするなど，自国の財産を厳しく守っています。こうした背景のなかで，尖閣諸島や南シナ海において自国の領有権を主張して，他国との摩擦を引き起こしています。

第90条　[決算検査，会計検査院]
① 国の収入支出の決算は，すべて毎年会計検査院がこれを検査し，内閣は，次の年度に，その検査報告とともに，これを国会に提出しなければならない。
② 会計検査院の組織及び権限は，法律でこれを定める。

※ GS案
法律→会計検査院法
(1947.4.19 公布)

リゾー大尉が担当した財政に関する小委員会案では，「国のすべての収入支出の最終検査は，毎年会計検査院によってなされ，内閣は，次の年度に，これを国会に提出しなければならない。会計検査院の組織および権限は，国会がこれを定める」となっており，第84条として日本政府に示されました。これは「大日本帝国憲法」第72条を踏まえたもので，「帝国議会」という文言が削除されるなど，多少の変化はあるものの基本的にはそれと同一の内容でした。

〈比較憲法〉
◆「大日本帝国憲法」第72条：
「① 国家ノ歳出歳入ノ決算ハ会計検査院之ヲ検査確定シ政府ハ其ノ検査報告ト倶ニ之ヲ帝国議会ニ提出スヘシ
② 会計検査院ノ組織及職権ハ法律ヲ以テ之ヲ定ム」

第91条　[財政状況の報告]
内閣は，国会及び国民に対し，定期に，少くとも毎年1回，国の財政状況について報告しなければならない。

※ GS案

この条項は，リゾー大尉の小委員会案で作成されたものが，そのまま総司令部案となって，日本政府に手渡されてからも一字一句も修正されず，現行の憲法条文となっています。

〈比較憲法〉

◆「パキスタン・イスラーム共和国憲法」第171条：

「連邦の会計に関する会計検査院長の報告書は，これを大統領に提出し，大統領は，これを国民議会に提出する。また，州の会計に関する会計検査院長の報告書は，これを州知事に提出し，州知事は，これを州議会に提出する。」

　1947年，英領植民地インドの独立とともに，イスラーム教徒はヒンドゥー教徒から分かれて，インドの東西にパキスタンを建国しました。独立当初，パキスタンは1935年の「インド統治法」を暫定憲法として採択するとともにイスラーム国家建設にとりかかりました。1956年にはパキスタン初の憲法が採択されましたが，内乱の末，東パキスタンはバングラデシュ人民共和国となりました。1999年，クーデタによって暫定憲法命令が出たものの，2002年に現在の「1973年憲法」が復活しました。

◆「スリランカ民主社会主義共和国憲法」第213条：

「1　大統領により任命される会計検査院長をおき，これは非行なき限りその任に当たる。」

◆　同　　　　　　　　　　　　　　　　第214条：

「1　会計検査院長は，中央政府及び州行政府のすべての省庁，大臣会議官房，法務委員会，国家公務委員会，財政委員会，国家警察委員会，州公務委員会，州警察委員会，国会行政コミッショナー，国会事務総長，選挙委員会，贈収賄又は汚職調査委員会，地方自治体，公社並びに成文法により中央政府に委任されている業務又は事業の会計を監査する。」

　スリランカは，南インドに近接する島国で，その面積は北海道ぐらいです。イギリスの植民地統治下だったセイロンが独立したのは1948年のことで，その際に「セイロン憲法」という名の憲法をもちました。その後，スリランカ民主社会主義共和国となり経済的には社会主義政策を進めてきましたが，1978年の憲法全面改正後，外貨導入を図るなど自由主義的傾向が見られはじめました。

　1951年のサンフランシスコ講和会議において，日本を戦勝国によって分割統治する占領案がありました。しかし，当時のセイロン（現，スリランカ）のジャヤワルダナ大統領の「人はただ愛によって憎しみを越えられる。人は憎しみによっては憎しみを越えられない……」というブッダの言葉を引用した名演説が諸外国代表の心を打ち，日本の国際復帰への道につながったといわれています。

「日本国憲法」 第8章 地方自治

【第92条～第95条までの解説】「SWNNCC-228」には「都道府県の職員は，できる限り多数を，民選にするか，あるいはその地方庁で任命する」という指針が示されていて，「大日本帝国憲法」下における内務大臣のような権限を弱め，地方における真の代議政治を発達させることが必要であるとされていました。またラウエル中佐の準備的研究においても「地方への権限と責任の分与」について細かく述べられ，戦前の日本の統治機構のような中央集権制にならないように，権限を都道府県および市町村に委譲して地方分権化することを述べていました。セシル=G=ティルトン陸軍少佐，ロイ=L=マルコム海軍少佐，フリップ=O=キーニーの小委員会も「税を課し，これを徴収する権限，地方警察を設け，維持する権限，憲法と国会で制定した法律に矛盾しないような法律及び命令を制定する権限を与える」などと，地方分権の強い内容でした。しかし，運営委員会のハッシー中佐は，「日本のような狭い国が，アメリカの州の自治のような形態にするのは現実的でない」と反対しました。結局，この章については全面的に運営委員会によって書き換えられることになりました。

また，ティルトン少佐は，中央政府が地方に出先機関をおいて支配・服従させてきた，戦前の日本のあり方を嫌って地方内務省を解体させましたが，戦後になっても，政府は，旧内務省地方局を自治省として復活させ，交付税や補助金を通じて地方公共団体を支配してきました。この第8章第92条は，政府によって歪められてきた文言もあり，再考の余地があると思われます。

従来，自治体の行政事務の大部分が政府の委任事務として行われ，政府が地方公共団体を下請け機関としていることや，許認可権限によって地方公共団体へ圧力をかけることに対する批判がありましたが，現在では，機関委任事務制度は廃止され，団体委任事務は法定受託事務と自治事務に再編されています。しかし，法定受託事務については事務処理のための処理基準が定められており，今でも地方公共団体を拘束しています。

第92条 ［地方自治の基本原則］
地方公共団体の組織及び運営に関する事項は，地方自治の本旨に基いて，法律でこれを定める。

※日本政府案
本旨 本来の原則
法律→地方自治法
（1947.4.17. 公布）

地方自治の章は、「大日本帝国憲法」には存在しませんでしたが、総司令部案を受け取った日本政府は、地方自治についての条文を憲法に入れるのならば、まず総論的なものを示した方がよいということで、新たに第92条に加えたものです。第92条の「地方自治の本旨に基いて」という言葉は、「地方自治の本来の趣旨（理念）」を意味しますが、外国人には少し難しい言葉です。しかし旧自治省による地方支配や地方交付税交付金による地方公共団体の中央依存体質を考えると、「地方自治の本旨」という言葉には、戦前のような中央・地方の関係を維持しようとする当時の政府の思惑が感じられます。総司令部から再三にわたって「地方自治の本旨」とは何かと聞かれてきたこともあって、日本政府は「団体自治」と「住民自治」と答えてきたのではないかと思われますが、実際には地方自治にはかなり政府からの制約がありました。

〈比較憲法〉

◆「イタリア共和国憲法」第5条：

「一にして不可分の共和国は、地方自治を承認し、かつ促進する。共和国は、国の事務において、最も広範な行政上の分権を行い、その立法の原則および方法を、自治および分権の要請に適合させる。」

イタリアは、共和国と地方との広範な行政上の分権がなされていますが、オーストラリアも連邦や州・地方との役割分担が明確になっています。

◆「オーストラリア連邦憲法」第106条：

「連邦の各州の憲法は、この憲法に反しない限り、当該州の憲法の規定に従って改正されるまでの間、連邦成立の時、または州の加入の承認もしくは設立の時のいずれかと同一のものとして継続する。」

先住民（アボリジナル）が住んでいたオーストラリアに、ヨーロッパ人が入植したのは1788年ですが、当初はほとんどの入植者はイギリスからの囚人たちで、開拓された土地は大英帝国の植民地とされました。その後も英本土からの入植希望者がふえて、19世紀末には六つの自治植民地が成立しました。やがて連邦化の動きも活発となり、1901年にはオーストラリア連邦国家が創設されました。しかし、連邦国家は、それまでの州政府がもっていた権限を維持することを条件に成立したために、各州が強い自治権をもっているのが特色です。連邦国家が国防、外交、貿易、社会福祉などの権限をもっているのに対して、州政府は運輸、教育、保険業務などに権限をもっています。しかし各地方自治体は、州憲法での制約があり独立自治権は認められていません。

各地方自治体は，地域のニーズを把握し，地域住民の参加システムを利用して，地方道路整備，地方税の徴収，ゴミの収集，公衆衛生，文化施設の運営などで独特のコミュニティサービスを展開しています。たとえば，西オーストラリア州パースでは，郊外に向かうルートには無料巡回バス（CAT）が走り，中心部では電車・バスの無料ゾーンがあります。また，パースの幹線道路や都市交通は，道幅が広いうえに交通量も少ないなど，環境への配慮が十分になされていると評価されています。しかし，パースの治安は悪く，犯罪件数が日本の13倍という悩みもかかえています。

第93条　[地方公共団体の機関，その直接選挙]
① 地方公共団体には，法律の定めるところにより，その議事機関として議会を設置する。
② 地方公共団体の長，その議会の議員及び法律の定めるその他の吏員は，その地方公共団体の住民が，直接これを選挙する。

※GS案
吏員　地方公共団体の公務員

　ティルトン少佐案では「都道府県の知事，各市町村の長並びにそれぞれの地方公共団体の議会の議員は，公選によって選ばれるものとする。他の吏員はすべて，公選により公共団体の任命によって，その地位に就くものとする」となっていました。それに対して運営委員会は，現在のように「地方公共団体の住民が直接選挙によって選ぶ」としました。また地方公共団体の意思を決定する議事（議決）機関は，一院制の都道府県議会および市町村議会となり，議員の任期も4年となりました。

〈比較憲法〉
◆「ギリシャ憲法」第102条2：
　「地方自治体は，行政上及び財務上の独立を有する。その執行機関は，法律の定めるところにより，普通及び秘密の投票により選挙される。」

　ギリシャは，若者の失業率が60％を超えるなど国の財政破綻は危機に瀕しています。当初は激しいデモやストライキが行われていましたが，最近では自助独立の動きもでてきています。こうした動きは政府の改革だけでなく「カリクラティス改革」という大規模な地方制度改革にも現れています。

※カリクラティス改革……任命制の知事を住民による公選にし，また県を地方（広域自治体）に統合するなどの地方分権化の促進を図るという2010年の改革。この改革は地方公務員の削減をも目的にしていたといわれている。

第94条　[地方公共団体の権能]

地方公共団体は，その財産を管理し，事務を処理し，及び行政を執行する権能を有し，法律の範囲内で条例を制定することができる。

※ GS案
権能　権利・権限と能力
条例　地方公共団体の議会によって制定された法規
法律→国会法（1947.4.30.公布）地方自治法（1947.4.17.公布）

当初，運営委員会の案では「都，市および町村の住民は，自らの（地方公共団体の）財産，事務および行政を処理する権利並びに国会の制定する法律の範囲内において，自らの基本法を定める権利を奪われることはない」となっていました。しかし日本政府は，「法律の範囲内で条例を制定する」に変更しました。

〈比較憲法〉

◆「ロシア連邦憲法」第8章第132条1：

「地方自治の機関は，自主的に地方公共団体の財産を管理し，地方公共団体の予算を編成し，決定しかつ執行し，地方税及び公課を定め，社会秩序を維持し，その他地域に固有の諸問題を解決する。」

※公課……手数料や分担金など公の目的のために課せられる租税以外の金銭負担。

第95条　[特別法の住民投票]

一の地方公共団体のみに適用される特別法は，法律の定めるところにより，その地方公共団体の住民の投票においてその過半数の同意を得なければ，国会は，これを制定することができない。

※ GS案

第92条の例外規則で，国が特定の地方公共団体のみに不利益を与えることを禁じたものです。

〈比較憲法〉

◆「スイス連邦憲法」第51条　州憲法：

「1　全ての州は民主的な憲法を有する。州憲法には，州民の同意が必要とされ，有権者の過半数が要求する場合には，これを改正することができなければならない。

2　州憲法には，連邦の保障が必要とされる。連邦は，州憲法が連邦法に反しない場合に，保障を与える。」

　スイスは，連邦および州（カントン），地方自治体に分かれていますが，かつては独立した州の同盟組織であったことから，州や地方自治体には一定の自治権が与えられています。市民は，レファレンダム（国民投票）とイニシアティブ（国民発議権）をもち，憲法や法律などに対する拒否権ももっています。憲法改正の国民投票だけでなく，例えば，国がある地域への巨額な公共投資を計画しても，住民の一定以上の要求があれば住民投票によって，その計画を拒否することができます。なお，州や市町村の議員は，学生を除いて本業をもっており，無報酬に近い状態であり，日本のような近親者による議員継承もみられません。

　ちなみに各国の地方議員の年間報酬（日本円換算）は以下の通りです。

　　日本（県議会）2,119万円，同（市議会）952万円，韓国（基礎自治体）210万円，イギリス（県・市町村）73万円，アメリカ（郡・自治体）64万円，ドイツ（郡・基礎自治体）55万円，フランス10万円，スイス5万円（政権シンクタンク「構想日本」2008年などより）

「日本国憲法」 第9章 改正

【第96条の解説】

> 第96条 ［改正の手続き，その公布］
> ① この憲法の改正は，各議院の総議員の3分の2以上の賛成で，国会が，これを発議し，国民に提案してその承認を経なければならない。この承認には，特別の国民投票又は国会の定める選挙の際行はれる投票において，その過半数の賛成を必要とする。
> ② 憲法改正について前項の承認を経たときは，天皇は，国民の名で，この憲法と一体を成すものとして，直ちにこれを公布する。

※GS案
発議　議事の開始を求めること。現憲法には発議の規定がなく，「議決」なのか「議事提起」なのか，「内閣提起」もできるのかなどの論議がある
国民の名　憲法改正権力の主体が国民であるという意味。国民主権に基づく

憲法改正の条文は，リチャード=A．プール海軍少尉など「天皇その他の事項」を担当した人々によって作成されました。当初，この条文は「制定されて10年を経過する1955年まで，改正できないこと，そして10年ごとに特別会が開かれ，国会の3分の2以上の多数による提案がなければ，発議されず，国会の4分の3以上の多数を得なければ承認されない」となっていました。しかし運営委員会は「自由主義的憲法の起草は，責任のある選挙民を前提にしなければならない。憲法は永続性を持つものでなければならないから，10年ごとの憲法改正の規定は削除したほうがよい」ということを主張しました。そしてハッシー中佐の「国会が総議員の3分の2以上の賛成を得て発議し，選挙民の過半数以上の賛成によって承認される」という意見を取り入れ，現在の条文となりました。

2012年（平成24年）12月に成立した第2次安倍晋三政権は「憲法」第96条を改正して，「憲法」第9条にもメスを入れ，自衛隊を自衛軍にしたい，と意欲的です。それに対して反対論もあります。「日本が他国のように軍隊をもてば軍事衝突も行われる可能性がある。それよりもアメリカが完全なる戦争放棄を求めて作った憲法なんだから，改正しないでいればアメリカは日本に軍事力の行使を求めてこないだろう。また中国も国際世論を考えれば日本に攻めてこない。第9条はこうしたことから厳守すべきだ」という反対意見もその一つです。

「日本国憲法」第9章　改　正　209

〈比較憲法〉

◆「モロッコ憲法」第103条：
「憲法改正の発議権は，国王，衆議院及び参議院にある。国王は，憲法の改正案を直接，国民による国民投票にかけることができる。」

◆　同　　　第104条：
「衆議院あるいは参議院の一人又は多数の議員から提出された憲法改正案は，その議院を構成する議員の3分の2が投票によって賛成しないと承認されない。その後に，改正案は，もう一方の議院に送付され，構成議員の3分2の多数が賛成をしないと，承認されない。」

　モロッコは，イスラーム国家ですが，立憲的な社会民主主義君主制です。憲法改正の発議権については，国会議員だけでなく国王にもありますが，イスラームの規定については，国王の権限によっても国民投票によっても改正はできません。
　世界で最も古い憲法は，「アメリカ合衆国憲法」(1788年成立)ですが，「日本国憲法」は世界で14番目に古い憲法典となっています。「アメリカ合衆国憲法」は，最初は全7条で，これに適宜条文を加える形で修正を施して，現在に至っています。また，インドは，これまで91回憲法を改正し，ドイツ・コスタリカも50回以上の憲法改正を行っています。また「大韓民国憲法」でも第128条で「憲法改正は，国会在籍議員の過半数又は大統領の発議で提案される」とあり，軟性憲法です。

◆「ミクロネシア連邦憲法」第14条第2節：
「少なくても10年ごとに，連邦議会は，『この憲法の改正または修正のために会議を開くべきか』という問題を投票に付さなければならない……。」

　西太平洋の赤道以北に点在する小さな島々からなるミクロネシア連邦は，1920年に日本の委任統治領にもなったことがあります。その後，日本の敗戦によって，連邦は国連の信託統治領としてアメリカの統治下におかれましたが，1979年には「ミクロネシア連邦憲法」を発効して7年後(1986年)に独立を成し遂げました。「ミクロネシア連邦憲法」の特色の一つに「日本国憲法」改正草案を作成した民政局のプール原案を思い出すような「憲法は10年ごとに見直しがなされる」という条文があります。

◆「モンゴル国憲法」第68条：
「1　憲法の改正についての発議を，法律案を提出する権限を有する機関，公
　　職者が行い，これを憲法裁判所が国家大会議に提議することができる。
　2　憲法改正問題について，国家大会議議員の3分の2以上の賛成により，

国民投票を行うことができる。投票は、憲法第25条第1項16に定める根拠に従い行う。」

モンゴル民族は、中国とソ連という大国に挟まれて翻弄されながら、極めて厳しい自然環境と闘い、遊牧を中心として独自の社会形態を営んできました。

19世紀末の清朝の過酷な賦役に対してはロシア革命の影響を受けながら克服し、人民共和国を成立させました。また1980年代の後半のソ連の崩壊に際しては民主化運動を展開して大統領制に基づく与野党連立政権を発足させました。モンゴル国の憲法については、これまで1924年、1940年、1960年、1992年と4度に及ぶ制定歴があります。現在の「1992年憲法」は、市場経済、民主主義を中心とするもので「1960年憲法」のように労働者階級の権利のみを守るのではなく、国民の自由・権利を保障し、法治国家の原則に適合させようとする憲法です。

◆「カナダ1982年憲法法」第5章第38条：

「(1) カナダ憲法の改正は、次の(a)(b)両号の決議により承認された場合に、カナダ連邦の国璽を押した、総督の発する布告により行われる。

(a) 元老院及び庶民院おのおのの決議

(b) 全州の3分の2以上の州立法議会の決議。ただし、それらの州の人口の合計が改正時の直近に行われた国勢調査において全州の人口の50％以上であることを要する。」

コラム　カナダのケベック州

カナダの南西部に位置するケベック州に行くと、道路脇に白十字にユリの紋章（フルール・ド・リゼ）の州旗が目立ちます。しかし、その隣にはボロボロに破れたメイプル（楓）のカナダ国旗が寂しく並んでいて、ケベック州議事堂においてはカナダ国旗もありませんでした。ケベック州は、17世紀に定住植民地であった地域で、フランス系住民が80％以上を占めていましたが、18世紀に七年戦争（フレンチ・インディアン戦争）で負けて、イギリス領になってしまいました。その後、ケベック州は2度にわたって独立を求める住民投票を行いますが、いずれも否決されています。そうしたフランス系住民の思いが、公用語をフランス語にしている理由なのかも知れません。

「日本国憲法」 第10章　最高法規

【第97条～第99条の解説】

第97条　[基本的人権の本質]

　この憲法が日本国民に保障する基本的人権は、人類の多年にわたる自由獲得の努力の成果であつて、これらの権利は、過去幾多の試錬に堪へ、現在及び将来の国民に対し、侵すことのできない永久の権利として信託されたものである。

※GSホイットニー案
信託　譲り渡されるものでなく、預けられたもの

　第97条は民政局長ホイットニー将軍の発案であり、もともとは第11条の「基本的人権の享有」のなかにあったものでした。総司令部案を受け取った松本烝治国務大臣と法制局の佐藤達夫は2人で草案を検討しましたが、人権条項を担当した佐藤が、「あまりにも歴史的・芸術的で日本の法制に合わない」として削ったものでした。その後、この条文がホイットニー将軍案と知ったケーディス大佐から、「どこかにおいて欲しい」と懇願されて、第97条にもってきたものです。この条文については、偶発的な要素はあるにしても基本的人権の尊重が「日本国憲法」の核心部分であることから、これは適切であるという人と、いや第11条との重複であるばかりか、ホイットニーが民政局長でなければ条文化されないものであり、第10章の「最高法規」の条項としては不適切であるという人がいます。

第98条　[最高法規、条約及び国際法規の遵守]

① この憲法は、国の最高法規であつて、その条規に反する法律、命令、詔勅及び国務に関するその他の行為の全部又は一部は、その効力を有しない。
② 日本国が締結した条約及び確立された国際法規は、これを誠実に遵守することを必要とする。

※GS案と日本政府案の合作
最高法規性　国の法体系の頂点に存するという性格
最高法規　国のあらゆる法のなかで最も上位の法のこと
条規　各条項・規定を意味するが、前文も含まれる
国際法規　条約・協約・議定書・政府間協定までを含めた、国家間の合意
遵守　従い、守ること

この第98条は，もともとは「この憲法並びに憲法に従って作られた法律および条約は，国の最高法規であって，その条規に反する法律または命令および詔勅または国務に関するその他の行為の全部または一部は，その効力を有しない」となっていました。それを外務省が上記下線の「並びに……条約」の部分を抜いてしまいました。また法制局の佐藤達夫も，形式面からしても「最高法規」の章に入れるべきではないとして外務省に同調していました。しかし，衆議院本会議で北昤吉議員や鈴木義雄議員などから「それでは日本国民が条約を尊重するという文言は憲法の何処にも明記されないことになる」，「新たに第2項を挿入したらどうか」という反対意見が出されました。こうしてこの第98条の第2項として「日本国が締結した条約及び確立された国際法規は，これを誠実に遵守することを必要とする」という条文が入りました。これは，「憲法」前文に国際協調主義を謳っていることと呼応したものです。しかし第1項の「最高法規」と第2項の「条約」とに分けたことは，国内法と国際法との効力関係をあやふやにすることになったという指摘があります。国際的には国内法（憲法）が優先され（憲法優位説），国会の承認のない条約（国際法）は無効とされていますが，我が国の政府は，一貫して条約優先説を採用しています。この場合，問題になってくるのは，安保条約による「地位協定」やそれにもとづく特別法の存在ですが，砂川事件での最高裁判決はこれを合憲とし，条約についての審査は「統治行為論」にもとづいてこれを不適切としています。

第99条　［憲法尊重擁護の義務］
天皇又は摂政及び国務大臣，国会議員，裁判官その他の公務員は，この憲法を尊重し擁護する義務を負ふ。

※ GS案
擁護　かかえ守ること。ここでは憲法を破壊する行為に対して抵抗し，憲法の実施を確保することの意味

　この条文は，日本政府に提出されたときには「天皇が皇位を継承したとき，および摂政，国務大臣，国会議員，裁判官その他一切の公務員が就任したときは，この憲法を擁護し守護する義務を負う。この憲法施行の際に正当にその地位にあるすべての公務員も，また憲法を擁護する義務を負うものとし，かつ後任の者が選挙されまたは任命されるまではその地位に留まるものとする」となっていました。日本政府は，この条文を簡潔にして現在の条文にしました。

「日本国憲法」 第11章 補則

第100条 〔憲法施行期日, 準備手続〕
① この憲法は, 公布の日から起算して6箇月を経過した日から, これを施行する。
② この憲法を施行するために必要な法律の制定, 参議院議員の選挙及び国会召集の手続並びにこの憲法を施行するために必要な準備手続は, 前項の期日よりも前に, これを行ふことができる。

※日本政府案
起算 計算し始めること
(1947.5.3. 施行)

第101条 〔経過規定－参議院未成立の間の国会〕
この憲法施行の際, 参議院がまだ成立してゐないときは, その成立するまでの間, 衆議院は, 国会としての権限を行ふ。

※日本政府案

第102条 〔経過規定－第1期の参議院議員の任期〕
この憲法による第1期の参議院議員のうち, その半数の者の任期は, これを3年とする。その議員は, 法律の定めるところにより, これを定める。

※日本政府案

第103条 〔経過規定－公務員の地位〕
この憲法施行の際現に在職する国務大臣, 衆議院議員及び裁判官並びにその他の公務員で, その地位に相応する地位がこの憲法で認められてゐる者は, 法律で特別の定をした場合を除いては, この憲法施行のため, 当然にはその地位を失ふことはない。但し, この憲法によつて, 後任者が選挙又は任命されたときは, 当然その地位を失ふ。

※日本政府案

参考文献（順不同）

1) 『日米外交とグルー』ウオルド＝H＝ハインリックス著　麻田貞夫訳　原書房　1969年
2) 『滞日十年』ジョセフ＝C＝グルー著　石川欣一訳　毎日新聞社　1948年
3) 『日本国憲法制定の過程』高柳賢三・大友一郎・田中英夫編著　有斐閣　1972年
4) 『マッカーサーと吉田茂』リチャード＝B＝フイン著　1993年
5) 『世界地図でわかる日本国憲法』西修監修　講談社　2008年
6) 『秘録戦後史』（1～6）清国重利著　学陽書房　1978年
7) 『銀のボンボニエール』秩父宮妃勢津子著　主婦の友社　1991年
8) 『エレメンタリ憲法』西修編著　横手逸男・松浦一夫・山中倫太郎・大越康夫・浜中英博著　成文堂　2001年
9) 『澤田廉三と美喜の時代』清水太郎著　鳥取県公文書館　1996年
10) 『憲法を知ろう！日本と世界の憲法』池上彰監修　教育画劇　2007年
11) 『憲法成立の経緯と憲法上の諸問題』入江俊郎著　第一法規出版　1976年
12) 『終戦史録』（1～6）江藤淳著　外務省　1977年
13) 『独立行政法人国際協力機構（JICA）資料』2012年
14) 『憲法の原理』宮沢俊義著　岩波書店　1967年
15) 『蔵相　時代と決断』一木豊著　日本経済新聞社　1984年
16) 『三井』ジョン＝G＝ロバート著　安藤良雄・三井礼子監修　ダイヤモンド社　1976年
17) 『終戦を問い直す』（「シンポジウム終戦史録」別巻）　北洋社　1980年
18) 『幣原喜重郎』幣原喜重郎著　日本図書センター　1998年
19) 『南原繁』南原繁著　日本図書センター　1998年
20) 『日本国憲法25講』西修編著　横手逸夫・日笠完治・大越康夫共著　八千代出版　1993年
21) 『日本貿易振興機構（ジェトロ）バンコクセンター資料』2013年
22) 『昭和憲法史』長谷川正安著　岩波書店　1961年
23) 『日本占領軍　その光と影』（上・下）思想の科学研究会編　徳間書房　1978年
24) 『大磯随想』吉田茂　朝日新聞社　1962年
25) 『米国の日本占領』（上・下）五百旗頭真著　中央公論社　1985年
26) 『新憲法の誕生』古関彰一著　中央公論社　1995年
27) 『制定秘話から学ぶ日本国憲法』小川光夫編著　清水書院　2000年
28) 『私の記録』東久邇宮稔彦著　東方出版　1947年
29) 『東京旋風』H=E＝ワイルズ著　井上勇訳　時事通信社出版局　1954年
30) 『ニッポン日記』マーク＝ゲイン著　井上威夷訳　筑摩書房　1951年
31) 『アジア憲法集』荻野芳夫・畑博行編　明石書店　2004年
32) 『日本外交年表並主要文書　下巻』外務省編　1966年
33) 『世界憲法集2版』高橋和之編　岩波文庫　2012年
34) 『世界の憲法集』阿部照哉・畑博行編　有信堂高文社　2007年

35)『白洲正子自伝』白洲正子著　新潮社　1994年
36)『ルポルタージュ　日本国憲法』工藤宜著　有斐閣　1987年
37)「CONSTITUTE」www.constituteproject.org/#/
38)『日本占領の研究』坂本義雄・R＝E＝ウォード編　東京大学出版会　1987年
39)『日本国憲法と国会』衆議院事務局編
40)『マッカーサーの日本国憲法』キョウコ＝イノウエ著　桐原書店　1994年
41)『GHQ』竹前栄治著　岩波新書　1983年
42)『憲法学論文選』佐々木惣一著　有斐閣　1956年
43)『私の足音が聞える』(「マダム鳥尾の回想」) 鳥尾多江（鶴代）著　文芸春秋社　1985年
44)『日本国憲法制定秘史』村川一郎・初谷良彦著　第一法規　1994年
45)『日本国憲法成立史』(1・2) 佐藤達夫著　有斐閣　1962年
46)『史録　日本国憲法』児島襄著　文芸春秋社　1972年
47)『マッカーサーが来た日』河原匡喜著　新人物往来社　1995年
48)『芦田均日記』進藤栄一・下川辺元春編　岩波書店　1985年
49)『憲法講話』宮沢俊義著　岩波書店　1967年
50)「政策シンクタンク『構想日本』―2008年」
51)『Ten Days Inside General Headquarters (GHQ)』Osamu Nishi　Seibundo　1989年
52)貴族院『帝国憲法改正案特別委員小委員会筆記要旨』　参議院事務局
53)『官報』(第90回帝国議会) 衆議院議事速記録
54)『日本国憲法の草案について』自由党憲法調査会総会速記録
55)「Report Of Government Section Meeting With Far Eastern Commission」
56)「日本国憲法の制定過程から学ぶ　大磯町の歴史をつくった人達」小川光夫著「タウンニュース」2009〜2011年
57)『憲法遺言』金森徳治郎著　学陽書房　1959年
58)『近衛文麿』岡義武著　岩波書店　1994年
59)『憲法制定過程覚え書き』田中英夫著　有斐閣　1979年
60)『続重光葵手記』伊藤隆・渡辺行男編　中央公論社　1988年
61)『マッカーサー元帥の日本再建構想』パシフィカス著　高田元三郎訳　毎日新聞社　1947年
62)『日本占領』竹前栄治著　中央公論社　1988年
63)『憲法制定史』竹前栄治・岡部史信著　小学館　2000年
64)『日本国憲法制定の経緯』犬丸秀雄監修　第一法規　1989年
65)『解説　世界憲法集』(第4版) 樋口陽一・古田善明編　三省堂　2001年
66)「衆議院憲法審査会資料」2013年
67)『各国憲法集』国立国会図書館調査及び立法考査局

「日本国憲法」

公布 1946（昭和21）年11月3日
施行 1947（昭和22）年5月3日

朕は，日本国民の総意に基いて，新日本建設の礎が，定まるに至つたことを，深くよろこび，枢密顧問の諮詢及び帝国憲法第73条による帝国議会の議決を経た帝国憲法の改正を裁可し，ここにこれを公布せしめる。

御名御璽

昭和21年11月3日

　　　　内閣総理大臣兼外務大臣　吉田茂
　　　　　　　国務大臣　男爵　幣原喜重郎
　　　　　　　　　司法大臣　木村篤太郎
　　　　　　　　　内務大臣　大村清一
　　　　　　　　　文部大臣　田中耕太郎
　　　　　　　　　農林大臣　和田博雄
　　　　　　　　　国務大臣　斎藤隆夫
　　　　　　　　　逓信大臣　一松定吉
　　　　　　　　　商工大臣　星島二郎
　　　　　　　　　厚生大臣　河合良成
　　　　　　　　　国務大臣　植原悦二郎
　　　　　　　　　運輸大臣　平塚常次郎
　　　　　　　　　大蔵大臣　石橋湛山
　　　　　　　　　国務大臣　金森徳次郎
　　　　　　　　　国務大臣　膳桂之助

　日本国民は，正当に選挙された国会における代表者を通じて行動し，われらとわれらの子孫のために，諸国民との協和による成果と，わが国全土にわたつて自由のもたらす恵沢を確保し，政府の行為によつて再び戦争の惨禍が起ることのないやうにすることを決意し，ここに主権が国民に存することを宣言し，この憲法を確定する。そもそも国政は，国民の厳粛な信託によるものであつて，その権威は国民に由来し，その権力は国民の代表者がこれを行使し，その福利は国民がこれを享受する。これは人類普遍の原理であり，この憲法は，かかる原理に基くものである。われらは，これに反する一切の憲法，法令及び詔勅を排除する。

　日本国民は，恒久の平和を念願し，人間相互の関係を支配する崇高な理想を深く自覚するのであつて，平和を愛する諸

用語解説

前文
朕 秦の始皇帝以来，皇帝や天皇が「われ」の意に用いる
枢密顧問 大日本帝国憲法下の天皇の相談機関。議会からも独立し，内閣の施政を左右できた
諮詢 相談。問い諮ること
帝国憲法第73条 天皇主権を国民主権に変更することは国家体制の根本の変革なので，帝国憲法第73条の手続きによる新憲法制定は疑問とされた。しかし，日本の再建，米ソの対立，連合軍の占領下といった条件の中で，憲法改正の延引はできず，第73条による手続きで公布された
裁可 天皇が政治各機関の案文を承認し許可すること
御名御璽 大日本帝国憲法下で，天皇が議会の協賛した法案などを許可したり天皇の意思表示の勅語などに署名押印すること
正当 正しく道理にかなっていること
子孫 先祖から続いた血筋
協和 心を合わせて仲良くすること
恵沢 恵み
惨禍 むごい災い
主権 国の政治のあり方を最終的に決める権利
厳粛 厳かで，慎み深いこと
信託 信用して委託すること

「日本国憲法」 217

国民の公正と信義に信頼して、われらの安全と生存を保持しようと決意した。われらは、平和を維持し、専制と隷従、圧迫と偏狭を地上から永遠に除去しようと努めてゐる国際社会において、名誉ある地位を占めたいと思ふ。われらは、全世界の国民が、ひとしく恐怖と欠乏から免かれ、平和のうちに生存する権利を有することを確認する。

われらは、いづれの国家も、自国のことのみに専念して他国を無視してはならないのであつて、政治道徳の法則は、普遍的なものであり、この法則に従ふことは、自国の主権を維持し、他国と対等関係に立たうとする各国の責務であると信ずる。

日本国民は、国家の名誉にかけ、全力をあげてこの崇高な理想と目的を達成することを誓ふ。

第1章　天皇

第1条　「天皇の地位・国民主権」
　天皇は、日本国の象徴であり日本国民統合の象徴であつて、この地位は、主権の存する日本国民の総意に基く。

第2条　[皇位の継承]
　皇位は、世襲のものであつて、国会の議決した皇室典範の定めるところにより、これを継承する。

第3条　[天皇の国事行為に対する内閣の助言と承認]
　天皇の国事に関するすべての行為には、内閣の助言と承認を必要とし、内閣が、その責任を負ふ。

第4条　[天皇の権能の限界、天皇の国事行為の委任]
　① 天皇は、この憲法の定める国事に関する行為のみを行ひ、国政に関する権能を有しない。
　② 天皇は、法律の定めるところにより、その国事に関する行為を委任することができる。

第5条　[摂政]
　皇室典範の定めるところにより摂政を置くときは、摂政は、天皇の名でその国事に関する行為を行ふ。この場合には、前条第1項の規定を準用する。

第6条　[天皇の任命権]
　① 天皇は、国会の指名に基いて、内閣総理大臣を任命する。

用語解説

前文
享受　受け収めて自分のものにすること
普遍の原理　すべてにあてはまる基本法則
詔勅　天皇の意思の表明
恒久　久しく変わらないこと
崇高　気高く尊いこと
信義　約束を守り務めを果たすこと
専制　一人の判断で事を決めること
隷従　奴隷のように意思を殺して従うこと
偏狭　偏見や差別、排他主義など
専念　心を一つのことに集中する
道徳　個人の内面を規制する真心や良心のこと

第1条
象徴　抽象的なものを具体的なもので表すこと
総意　全員の意向

第2条
世襲　子孫が親の財産や地位などを受け継ぐこと
皇室典範　皇位継承、皇族の身分、摂政などの皇室に関する事項を定めた法律

第3条
国事行為　内閣の助言と承認のもとに、天皇が国家機関などが決定したことに儀礼的・形式的に参加する事

第4条
権能　権限と能力のこと
委任　物事を他人にまかせること

第5条
摂政　天皇に代わって、天

② 天皇は，内閣の指名に基いて，最高裁判所の長たる裁判官を任命する。

第7条　［天皇の国事行為］
　天皇は，内閣の助言と承認により，国民のために，左の国事に関する行為を行ふ
1　憲法改正，法律，政令及び条約を公布すること。
2　国会を召集すること。
3　衆議院を解散すること。
4　国会議員の総選挙の施行を公示すること。
5　国務大臣及び法律の定めるその他の官吏の任免並びに全権委任状及び大使及び公使の信任状を認証すること。
6　大赦，特赦，減刑，刑の執行の免除及び復権を認証すること。
7　栄典を授与すること。
8　批准書及び法律の定めるその他の外交文書を認証すること。
9　外国の大使及び公使を接受すること。
10　儀式を行ふこと。

第8条　［皇室の財産授受］
　皇室に財産を譲り渡し，又は皇室が，財産を譲り受け，若しくは賜与することは，国会の議決に基かなければならない。

第2章　戦争放棄

第9条　［戦争の放棄，戦力及び交戦権の否認］
① 日本国民は，正義と秩序を基調とする国際平和を誠実に希求し，国権の発動たる戦争と，武力による威嚇又は武力の行使は，国際紛争を解決する手段としては，永久にこれを放棄する。
② 前項の目的を達するため，陸海空軍その他の戦力は，これを保持しない。国の交戦権は，これを認めない。

用語解説

皇の国事行為に関する政務事項を行うこと
第6条
国会　国民から選挙された代表者からなる立法機関
任命　何らかの役を担当するように命ずること
第7条
政令　憲法や法律の規定を実施したり，法律によって委任した事項を定めるために内閣が制定する命令
公示　法令によって広く大衆に示すことが義務づけられていること
全権委任　外交上，特定の事項に関する交渉や条約締結などの権限を与えること
信任状　外交官の正当な資格を証明する文書
認証　国家の一定の行為が，正当な手続きで行われたことを証明する行為
大赦　国家や皇室の慶事の際に，刑の執行を免除すること
特赦　特定の者に対して，刑の執行を免除すること
復権　刑の宣告により失われた資格や権利を回復すること
栄典　名誉のしるしとして与えられる位階・勲章など
批准書　条約を最終的に承認する手続き書
第8条
賜与　与えること
基調　思想・行動の根底となるもの
威嚇　脅かすこと

第3章　国民の権利および義務

第10条　［日本国民たる要件］
　日本国民たる要件は、法律でこれを定める。

第11条　［基本的人権の享有］
　国民は、すべての基本的人権の享有を妨げられない。この憲法が国民に保障する基本的人権は、侵すことのできない永久の権利として、現在及び将来の国民に与へられる。

第12条　［自由・権利の保持の責任とその濫用の禁止］
　この憲法が国民に保障する自由及び権利は、国民の不断の努力によつて、これを保持しなければならない。又、国民は、これを濫用してはならないのであつて、常に公共の福祉のためにこれを利用する責任を負ふ。

第13条　［個人の尊重と公共の福祉］
　すべて国民は、個人として尊重される。生命、自由及び幸福追求に対する国民の権利については、公共の福祉に反しない限り、立法その他の国政の上で、最大の尊重を必要とする。

第14条　［法の下の平等、貴族の禁止、栄典］
　① すべて国民は、法の下に平等であつて、人種、信条、性別、社会的身分又は門地により、政治的、経済的又は社会的関係において、差別されない。
　② 華族その他の貴族の制度は、これを認めない。
　③ 栄誉、勲章その他の栄典の授与は、いかなる特権も伴はない。栄典の授与は、現にこれを有し、又は将来これを受ける者の一代に限り、その効力を有する。

第15条　［公務員の選定罷免権、公務員の本質、普通選挙の保障、秘密投票の保障］
　① 公務員を選定し、及びこれを罷免することは、国民固有の権利である。
　② すべて公務員は、全体の奉仕者であつて、一部の奉仕者ではない。
　③ 公務員の選挙については、成年者による普通選挙を保障する。
　④ すべて選挙における投票の秘密は、これを侵してはならない。選挙人は、その選択に関し公的にも私

用語解説

第10条
法律→この場合は国籍法

第11条
基本的人権　人間として当然に有し、国家であっても侵すことのできない権利
享有　生まれながらにもっていること

第12条
不断　絶え間ないこと
濫用　むやみやたらと使うこと
公共の福祉　すべての国民や社会全体の利益のこと

第13条
国政　国の政治のこと
信条　その人が固く信じている考え

第14条
社会的身分　社会的地位とか階級
門地　家柄、生まれ
華族　身分の高い家柄。明治時代の爵位（公、侯、伯、子、男）を受けた人やその家族をさす
栄誉　すぐれていると認められ、ほめられること

第15条
公務員　国家公務員や地方公務員など地方公共団体の公的な仕事を行う労働者
罷免　職務を辞めさせること
奉仕　他人のためにほねをおること
成年者　一人前のおとなとみなされる年齢の者。わが国では20歳以上の者
普通選挙　一定の年齢に達したすべての者に選挙権・非選挙権を与えること

的にも責任を問はれない。

第16条 ［請願権］
　何人も，損害の救済，公務員の罷免，法律，命令又は規則の制定，廃止又は改正その他の事項に関し，平穏に請願する権利を有し，何人も，かかる請願をしたためにいかなる差別待遇も受けない。

第17条 ［国及び公共団体の賠償責任］
　何人も，公務員の不法行為により，損害を受けたときは，法律の定めるところにより，国又は公共団体に，その賠償を求めることができる。

第18条 ［奴隷的拘束及び苦役からの自由］
　何人も，いかなる奴隷的拘束も受けない。又，犯罪に因る処罰の場合を除いては，その意に反する苦役に服させられない。

第19条 ［思想および良心の自由］
　思想及び良心の自由は，これを侵してはならない。

第20条 ［信教の自由］
　① 信教の自由は，何人に対してもこれを保障する。いかなる宗教団体も，国から特権を受け，又は政治上の権力を行使してはならない。
　② 何人も，宗教上の行為，祝典，儀式又は行事に参加することを強制されない。
　③ 国及びその機関は，宗教教育その他いかなる宗教的活動もしてはならない。

第21条 ［集会・結社・表現の自由，検閲の禁止，通信の秘密］
　① 集会，結社及び言論，出版その他一切の表現の自由は，これを保障する。
　② 検閲は，これをしてはならない。通信の秘密は，これを侵してはならない。

第22条 ［居住・移転及び職業選択の自由，外国移住及び国籍離脱の自由］
　① 何人も，公共の福祉に反しない限り，居住，移転及び職業選択の自由を有する。
　② 何人も，外国に移住し，又は国籍を離脱する自由を侵されない。

第23条 ［学問の自由］
　学問の自由は，これを保障する。

用語解説

第16条
請願　国民が，国や地方公共団体に対して，希望することを願い出ること
罷免　職を辞めさせること

第17条
不法行為　故意，過失によって他人の権利を侵害し，他人に損害を与えること

第18条
苦役　苦しい肉体労働のこと
犯罪　罪を犯す行為

第19条
良心　道徳的な善意をわきまえて，悪い行いをしないという心のはたらき

第20条
信教　宗教を信ずること
特権　特定の人や身分・階級に与えられた特別の権利
祝典　お祝いのための儀式
儀式　祭り・祝い・弔いなどのために，一定の決まりに従って行う作法

第21条
結社　何人かの人が集まって，特定の目的のために団体を結成すること
検閲　信書・出版物・映画などの内容を，公の機関が強制的に取り調べること

第22条
国籍　国の構成員としての資格
離脱　離れて抜け出ること

第24条　[家族生活における個人の尊厳と両性の平等]
　① 婚姻は，両性の合意のみに基いて成立し，夫婦が同等の権利を有することを基本として，相互の協力により，維持されなければならない。
　② 配偶者の選択，財産権，相続，住居の選定，離婚並びに婚姻及び家族に関するその他の事項に関しては，法律は，個人の尊厳と両性の本質的平等に立脚して，制定されなければならない。

第25条　[生存権，国の社会的使命]
　① すべて国民は，健康で文化的な最低限度の生活を営む権利を有する。
　② 国は，すべての生活部面について，社会福祉，社会保障及び公衆衛生の向上及び増進に努めなければならない。

第26条　[教育を受ける権利，教育の義務]
　① すべて国民は，法律の定めるところにより，その能力に応じて，ひとしく教育を受ける権利を有する。
　② すべて国民は，法律の定めるところにより，その保護する子女に普通教育を受けさせる義務を負ふ。義務教育は，これを無償とする。

第27条　[勤労の権利及び義務，勤労条件の基準，児童酷使の禁止]
　① すべて国民は，勤労の権利を有し，義務を負ふ。
　② 賃金，就業時間，休息その他の勤労条件に関する基準は，法律でこれを定める。
　③ 児童は，これを酷使してはならない。

第28条　[勤労者の団結権]
　勤労者の団結する権利及び団体交渉その他の団体行動をする権利は，これを保障する。

第29条　[財産権]
　① 財産権は，これを侵してはならない。
　② 財産権の内容は，公共の福祉に適合するやうに，法律でこれを定める。
　③ 私有財産は，正当な補償の下に，これを公共のために用ひることができる。

第30条　[納税の義務]
　国民は，法律の定めるところにより，納税の義務を

用語解説

第24条
婚姻　結婚すること
両性　男性と女性
配偶者　夫婦の関係にある者の一方からみた他方
相続　人の死亡によって，その人の財産を受け継ぐこと
立脚　ある立場にもとづいていること

第25条
社会福祉　老人や障害者などの社会生活上ハンディキャップをもつ人たちに対する保護やサービスの提供

第26条
法律→ここでは教育基本法，学校教育法
義務教育　国民が受けなければならないとされる基本的な教育。日本の場合，9年間の義務教育

第27条
勤労　心身をつかって働くこと
法律→労働基準法（1947.4.7. 交付）
酷使　休息も与えず働かせること

第28条
団体交渉　労働者団体の代表が，労働条件などについて使用者と話し合うこと

第29条
財産権　財産的価値を有する権利。所有権や債権（利益を受ける権利）など
私有財産　個人として所有する財産

第30条
法律→国税徴収法（1948.7.10. 交付）

負ふ。

第31条　[法定手続きの保障]

何人も，法律の定める手続によらなければ，その生命若しくは自由を奪はれ，又はその他の刑罰を科せられない。

第32条　[裁判を受ける権利]

何人も，裁判所において裁判を受ける権利を奪はれない。

第33条　[逮捕の要件]

何人も，現行犯として逮捕される場合を除いては，権限を有する司法官憲が発し，且つ理由となつてゐる犯罪を明示する令状によらなければ，逮捕されない。

第34条　[抑留・拘禁の要件，不法拘禁に対する保障]

何人も，理由を直ちに告げられ，且つ，直ちに弁護人に依頼する権利を与へられなければ，抑留又は拘禁されない。又，何人も，正当な理由がなければ，拘禁されず，要求があれば，その理由は，直ちに本人及びその弁護人の出席する公開の法廷で示されなければならない。

第35条　[住居の不可侵]

① 何人も，その住居，書類及び所持品について，侵入，捜索及び押収を受けることのない権利は，第33条の場合を除いては，正当な理由に基いて発せられ，且つ捜索する場所及び押収する物を明示する令状がなければ，侵されない。

② 捜索又は押収は，権限を有する司法官憲が発する各別の令状により，これを行ふ。

第36条　[拷問及び残虐刑の禁止]

公務員による拷問及び残虐な刑罰は，絶対にこれを禁ずる。

第37条　[刑事被告人の権利]

① すべて刑事事件においては，被告人は，公平な裁判所の迅速な公開裁判を受ける権利を有する。

② 刑事被告人は，すべての証人に対して審問する機会を充分に与へられ，又，公費で自己のために強制的手続により証人を求める権利を有する。

③ 刑事被告人は，いかなる場合にも，資格を有する

用語解説

第31条
法律→刑事訴訟法（1948.7.10. 交付）
刑罰　犯罪を犯した者に加えられる法律上の処分

第33条
現行犯　犯行中の，または犯行が終わった際に発覚した犯罪
司法官憲　司法上の権限を有する公務員。ここでは裁判官
令状　逮捕状。広くは命令を書いた文章

第34条
抑留　強制的に体の自由を一時拘束すること。逮捕後の一時的な留置などをいう
拘禁　刑務所，留置所などに留置し，一定期間身体の自由を拘束すること

第35条
不可侵　侵害を許さないこと
捜索　探し求めること。裁判所や捜査機関が強制的に取り調べること
押収　裁判所が証拠となるものなどを差し押さえ，取り上げること

第36条
拷問　無理に犯罪を自白させるために，肉体的苦痛を与えること

第37条
刑事事件　刑法が適用される事件
被告人　刑事事件で訴えられ，裁判がまだ確定していない者
審問　詳しく問いただすこと

弁護人を依頼することができる。被告人が自らこれを依頼することができないときは、国でこれを附する。

第38条　〔自己に不利益な供述、自白の証拠能力〕
① 何人も、自己に不利益な供述を強要されない。
② 強制、拷問若しくは脅迫による自白又は不当に長く抑留若しくは拘禁された後の自白は、これを証拠とすることができない。
③ 何人も、自己に不利益な唯一の証拠が本人の自白である場合には、有罪とされ、又は刑罰を科せられない。

第39条　〔遡及処罰の禁止・一事不再理〕
　何人も、実行の時に適法であつた行為又は既に無罪とされた行為については、刑事上の責任を問はれない。又、同一の犯罪について、重ねて刑事上の責任を問はれない。

第40条　〔刑事補償〕
　何人も、抑留又は拘禁された後、無罪の裁判を受けたときは、法律の定めるところにより、国にその補償を求めることができる。

第4章　国会

第41条　〔国会の地位・立法権〕
　国会は、国権の最高機関であつて、国の唯一の立法機関である。

第42条　〔両院制〕
　国会は、衆議院及び参議院の両議院でこれを構成する。

第43条　〔両議院の組織・定数〕
① 両議院は、全国民を代表する選挙された議員でこれを組織する。
② 両議院の議員の定数は、法律でこれを定める。

第44条　〔議員及び選挙人の資格〕
　両議院の議員及びその選挙人の資格は、法律でこれを定める。但し、人種、信条、性別、社会的身分、門地、教育、財産又は収入によつて差別してはならない。

第45条　〔衆議院議員の任期〕

用語解説

第38条
供述　審問に答えて、事実や意見を述べること
自白　自ら自分の犯した犯罪事実を告白すること
脅迫　脅して迫ること
証拠　あかしのこと

第39条
遡及　過去にさかのぼること
一事不再理　一度判決が確定した事件については、同じ罪状で裁判をしてはならないという原則

第40条
法律→この場合は刑事補償法
補償　補い償うこと

第41条
国権　国家の権力

第43条
定数　規則で決められた一定の人数のこと
法律→この場合は公職選挙法
法律→この場合は公職選挙法

第44条
門地　家柄、生まれ

衆議院議員の任期は，4年とする。但し，衆議院解散の場合には，その期間満了前に終了する。

第46条　[参議院議員の任期]
　　参議院議員の任期は，6年とし，3年ごとに議員の半数を改選する。

第47条　[選挙に関する事項]
　　選挙区，投票の方法その他両議院の議員の選挙に関する事項は，法律でこれを定める。

第48条　[両議院議員兼職の禁止]
　　何人も，同時に両議院の議員たることはできない。

第49条　[議員の歳費]
　　両議院の議員は，法律の定めるところにより，国庫から相当額の歳費を受ける。

第50条　[議員の不逮捕特権]
　　両議院の議員は，法律の定める場合を除いては，国会の会期中逮捕されず，会期前に逮捕された議員は，その議院の要求があれば，会期中これを釈放しなければならない。

第51条　[議員の発言・表決の無責任]
　　両議院の議員は，議院で行つた演説，討論又は表決について，院外で責任を問はれない。

第52条　[常会]
　　国会の常会は，毎年1回これを召集する。

第53条　[臨時会]
　　内閣は，国会の臨時会の召集を決定することができる。いづれかの議院の総議員の4分の1以上の要求があれば，内閣は，その召集を決定しなければならない。

第54条　[衆議院の解散・特別会，参議院の緊急集会]
　①　衆議院が解散されたときは，解散の日から40日以内に，衆議院議員の総選挙を行ひ，その選挙の日から30日以内に，国会を召集しなければならない。
　②　衆議院が解散されたときは，参議院は，同時に閉会となる。但し，内閣は，国に緊急の必要があるときは，参議院の緊急集会を求めることができる。
　③　前項但書の緊急集会において採られた措置は，臨時のものであつて，次の国会開会の後10日以内に，衆議院の同意がない場合には，その効力を失ふ。

用語解説

第45条
期間満了　決められた期間を終えること。この場合は4年間の任期

第46条
改選　任期が終了して，その役職につく人を改めて選挙により選出すること

第47条
法律→この場合は公職選挙法

第49条
法律→国会議員の歳費，旅費および手当に関する法
国庫　国家が所有する財産の収入支出を扱う機関
歳費　国会議員が1年間に受けとる報酬

第50条
法律→この場合は国会法

第51条
表決　議案に対する賛否の意思表示
院外　国会の外

第52条
常会　国会の一つで，通常国会のこと

第53条
臨時会　国会の一つで，臨時国会のこと。必要に応じて召集される

第54条
総選挙　衆議院のメンバー全員を代える選挙のことで，参議院の場合は半数ずつ「通常選挙」となる
閉会　会を終了すること
緊急　事が重大でその対応に急を有すること
但書　「但し」という言葉を用いて，その前文の条件，補足などを示したもの

第55条　[資格争訟の裁判]
　　両議院は，各々その議員の資格に関する争訟を裁判する。但し，議員の議席を失はせるには，出席議員の3分の2以上の多数による議決を必要とする。

第56条　[定足数，表決]
①　両議院は，各々その総議員の3分の1以上の出席がなければ，議事を開き議決することができない。
②　両議院の議事は，この憲法に特別の定のある場合を除いては，出席議員の過半数でこれを決し，可否同数のときは，議長の決するところによる。

第57条　[会議の公開，会議録，表決の記載]
①　両議院の会議は，公開とする。但し，出席議員の3分の2以上の多数で議決したときは，秘密会を開くことができる。
②　両議院は，各々その会議の記録を保存し，秘密会の記録の中で特に秘密を要すると認められるもの以外は，これを公表し，且つ一般に頒布しなければならない。
③　出席議員の5分の1以上の要求があれば，各議員の表決は，これを会議録に記載しなければならない。

第58条　[役員の選任，議院規則・懲罰]
①　両議院は，各々その議長その他の役員を選任する。
②　両議院は，各々その会議その他の手続及び内部の規律に関する規則を定め，又，院内の秩序をみだした議員を懲罰することができる。但し，議員を除名するには，出席議員の3分の2以上の多数による議決を必要とする。

第59条　[法律案の議決，衆議院の優越]
①　法律案は，この憲法に特別の定のある場合を除いては，両議院で可決したとき法律となる。
②　衆議院で可決し，参議院でこれと異なつた議決をした法律案は，衆議院で出席議員の3分の2以上の多数で再び可決したときは，法律となる。
③　前項の規定は，法律の定めるところにより，衆議院が，両議院の協議会を開くことを求めることを妨げない。
④　参議院が，衆議院の可決した法律案を受け取つた

用語解説

第55条
争訟　訴訟を起こして争うこと。意味としては訴訟より広い
議席　議場内の議員の席という意味から，議員としての資格をさす

第57条
頒布　配布。広くいきわたらせること

第58条
懲罰　不正や不当行為に対し，懲らしめのために罰を与えること。戒告・陳謝・登院停止，除名の四つがある
除名　名簿から名前を消すこと。この場合は議員の資格を奪うこと

第59条第3項
法律→この場合は国会法
両議院協議会　意見調整のための会議で，衆参それぞれ10名ずつ出席する

第59条第4項
休会　議院が議事の審議を休むこと

後，国会休会中の期間を除いて60日以内に，議決しないときは，衆議院は，参議院がその法律案を否決したものとみなすことができる。

第60条　［衆議院の予算先議，予算議決に関する衆議院の優越］
① 予算は，さきに衆議院に提出しなければならない。
② 予算について，参議院で衆議院と異なつた議決をした場合に，法律の定めるところにより，両議院の協議会を開いても意見が一致しないとき，又は参議院が，衆議院の可決した予算を受け取つた後，国会休会中の期間を除いて30日以内に，議決しないときは，衆議院の議決を国会の議決とする。

第61条　［条約の承認に関する衆議院の優越］
条約の締結に必要な国会の承認については，前条第2項の規定を準用する。

第62条　［議院の国政調査権］
両議院は，各々国政に関する調査を行ひ，これに関して，証人の出頭及び証言並びに記録の提出を要求することができる。

第63条　［閣僚の議院出席の権利と義務］
内閣総理大臣その他の国務大臣は，両議院の一に議席を有すると有しないとにかかはらず，何時でも議案について発言するため議院に出席することができる。又，答弁又は説明のため出席を求められたときは，出席しなければならない。

第64条　［弾劾裁判所］
① 国会は，罷免の訴追を受けた裁判官を裁判するため，両議院の議員で組織する弾劾裁判所を設ける。
② 弾劾に関する事項は，法律でこれを定める。

第5章　内閣

第65条　［行政権］
行政権は，内閣に属する。

第66条　［内閣の組織，国会に対する連帯責任］
① 内閣は，法律の定めるところにより，その首長たる内閣総理大臣及びその他の国務大臣でこれを組織する。

用語解説

第60条
予算　国家の1年間における収入と支出の見積もり

第61条
条約　文書による国家間の取り決め
締結　条約を取り結ぶこと
準用　あるものを基準とし，類似するものに対して類推適用すること

第62条
出頭　指定された場所におもむくこと

第63条
答弁　質問に応じて回答すること

第64条
罷免の訴追　職務をやめさせる訴えを起こすこと
弾劾　裁判官などの犯罪や不正を調べて明るみにだし，一定の方法によって審判し罷免させる手続き
法律→この場合は，裁判官弾劾法

第66条
連帯責任　複数の者が一緒になって行ったことの結果に，共同で責任をもつこと
法律→この場合は，内閣法
首長　集団の長。かしら

② 内閣総理大臣その他の国務大臣は，文民でなければならない。
③ 内閣は，行政権の行使について，国会に対し，連帯して責任を負ふ。

第67条　[内閣総理大臣の指名，衆議院の優越]
① 内閣総理大臣は，国会議員の中から国会の議決で，これを指名する。この指名は，他のすべての案件に先だつて，これを行ふ。
② 衆議院と参議院とが異なつた指名の議決をした場合に，法律の定めるところにより，両院の協議会を開いても意見が一致しないとき，又は衆議院が指名の議決をした後，国会休会中の期間を除いて10日以内に，参議院が，指名の議決をしないときは，衆議院の議決を国会の議決とする。

第68条　[国務大臣の任命及び罷免]
① 内閣総理大臣は，国務大臣を任命する。但し，その過半数は，国会議員の中から選ばれなければならない。
② 内閣総理大臣は，任意に国務大臣を罷免することができる。

第69条　[内閣不信任決議の効果]
内閣は，衆議院で不信任の決議案を可決し，又は信任の決議案を否決したときは，10日以内に衆議院が解散されない限り，総辞職をしなければならない。

第70条　[内閣総理大臣の欠缺・新国会の召集と内閣の総辞職]
内閣総理大臣が欠けたとき，又は衆議院議員総選挙の後に初めて国会の召集があつたときは，内閣は，総辞職をしなければならない。

第71条　[総辞職後の内閣]
前2条の場合には，内閣は，あらたに内閣総理大臣が任命されるまで引き続きその職務を行ふ。

第72条　[内閣総理大臣の職務]
内閣総理大臣は，内閣を代表して議案を国会に提出し，一般国務及び外交関係について国会に報告し，並びに行政各部を指揮監督する。

第73条　[内閣の職務]

用語解説

第66条
文民　軍人でなかった人で，現在も軍人でない人

第67条
法律→この場合は国会法

第68条
国務　国家の政務
任意　心のまま

第69条
総辞職　内閣総理大臣を含む全員の国務大臣が自分から職を辞めること

第70条
欠缺　ある要件が欠けること

内閣は，他の一般行政事務の外，左の事務を行ふ。
1　法律を誠実に執行し，国務を総理すること。
2　外交関係を処理すること。
3　条約を締結すること。但し，事前に，時宜によつては事後に，国会の承認を経ることを必要とする。
4　法律の定める基準に従ひ，官吏に関する事務を掌理すること。
5　予算を作成して国会に提出すること。
6　この憲法及び法律の規定を実施するために，政令を制定すること。但し，政令には，特にその法律の委任がある場合を除いては，罰則を設けることができない。
7　大赦，特赦，減刑，刑の執行の免除及び復権を決定すること。

第74条　[法律・政令の署名]
　法律及び政令には，すべて主任の国務大臣が署名し，内閣総理大臣が連署することを必要とする。

第75条　[国務大臣の特典]
　国務大臣は，その在任中，内閣総理大臣の同意がなければ，訴追されない。但し，これがため，訴追の権利は，害されない。

第6章　司法

第76条　「司法権・裁判所，特別裁判所の禁止，裁判官の独立」
①　すべて司法権は，最高裁判所及び法律の定めるところにより設置する下級裁判所に属する。
②　特別裁判所は，これを設置することができない。行政機関は，終審として裁判を行ふことができない。
③　すべて裁判官は，その良心に従ひ独立してその職権を行ひ，この憲法及び法律にのみ拘束される。

第77条　[最高裁判所の規則制定権]
①　最高裁判所は，訴訟に関する手続，弁護士，裁判所の内部規律及び司法事務処理に関する事項について，規則を定める権限を有する。
②　検察官は，最高裁判所の定める規則に従はなければならない。
③　最高裁判所は，下級裁判所に関する規則を定める

用語解説

第73条
執行　法律などの内容を実際に執り行うこと
総理　全体を管理すること
時宜　時期や状況が適していること
法律→この場合は国家公務員法
官吏　国家公務員のこと
掌理　担当して処理すること
政令　憲法や法律の内容を実施するために，内閣が決める命令
復権　一時失った権利を回復すること

第74条
署名　姓名を書き記すこと
連署　同一の書面に複数の者が氏名を列記し，連判すること

第75条
訴追　検察官が刑事事件について公訴を提起すること

第76条
下級裁判所　高等裁判所・地方裁判所・家庭裁判所・簡易裁判所のこと
特別裁判所　特殊の事件・人のみを対象にする裁判所。司法権の系列からはずれる。戦前の軍法会議や皇室裁判所などがこの例
終審　最終の裁判所の判断

第77条
検察官　犯罪の捜査，刑事事件の公訴を行い，裁判の執行などを監督する国家公務員

権限を，下級裁判所に委任することができる。

第78条　[裁判官の身分の保障]
　裁判官は，裁判により，心身の故障のために職務を執ることができないと決定された場合を除いては，公の弾劾によらなければ罷免されない。裁判官の懲戒処分は，行政機関がこれを行ふことはできない。

第79条　[最高裁判所の裁判官，国民審査，定年，報酬]
　① 最高裁判所は，その長たる裁判官及び法律の定める員数のその他の裁判官でこれを構成し，その長たる裁判官以外の裁判官は，内閣でこれを任命する。
　② 最高裁判所の裁判官の任命は，その任命後初めて行はれる衆議院議員総選挙の際国民の審査に付し，その後10年を経過した後初めて行はれる衆議院議員総選挙の際更に審査に付し，その後も同様とする。
　③ 前項の場合において，投票者の多数が裁判官の罷免を可とするときは，その裁判官は，罷免される。
　④ 審査に関する事項は，法律でこれを定める。
　⑤ 最高裁判所の裁判官は，法律の定める年齢に達した時に退官する。
　⑥ 最高裁判所の裁判官は，すべて定期に相当額の報酬を受ける。この報酬は，在任中，これを減額することができない。

第80条　[下級裁判所の裁判官・任期・定年，報酬]
　① 下級裁判所の裁判官は，最高裁判所の指名した者の名簿によつて，内閣でこれを任命する。その裁判官は，任期を10年とし，再任されることができる。但し，法律の定める年齢に達した時には退官する。
　② 下級裁判所の裁判官は，すべて定期に相当額の報酬を受ける。この報酬は，在任中，これを減額することができない。

第81条　[法令審査権と最高裁判所]
　最高裁判所は，一切の法律，命令，規則又は処分が憲法に適合するかしないかを決定する権限を有する終審裁判所である。

第82条　[裁判の公開]
　① 裁判の対審及び判決は，公開法廷でこれを行ふ。
　② 裁判所が，裁判官の全員一致で，公の秩序又は善

用語解説

第78条
心身の故障　精神的または肉体的に問題が起こって執務できない状態
懲戒処分　職務上の不正・不当行為について戒めること。戒告，過料（罰金）などがある

第79条
法律→裁判所法（1947.4.16.公布）・最高裁判所裁判官国民審査法（1947.11.20公布）
退官　官職をやめること。最高裁・簡易裁判所の裁判官の定年は70歳，その他は65歳

第80条
再任　任期終了後，もう一度同じ役職に就くこと

良の風俗を害する虞があると決した場合には，対審は，公開しないでこれを行ふことができる。但し，政治犯罪，出版に関する犯罪又はこの憲法第3章で保障する国民の権利が問題となつてゐる事件の対審は，常にこれを公開しなければならない。

第7章　財政

第83条　「財政処理の基本原則」
　　国の財政を処理する権限は，国会の議決に基いて，これを行使しなければならない。

第84条　[課税]
　　あらたに租税を課し，又は現行の租税を変更するには，法律又は法律の定める条件によることを必要とする。

第85条　[国費の支出及び国の債務負担]
　　国費を支出し，又は国が債務を負担するには，国会の議決に基くことを必要とする。

第86条　[予算]
　　内閣は，毎会計年度の予算を作成し，国会に提出して，その審議を受け議決を経なければならない。

第87条　[予備費]
　① 予見し難い予算の不足に充てるため，国会の議決に基いて予備費を設け，内閣の責任でこれを支出することができる。
　② すべて予備費の支出については，内閣は，事後に国会の承諾を得なければならない。

第88条　[皇室財産・皇室の費用]
　　すべて皇室財産は，国に属する。すべて皇室の費用は，予算に計上して国会の議決を経なければならない。

第89条　[公の財産の支出又は利用の制限]
　　公金その他の公の財産は，宗教上の組織若しくは団体の使用，便益若しくは維持のため，又は公の支配に属しない慈善，教育若しくは博愛の事業に対し，これを支出し，又はその利用に供してはならない。

第90条　[決算検査，会計検査院]
　① 国の収入支出の決算は，すべて毎年会計検査院がこれを検査し，内閣は，次の年度に，その検査報告

用語解説

第82条
対審　原告と被告を対立させて行う取り調べ
善良の風俗　社会一般の好ましい習わし・風習

第84条
租税　税金のこと
現行　現在施行されているという意味

第85条
国費　国の支払うべき経費
債務　借金を返済する義務

第86条
会計年度　4月1日から翌年3月31日まで

第87条
予見　あらかじめ予想すること

第88条
計上　計算のなかに含めること

第89条
公金　公のお金。国や地方公共団体のもつお金
便益　都合がいいこと。利益があること
博愛　あまねく愛すること

とともに，これを国会に提出しなければならない。
② 会計検査院の組織及び権限は，法律でこれを定める。

第91条 ［財政状況の報告］
内閣は，国会及び国民に対し，定期に，少くとも毎年1回，国の財政状況について報告しなければならない。

第8章 地方自治

第92条 ［地方自治の基本原則］
地方公共団体の組織及び運営に関する事項は，地方自治の本旨に基いて，法律でこれを定める。

第93条 ［地方公共団体の機関，その直接選挙］
① 地方公共団体には，法律の定めるところにより，その議事機関として議会を設置する。
② 地方公共団体の長，その議会の議員及び法律の定めるその他の吏員は，その地方公共団体の住民が，直接これを選挙する。

第94条 ［地方公共団体の権能］
地方公共団体は，その財産を管理し，事務を処理し，及び行政を執行する権能を有し，法律の範囲内で条例を制定することができる。

第95条 ［特別法の住民投票］
一の地方公共団体のみに適用される特別法は，法律の定めるところにより，その地方公共団体の住民の投票においてその過半数の同意を得なければ，国会は，これを制定することができない。

第9章 改正

第96条 ［改正の手続き，その公布］
① この憲法の改正は，各議院の総議員の3分の2以上の賛成で，国会が，これを発議し，国民に提案してその承認を経なければならない。この承認には，特別の国民投票又は国会の定める選挙の際行はれる投票において，その過半数の賛成を必要とする。
② 憲法改正について前項の承認を経たときは，天皇は，国民の名で，この憲法と一体を成すものとして，

用語解説

第90条
法律→会計検査院法（1947.4.19 公布）

第92条
本旨 本来の原則
法律→地方自治法（1947.4.17. 公布）

第93条
吏員 地方公共団体の公務員

第94条
権能 権利・権限と能力
条例 地方公共団体の議会によって制定された法規
法律→国会法（1947.4.30. 公布）地方自治法（1947.4.17. 公布）

第96条
発議 議事の開始を求めること。現憲法には発議の規定がなく，「議決」なのか「議事提起」なのか，「内閣提起」もできるのかなどの論議がある

直ちにこれを公布する。

第10章　最高法規

第97条　[基本的人権の本質]
　この憲法が日本国民に保障する基本的人権は，人類の多年にわたる自由獲得の努力の成果であつて，これらの権利は，過去幾多の試錬に堪へ，現在及び将来の国民に対し，侵すことのできない永久の権利として信託されたものである。

第98条　[最高法規，条約及び国際法規の遵守]
　① この憲法は，国の最高法規であつて，その条規に反する法律，命令，詔勅及び国務に関するその他の行為の全部又は一部は，その効力を有しない。
　② 日本国が締結した条約及び確立された国際法規は，これを誠実に遵守することを必要とする。

第99条　[憲法尊重擁護の義務]
　天皇又は摂政及び国務大臣，国会議員，裁判官その他の公務員は，この憲法を尊重し擁護する義務を負ふ。

第11章　補則

第100条　[憲法施行期日，準備手続]
　① この憲法は，公布の日から起算して6箇月を経過した日から，これを施行する。
　② この憲法を施行するために必要な法律の制定，参議院議員の選挙及び国会召集の手続並びにこの憲法を施行するために必要な準備手続は，前項の期日よりも前に，これを行ふことができる。

第101条　[経過規定－参議院未成立の間の国会]
　この憲法施行の際，参議院がまだ成立してゐないときは，その成立するまでの間，衆議院は，国会としての権限を行ふ。

第102条　[経過規定－第1期の参議院議員の任期]
　この憲法による第1期の参議院議員のうち，その半数の者の任期は，これを3年とする。その議員は，法律の定めるところにより，これを定める。

第103条　[経過規定－公務員の地位]
　この憲法施行の際現に在職する国務大臣，衆議院議

用語解説

第96条
国民の名　憲法改正権力の主体が国民であるという意味。国民主権に基づく

第97条
信託　譲り渡されるものでなく，預けられたもの

第98条
最高法規性　国の法体系の頂点に存するという性格
最高法規　国のあらゆる法のなかで最も上位の法のこと
条規　各条項・規定を意味するが，前文も含まれる
国際法規　条約・協約・議定書・政府間協定までを含めた，国家間の合意
遵守　従い，守ること

第99条
擁護　かかえ守ること。ここでは憲法を破壊する行為に対して抵抗し，憲法の実施を確保することの意味
起算　計算し始めること
（1947年5月3日施行）

員及び裁判官並びにその他の公務員で，その地位に相応(そう)する地位がこの憲法で認められてゐる者は，法律で特別の定(さだめ)をした場合を除いては，この憲法施行のため，当然にはその地位を失ふことはない。但(ただ)し，この憲法によつて，後任者が選挙又は任命(にんめい)されたときは，当然その地位を失ふ。

用語解説

「大日本帝国憲法」

公布　1889（明治22）年2月11日
施行　1890（明治23）年11月29日
廃止　1947（昭和22）年5月2日

憲法発布勅語

朕国家ノ隆昌ト臣民ノ慶福トヲ以テ中心ノ欣栄トシ朕カ祖宗ニ承クルノ大権ニ依リ現在及将来ノ臣民ニ対シ此ノ不磨ノ大典ヲ宣布ス

惟フニ我カ祖我カ宗ハ我カ臣民祖先ノ協力輔翼ニ倚リ我カ帝国ヲ肇造シ以テ無窮ニ垂レタリ此レ我カ神聖ナル祖宗ノ威徳ト並ニ臣民ノ忠実勇武ニシテ国ヲ愛シ公ニ殉ヒ以テ此ノ光輝アル国史ノ成跡ヲ貽シタルナリ朕我カ臣民ハ即チ祖宗ノ忠良ナル臣民ノ子孫ナルヲ回想シ其ノ朕カ意ヲ奉体シ朕カ事ヲ奨順シ相与ニ和衷協同シ益々我カ帝国ノ光栄ヲ中外ニ宣揚シ祖宗ノ遺業ヲ永久ニ鞏固ナラシムルノ希望ヲ同クシ此ノ負担ヲ分ツニ堪フルコトヲ疑ハサルナリ

（上諭）

朕祖宗ノ遺烈ヲ承ケ万世一系ノ帝位ヲ践ミ朕カ親愛スル所ノ臣民ハ即チ朕カ祖宗ノ恵撫慈養シタマヒシ所ノ臣民ナルヲ念ヒ其ノ康福ヲ増進シ其ノ懿徳良能ヲ発達セシメムコトヲ願ヒ又其ノ翼賛ニ依リ与ニ倶ニ国家ノ進運ヲ扶持セムコトヲ望ミ乃チ明治14年10月12日ノ詔命ヲ履践シ茲ニ大憲ヲ制定シ朕カ率由スル所ヲ示シ朕カ後嗣及臣民及臣民ノ子孫タル者ヲシテ永遠ニ循行スル所ヲ知ラシム

国家統治ノ大権ハ朕カ之ヲ祖宗ニ承ケテ之ヲ子孫ニ伝フル所ナリ朕及朕カ子孫ハ将来此ノ憲法ノ条章ニ循ヒ之ヲ行フコトヲ愆ラサルヘシ

朕ハ我カ臣民ノ権利及財産ノ安全ヲ貴重シ及之ヲ保護シ此ノ憲法及法律ノ範囲内ニ於テ其ノ享有ヲ完全ナラシムヘキコトヲ宣言ス

帝国議会ハ明治23年ヲ以テ之ヲ召集シ議会開会ノ時（明治23年11月29日）ヲ以テ此ノ憲法ヲシテ有効ナラシムルノ期トスヘシ

将来若此ノ憲法ノ或ル条章ヲ改定スルノ必要ナル時宜ヲ見ルニ至ラハ朕及朕カ継統ノ子孫ハ発議ノ権ヲ執リ之ヲ議会ニ付シ議会ハ此ノ憲法ニ定メタル要件ニ依リ之ヲ議決スルノ外朕カ子孫及臣民ハ敢テ之カ紛更ヲ試ミルコトヲ得サルヘシ

朕カ在廷ノ大臣ハ朕カ為ニ此ノ憲法ヲ施行スルノ責ニ任スヘク朕カ現在及将来ノ臣民ハ此ノ憲法ニ対シ永遠ニ従順ノ義

用語解説

発布勅語

勅語　天皇の意思表示の言
朕　秦の始皇帝以来、皇帝や天皇が「われ」の意に用いる。ここでは明治天皇のこと
隆昌　勢いの盛んなこと。隆盛
臣民　一般に君主国の被治者である国民
慶福　めでたいこと
欣栄　喜び繁栄すること
祖宗　先祖代々の君主の総称
不磨ノ大典　すり減ることのない永久に伝えられる憲法
輔翼　補佐
肇造　初めてつくること
無窮　窮まりないこと
威徳　みだりに近寄りがたい威光と，人から慕われるような徳
成跡　過去の業績
忠良　忠義の心厚く善良なこと
奉体　うけたまわって心にとめ，行うこと
奨順　奨めてしたがわせること
和衷協同　心を同じにして，力を合わせること
中外　国内外
宣揚　世の中にあらわすこと
遺業　故人が成しとげて，この世に残した事業
鞏固　強固
上諭　明治憲法下で，天皇が法律を公布するにあた

「大日本帝国憲法」

務ヲ負フヘシ
御名御璽
明治22年2月11日

内閣総理大臣	伯爵	黒田清隆
枢密院議長	伯爵	伊藤博文
外務大臣	伯爵	大隈重信
海軍大臣	伯爵	西郷従道
農商務大臣	伯爵	井上　馨
司法大臣	伯爵	山田顕義
大蔵大臣兼内務大臣	伯爵	松方正義
陸軍大臣	伯爵	大山　巌
文部大臣	子爵	森　有礼
逓信大臣	子爵	榎本武揚

第1章　天皇

第1条　大日本帝国ハ万世一系ノ天皇之ヲ統治ス
第2条　皇位ハ皇室典範ノ定ムル所ニ依リ皇男子孫之ヲ継承ス
第3条　天皇ハ神聖ニシテ侵スヘカラス
第4条　天皇ハ国ノ元首ニシテ統治権ヲ総攬シ此ノ憲法ノ条規ニ依リ之ヲ行フ
第5条　天皇ハ帝国議会ノ協賛ヲ以テ立法権ヲ行フ
第6条　天皇ハ法律ヲ裁可シ其ノ公布及執行ヲ命ス
第7条　天皇ハ帝国議会ヲ召集シ其ノ開会閉会停会及衆議院ノ解散ヲ命ス
第8条　① 天皇ハ公共ノ安全ヲ保持シ又ハ其ノ災厄ヲ避クル為緊急ノ必要ニ由リ帝国議会閉会ノ場合ニ於テ法律ニ代ルヘキ勅令ヲ発ス
　　　　② 此ノ勅令ハ次ノ会期ニ於テ帝国議会ニ提出スヘシ若議会ニ於テ承諾セサルトキハ政府ハ将来ニ向テ其ノ効力ヲ失フコトヲ公布スヘシ
第9条　天皇ハ法律ヲ執行スル為ニ又ハ公共ノ安寧秩序ヲ保持シ及臣民ノ幸福ヲ増進スル為ニ必要ナル命令ヲ発シ又ハ発セシム但シ命令ヲ以テ法律ヲ変更スルコトヲ得ス
第10条　天皇ハ行政各部ノ官制及文武官ノ俸給ヲ定メ及文武官ヲ任免ス但シ此ノ憲法又ハ他ノ法律ニ特例ヲ掲ケタ

用語解説

リ，その初めに付した文章
遺烈　後世に残る功績
万世一系　永久に一つの皇統で受け継がれること
恵撫慈養　恵み，愛し，慈しみ，養うこと
康福　安らかで福祉あること
懿徳良能　立派な徳と生まれながらの才能
翼賛　補佐すること
進運　進歩・向上の方向にあるなりゆきのこと
扶持　助けること
詔命　天皇の命令
履践　実際におこなうこと
大憲　大きなおきて憲法
率由　したがうこと
跡嗣　子孫
循行　命令にしたがい実行すること
享有　生まれながらに身につけて持っていること
時宣　ほどよいころあいのこと
継統　皇位を継承すること
紛更　かきみだし改めること

第3条
神聖　限りなく尊いこと。尊厳でおかしがたいこと

第4条
元首　条約締結権などの権限を有し，対外的に国家を代表する機関
総攬　すべてを掌握すること

第5条
協賛　事前に審議し，同意を与えること

第6条
裁可　天皇が政治各機関の案文を承認し許可すること

ルモノハ各々其ノ条項ニ依ル
第11条　天皇ハ陸海軍ヲ統帥ス
第12条　天皇ハ陸海軍ノ編制及常備兵額ヲ定ム
第13条　天皇ハ戦ヲ宣シ和ヲ講シ及諸般ノ条約ヲ締結ス
第14条　① 天皇ハ戒厳ヲ宣告ス
　　　　② 戒厳ノ要件及効力ハ法律ヲ以テ之ヲ定ム
第15条　天皇ハ爵位勲章及其ノ他ノ栄典ヲ授与ス
第16条　天皇ハ大赦特赦減刑及復権ヲ命ス
第17条　① 摂政ヲ置クハ皇室典範ノ定ムル所ニ依ル
　　　　② 摂政ハ天皇ノ名ニ於テ大権ヲ行フ

第2章　臣民権利義務

第18条　日本臣民タルノ要件ハ法律ノ定ムル所ニ依ル
第19条　日本臣民ハ法律命令ノ定ムル所ノ資格ニ応シ均ク文武官ニ任セラレ及其ノ他ノ公務ニ就クコトヲ得
第20条　日本臣民ハ法律ノ定ムル所ニ従ヒ兵役ノ義務ヲ有ス
第21条　日本臣民ハ法律ノ定ムル所ニ従ヒ納税ノ義務ヲ有ス
第22条　日本臣民ハ法律ノ範囲内ニ於テ居住及移転ノ自由ヲ有ス
第23条　日本臣民ハ法律ニ依ルニ非スシテ逮捕監禁審問処罰ヲ受クルコトナシ
第24条　日本臣民ハ法律ニ定メタル裁判官ノ裁判ヲ受クルノ権ヲ奪ハル、コトナシ
第25条　日本臣民ハ法律ニ定メタル場合ヲ除ク外其ノ許諾ナクシテ住所ニ侵入セラレ及捜索セラル、コトナシ
第26条　日本臣民ハ法律ニ定メタル場合ヲ除ク外信書ノ秘密ヲ侵サル、コトナシ
第27条　① 日本臣民ハ其ノ所有権ヲ侵サル、コトナシ
　　　　② 公益ノ為必要ナル処分ハ法律ノ定ムル所ニ依ル
第28条　日本臣民ハ安寧秩序ヲ妨ケス及臣民タルノ義務ニ背カサル限ニ於テ信教ノ自由ヲ有ス
第29条　日本臣民ハ法律ノ範囲内ニ於テ言論著作印行集会及結社ノ自由ヲ有ス
第30条　日本臣民ハ相当ノ敬礼ヲ守リ別ニ定ムル所ノ規程ニ従ヒ請願ヲ為スコトヲ得
第31条　本章ニ掲ケタル条規ハ戦時又ハ国家事変ノ場合ニ於テ天皇大権ノ施行ヲ妨クルコトナシ

用語解説

第8条
勅命　天皇が発する命令で，帝国議会の同意を必要としなかった

第9条
安寧秩序　公共の安全と社会の秩序が保たれていること

第10条
官制　行政機関の設置・廃止・組織・権限などについての規定
文武官　文官は武官ではない官吏の総称。武官は軍務に携わる官吏

第11条
統帥　軍の編成・指揮・を行う権限。大日本帝国憲法下では，天皇が有し，立法・行政・司法の三権の関与は許されていなかった。このため，天皇の統帥権を補佐する軍部首脳が独断的な行動をとった

第13条
諸般　いろいろ

第14条
戒厳　戦争・事変の際に，立法・行政・司法の権限を軍に移すこと。日本国憲法下ではこの制度はない

第15条
爵位勲章　爵は，公・侯・伯・子・男の5等に別れた華族の世襲的階級。勲章は，国家や社会に対する勲功を表彰し，与えられる記章
栄典　栄誉を表すために与えられる位・勲章

第16条
大赦特赦　国家的祝賀に際して，行われる刑罰の軽減（恩赦）の種類

第32条　本章ニ掲ケタル条規ハ陸海軍ノ法令又ハ紀律ニ牴触セサルモノニ限リ軍人ニ準行ス

第3章　帝国議会

第33条　帝国議会ハ貴族院衆議院ノ両院ヲ以テ成立ス

第34条　貴族院ハ貴族院令ノ定ムル所ニ依リ皇族華族及勅任セラレタル議員ヲ以テ組織ス

第35条　衆議院ハ選挙法ノ定ムル所ニ依リ公選セラレタル議員ヲ以テ組織ス

第36条　何人モ同時ニ両議院ノ議員タルコトヲ得

第37条　凡テ法律ハ帝国議会ノ協賛ヲ経ルヲ要ス

第38条　両議院ハ政府ノ提出スル法律案ヲ議決シ及各々法律案ヲ提出スルコトヲ得

第39条　両議院ノ一ニ於テ否決シタル法律案ハ同会期中ニ於テ再ヒ提出スルコトヲ得

第40条　両議院ハ法律又ハ其ノ他ノ事件ニ付各々其ノ意見ヲ政府ニ建議スルコトヲ得但シ其ノ採納ヲ得サルモノハ同会期中ニ於テ再ヒ建議スルコトヲ得

第41条　帝国議会ハ毎年之ヲ召集ス

第42条　帝国議会ハ3箇月ヲ以テ会期トス必要アル場合ニ於テハ勅命ヲ以テ之ヲ延長スルコトアルヘシ

第43条　① 臨時緊急ノ必要アル場合ニ於テ常会ノ外臨時会ヲ召集スヘシ
　　　　② 臨時会ノ会期ヲ定ムルハ勅命ニ依ル

第44条　① 帝国議会ノ開会閉会会期ノ延長及停会ハ両院同時ニ之ヲ行フヘシ
　　　　② 衆議院解散ヲ命セラレタルトキハ貴族院ハ同時ニ停会セラルヘシ

第45条　衆議院解散ヲ命セラレタルトキハ勅命ヲ以テ新ニ議員ヲ選挙セシメ解散ノ日ヨリ5箇月以内ニ之ヲ召集スヘシ

第46条　両議院ハ各々其ノ総議員3分ノ1以上出席スルニ非サレハ議事ヲ開キ議決ヲ為ス事ヲ得ス

第47条　両議院ノ議事ハ過半数ヲ以テ決ス可否同数ナルトキハ議長ノ決スル所ニ依ル

第48条　両議院ノ会議ハ公開ス但シ政府ノ要求又ハ其ノ院ノ決議ニ依リ秘密会ト為スコトヲ得

用語解説

第17条
摂政　天皇に代わり、天皇の国事行為に関する政務事項を行う役。皇太子・皇太孫・親王の順で任じられる

第18条
臣民タルノ要件　日本臣民、つまり国民としての資格を持つ要件（国籍）

第20条
兵役ノ義務　軍隊に属することは、憲法によって定められた義務であった

第23条
審問　事実を明らかにするために詳しく問いただすこと

第29条
印行　文書を印刷して発行すること。出版
結社　人々が同じ主義や目的を達成するためにつくった団体

第31条
天皇大権　帝国議会の関与を経ずに天皇が行使できる権限。統帥権など

第32条
牴触　法律や規則にふれ、差し障ること

第33条
帝国議会　この議会には法律を制定する権限がなく、法律案を事前に審議し、同意を与えることによって天皇を補助する協賛の権限だけだった

第34条
皇族　天皇の一族
華族　天皇によって与えられた爵位を持つもの
勅任　天皇に直接任じられること

第49条　両議院ハ各々天皇ニ上奏スルコトヲ得
第50条　両議院ハ臣民ヨリ呈出スル請願書ヲ受クルコトヲ得
第51条　両議院ハ此ノ憲法及議院法ニ掲クルモノヽ外内部ノ整理ニ必要ナル諸規則ヲ定ムルコトヲ得
第52条　両議院ノ議員ハ議院ニ於テ発言シタル意見及表決ニ付院外ニ於テ責ヲ負フコトナシ但シ議員自ラ其ノ言論ヲ演説刊行筆記又ハ其ノ他ノ方法ヲ以テ公布シタルトキハ一般ノ法律ニ依リ処分セラルヘシ
第53条　両議院ノ議員ハ現行犯罪又ハ内乱外患ニ関ル罪ヲ除ク外会期中其ノ院ノ許諾ナクシテ逮捕セラルヽコトナシ
第54条　国務大臣及政府委員ハ何時タリトモ各議院ニ出席シ及発言スルコトヲ得

第4章　国務大臣及枢密顧問

第55条　① 国務各大臣ハ天皇ヲ輔弼シ其ノ責ニ任ス
　　　　② 凡テ法律勅令其ノ他国務ニ関ル詔勅ハ国務大臣ノ副署ヲ要ス
第56条　枢密顧問ハ枢密院官制ノ定ムル所ニ依リ天皇ノ諮詢ニ応ヘ重要ノ国務ヲ審議ス

第5章　司法

第57条　① 司法権ハ天皇ノ名ニ於テ法律ニ依リ裁判所之ヲ行フ
　　　　② 裁判所ノ構成ハ法律ヲ以テ之ヲ定ム
第58条　① 裁判官ハ法律ニ定メタル資格ヲ具フル者ヲ以テ之ニ任ス
　　　　② 裁判官ハ刑法ノ宣告又ハ懲戒ノ処分ニ由ノ外其ノ職ヲ免セラルヽコトナシ
　　　　③ 懲戒ノ条規ハ法律ヲ以テ之ヲ定ム
第59条　裁判ノ対審判決ハ之ヲ公開ス但シ安寧秩序又ハ風俗ヲ害スルノ虞アルトキハ法律ニ依リ又ハ裁判所ノ決議ヲ以テ対審ノ公開ヲ停ムルコトヲ得
第60条　特別裁判所ノ管轄ニ属スヘキモノハ別ニ法律ヲ以テ之ヲ定ム
第61条　行政官庁ノ違法処分ニ由リ権利ヲ傷害セラレタリトスルノ訴訟ニシテ別ニ法律ヲ以テ定メタル行政裁判所

用語解説

第40条
建議　議会が政府に意見・希望を申し述べること
採納　とりいれること

第49条
上奏　意見などを天皇に向かって申し上げること

第50条
呈出　さしだすこと

第53条
外患　外国からの圧力や攻撃を受ける恐れ。または外国ともめごとを起こすこと

第55条
国務大臣　国務大臣の職務についての規定はあるが、内閣についての規定はない
輔弼　天皇が政治を行うのを助けること
詔勅　天皇の意思をことばで表したもの
副署　天皇に対する輔弼責任をはっきりさせるために、責任者が天皇の名と並べて署名すること

第56条
枢密顧問　天皇の相談役であり、かつ諮問機関である枢密院の構成員
諮詢　相談すること。問いはかること

第59条
安寧　異変のないこと

第61条
行政裁判所　行政事件を担当する特別裁判所

ノ裁判ニ属スヘキモノハ司法裁判所ニ於テ受理スルノ限ニ在ラス

第6章　会計

第62条　① 新ニ租税ヲ課シ及税率ヲ変更スルハ法律ヲ以テ之ヲ定ムヘシ
② 但シ報償ニ属スル行政上ノ手数料及其ノ他ノ収納金ハ前項ノ限ニ在ラス
③ 国債ヲ起シ及予算ニ定メタルモノヲ除ク外国庫ノ負担トナルヘキ契約ヲ為スハ帝国議会ノ協賛ヲ経ヘシ

第63条　現行ノ租税ハ更ニ法律ヲ以テ之ヲ改メサル限ハ旧ニ依リ之ヲ徴収ス

第64条　① 国家ノ歳出歳入ハ毎年予算ヲ以テ帝国議会ノ協賛ヲ経ヘシ
② 予算ノ款項ニ超過シ又ハ予算ノ外ニ生シタル支出アルトキハ後日帝国議会ノ承諾ヲ求ムルヲ要ス

第65条　予算ハ前ニ衆議院ニ提出スヘシ

第66条　皇室経費ハ現在ノ定額ニ依リ毎年国庫ヨリ之ヲ支出シ将来増額ヲ要スル場合ヲ除ク外帝国議会ノ協賛ヲ要セス

第67条　憲法上ノ大権ニ基ツケル既定ノ歳出及法律ノ結果ニ由リ又ハ法律上政府ノ義務ニ属スル歳出ハ政府ノ同意ナクシテ帝国議会之ヲ廃除シ又ハ削減スルコトヲ得ス

第68条　特別ノ須要ニ因リ政府ハ予メ年限ヲ定メ継続費トシテ帝国議会ノ協賛ヲ求ムルコトヲ得

第69条　避クヘカラサル予算ノ不足ヲ補フ為ニ又ハ予算ノ外ニ生シタル必要ノ費用ニ充ツル為ニ予備費ヲ設クヘシ

第70条　① 公共ノ安全ヲ保持スル為緊急ノ需要アル場合ニ於テ内外ノ情形ニ因リ政府ハ帝国議会ヲ召集スルコト能ハサルトキハ勅令ニ依リ財政上必要ノ処分ヲ為スコトヲ得
② 前項ノ場合ニ於テハ次ノ会期ニ於テ帝国議会ニ提出シ其ノ承諾ヲ求ムルヲ要ス

第71条　帝国議会ニ於テ予算ヲ議定セス又ハ予算成立ニ至ラサルトキハ政府ハ前年度ノ予算ヲ施行スヘシ

第72条　① 国家ノ歳出歳入ノ決算ハ会計検査院之ヲ検査確

用語解説

第62条
報償　損害賠償

第64条
款項　予算の分類に用いた語。「款」は大項目,「項」は小項目

第68条
須要　もっとも大事なこと

定シ政府ハ其ノ検査報告ト倶ニ之ヲ帝国議会ニ提出スヘシ
② 会計検査院ノ組織及職権ハ法律ヲ以テ之ヲ定ム

第7章 補則

第73条 ① 将来此ノ憲法ノ条項ヲ改正スルノ必要アルトキハ勅命ヲ以テ議案ヲ帝国議会ノ議ニ付スヘシ
② 此ノ場合ニ於テ両議院ハ各々其ノ総員3分ノ2以上出席スルニ非サレハ議事ヲ開クコトヲ得ス出席議員3分ノ2以上ノ多数ヲ得ルニ非サレハ改正ノ議決ヲ為スコトヲ得ス

第74条 ① 皇室典範ノ改正ハ帝国議会ノ議ヲ経ルヲ要セス
② 皇室典範ヲ以テ此ノ憲法ノ条規ヲ変更スルコトヲ得ス

第75条 憲法及皇室典範ハ摂政ヲ置クノ間之ヲ変更スルコトヲ得ス

第76条 ① 法律規則命令又ハ何等ノ名称ヲ用キタルニ拘ラス此ノ憲法ニ矛盾セサル現行ノ法令ハ総テ遵由ノ効力ヲ有ス
② 歳出上政府ノ義務ニ係ル現在ノ契約又ハ命令ハ総テ第67条ノ例ニ依ル

○写真・図版提供および引用掲載書籍一覧（本文記載以外）
国立国会図書館／毎日新聞社／共同通信社／『日本国憲法を生んだ密室の九日間』（鈴木昭典著, 創元社刊）／『ドキュメント日本国憲法』（西修著，三修社刊）／著者撮影など

定価はカバーに表示

改めて知る
制定秘話と比較憲法から学ぶ日本国憲法

2014 年 5 月 20 日　初版発行

編著者　小川光夫

発行者　渡部哲治

発行所　株式会社　清水書院
　　　　東京都千代田区飯田橋 3-11-6　〒102-0072
　　電話　東京（03）5213-7151
　　振替口座　00130-3-5283
　　印刷所　図書印刷株式会社

●落丁・乱丁本はお取り替えいたします。
本書の無断複写は著作権法上での例外を除き禁じられています。複写される場合は、そのつど事前に、（社）出版者著作権管理機構（電話 03-3513-6969、FAX03-3513-6979、e-mail：info@jcopy.or.jp）の許諾を得てください。

Printed in Japan　　ISBN978-4-389-22568-1